高等院校电子商务职业细分化创新型规划教材
ECETC | 电子商务从业人员培训考试认证项目指定教材

# 网店运营与推广

葛存山◎主编

人 民 邮 电 出 版 社
北 京

图书在版编目（CIP）数据

网店运营与推广 / 葛存山主编. -- 北京 : 人民邮电出版社, 2015.2（2018.2 重印）
高等院校电子商务职业细分化创新型规划教材
ISBN 978-7-115-37451-6

Ⅰ. ①网… Ⅱ. ①葛… Ⅲ. ①电子商务－商业经营－高等学校－教材 Ⅳ. ①F713.36

中国版本图书馆CIP数据核字(2014)第256194号

## 内 容 提 要

随着电子商务的发展，电子商务企业的岗位用人需求趋于细分化，高校电子商务专业依据企业的变化，其课程的设置和授课形式发生了转变。这本书就是应老师们的授课需求而编写的新型电子商务教材。

本书对淘宝运营和推广进行了深入讲解，并分享资深店主的成功经验。本书共 13 章，主要内容包括网店运营推广前的准备、注册为淘宝网会员、申请网上银行并为支付宝充值、网店运营工具的运用、网店运营管理、在淘宝网免费推广网店、利用淘宝客推广产品、扩大网店的规模参加供销平台、利用钻石展位获最大流量、试用中心免费试用吸引全民疯抢、开好直通车的窍门、在淘宝店铺外进行推广的技巧、建立完善的物流渠道、掌握网店的售后与经营等知识。

本书适合作为高等院校电子商务专业“网店运营”的教材，也可作为网上开店创业者的参考用书。

◆ 主　　编　葛存山
责任编辑　王　平
责任印制　杨林杰
◆ 人民邮电出版社出版发行　　北京市丰台区成寿寺路 11 号
邮编　100164　　电子邮件　315@ptpress.com.cn
网址　http://www.ptpress.com.cn
北京隆昌伟业印刷有限公司印刷
◆ 开本：787×1092　1/16
印张：14　　2015 年 2 月第 1 版
字数：313 千字　　2018 年 2 月北京第 9 次印刷

定价：35.00 元

读者服务热线：(010) 81055256　印装质量热线：(010) 81055316
反盗版热线：(010) 81055315
广告经营许可证：京东工商广登字20170147号

# 前言 PREFACE

近几年来，我国电子商务快速发展，消费者在线购物的普及，使得越来越多的企业开始触网，电子商务这一现代交易形式也受到了更多的关注。电子商务可应用于小到家庭理财、个人购物，大至企业经营、国际贸易等各个方面。电子商务行业已经成为一个成熟行业，对人才的定位和需求也越来越明确，这对我们电商人才的教育提出了新的要求。目前网络购物已经成为人们重要的购物形式，企业越来越重视网店的运营和推广，在岗位的设置上也趋于细分化。高等院校的电子商务专业在市场环境变化下，也积极作出了转变，岗位细分化的课程应运而生，但是面对新兴课程的出现，原有教材远远不能满足老师的授课需求。因此我们组织多年从事网店运营课程的院校老师及企业人员校企合作，共同编写了这本教材。

全书以目前热门的电子商务平台淘宝作为授课主要平台，从网店的准备工作讲起，涉及内容广泛，采用案例的教学方法，以开店真实案例进行讲解，步骤详细，讲练结合，内容充实新颖，有创新精神。

## 本书主要特点如下

本书精心设计“情景导入→课堂案例→上机实训→疑难解析→习题”5段教学法，将职业场景引入课堂教学，激发学生的学习兴趣，然后在职场案例的驱动下，实现“做中学，做中教”的教学理念，最后有针对性地解答常见问题，并通过课后练习全方位帮助学生提升专业技能。

- 内容翔实，知识全面。本书不仅介绍了淘宝网开店的一般流程，还介绍了寻找货源、店铺推广、物流发货等内容，全方位地介绍了淘宝网开店的流程。
- 结合实际，操作性强。本书写作结合了作者们的实际经验，一步步按流程进行准备、注册和认证等操作，使学生可以清晰了解淘宝平台的操作流程。
- 功能介绍力求实用。本书按照2014年淘宝界面进行教学，书中内容体现新知识新技能的特点。

教师可通过登录人民邮电出版社教学服务与资源网（www.ptpedu.com.cn）下载教学资源。

本书由葛存山主编。由于编者水平有限，加上时间紧迫，书中难免存在疏漏和不妥之处，敬请读者批评指正，以便在今后的修订中不断改进。

编者

2014年10月

Contents

# 目录

## 第1章　网店运营推广前的准备　1



## 第2章　网店运营前期准备　10



## 第3章　网店运营工具的运用　28



## 第4章　网店运营管理　58

# Contents
# 目录

Contents
# 目录

## 第8章 有效利用钻石展位 129



## 第9章 试用中心的有效利用 142



## 第10章 直通车技巧 154



## 第11章 在淘宝店铺外进行推广的技巧 176

Contents

# 目录

PART 1

# 第1章 网店运营推广前的准备

## 情景导入

有计划地进行网店传播推广活动，要让买家知道小店的存在。更重要的是提高店铺和商品的浏览量，这样才能有生意。所以要在网店的宣传推广上全面提升技巧，才有可能成为一个成功的卖家。

## 知识要点

- 什么是网店推广。
- 网店推广的重要性。
- 网店推广的准备。

## 课堂案例展示

店铺风格

## 1.1 什么是网店推广

在传统的卖方市场下，只要商品质量过硬，就会有人进行购买。但进入市场经济之后，随着大量商品的生产和市场种类的细分，消费者也有了更多的选择。同一类产品，甚至同一种商品的销售和经营，都要采取多种方法进行推广，这样才能够使得消费者第一时间接触到商品，并最终选择。

推广，就是做广告的意思。很多人认为做广告就要花钱，没有把店铺推广做好，是因为没有花钱或者花钱太少。其实，这样理解是不对的。推广的方式多种多样，可以先免费推广，再付费推广，先找到流量入口的优势位置，优化好转化率以后，再开始付费推广。这样花钱才会出效果，淘宝推广的效果，就是让商品的自然排名在类目搜索或者关键词搜索前几名的位置，越多商品排名越靠前，推广做得越成功。

截至 2013 年 3 月 31 日，淘宝网和天猫平台的交易额合计突破 10 000 亿元。淘宝市场之大毋庸置疑，但是巨大的市场之下，也对应着巨大的竞争，每年都有不计其数的店主加入淘宝行列，目前淘宝内同一件产品会有多达几万家商家竞争，如图 1.1 所示。

图 1.1　同一件产品多达几万家的商家竞争

中小卖家想做大，大卖家想做强，淘宝商家想迅速打开品牌知名度。大家都想在众多卖家中脱颖而出，如果守株待兔，可能永远都没有热销的那一刻。对于很多新开店铺或者中小卖家来说，想迅速打开销路，推广是网上开店必须学习的入门课程。

## 1.2 网店推广的重要性

网店推广就是指通过各种宣传方式让更多网民打开卖家的网店、认识卖家的产品并产生购买的过程。

### 1.2.1 流量和成交量

推广会带来更多的流量，有了流量才有成交量。一个每天只有几个流量的网店和一个每天有上万个流量的网店，其成交量肯定有着天壤之别。可以说，在其他因素一样的前提下，流量和成交量是成正比的。

### 1.2.2 挖掘更多潜在顾客

持续的推广可以挖掘更多的潜在顾客。推广的意义不仅仅是直接带来店铺的销量，更重要的意义在于吸引更多人关注卖家的产品和店铺。

这和电视广告后作用类似。或许卖家的产品广告第一次出现的时候，很多人都记不住，但如果卖家的广告总是持续不断地出现，就会在受众的心里留下印象。当某天顾客需要这个产品的时候，他可能第一个想到的就是记忆中的产品或店铺，或当他再一次看到广告时，很快就下了购买的决心。

### 1.2.3 培养回头客

推广也是不断刺激老顾客购买的过程。保持和老顾客的联系，周期性地给他们发促销活动信息。老顾客比新顾客更容易被打动，更容易培养他们的忠诚度。发掘一个老顾客的成本比发掘一个新顾客的成本要低得多。

为什么信誉越高的店铺，其生意越好？很大一部分原因在于它们都拥有一批忠诚的顾客。店铺信誉高的重要性并不在于它积累了多少个评价，而在于它积累了多少个回头客。踏踏实实做出来的店铺和刷信誉刷出来的店铺信誉相当，但其价值却是不一样的。前者有老顾客，后者只是一个空壳，除了稍微能让进来的新顾客放心外，其含金量非常低。信誉高的店铺的优势不在于它的信誉分数高，而在于它所积累的庞大忠实顾客群体。

### 1.2.4 树立店铺形象

推广从产品选择、店铺装修到各种宣传方式，无不在向人们展示自己的店铺美好、诱人的一面，或个性、或大众、或可爱、或优雅……店铺的形象在种种宣传手法中得以体现，宣传的过程也就是树立自己的品牌形象的过程。可以说，卖家推广的不仅仅是产品，更是这个店铺的整体形象。卖家的店铺如果能成为一个明星级的店铺，它就是一个品牌。

### 1.2.5 有利于店铺排行

淘宝店铺千千万万，要在众多店铺中脱颖而出，就需要店铺排名靠前。店铺排名与信誉、流量、收藏量等因素有关。

持续不断推广，信誉不断增长，好评人数增多、流量倍增，都可以提高店铺排名。排名越靠前的店铺，被买家看到的机会就越大，信誉越高的店铺，给买家的感觉就越可靠，这是一个良性循环的过程。

## 1.3 网店推广的准备

推广的目的是为了获得流量。对于做网店的卖家来说，进行盲目的操作是错误的。盲目的操作会导致卖家工作的效率很低，所以在推广之前的准备工作是比较关键的。

### 1.3.1 好产品

要在网上开店，首先就要有适宜通过网络销售的商品。并非所有适宜网上销售的商品都适合个人开店销售。

许多商品在不同的地区，价格相差很多。例如电器类，广东等沿海城市要比内地便宜许多，而绿色特产在西部山区又比沿海便宜得多，所以卖家要从自己的身边着眼，找找自己身边盛产而其他地方没有的商品，这样才能卖个好价钱。这里应用了成本领先策略。

做熟不做生，尽量不要涉足自己不熟悉的领域。如果卖家热爱手工，热爱十字绣，热爱手绘，热爱创造性的事情，不妨开个相关的 DIY 店铺。特色店铺到哪里都是受欢迎的。因为特色的东西少，所以容易吸引人。如果卖家对摄影非常在行，喜欢数码类产品，不管自己有没有实体店铺，都可以在这方面尝试一下。最重要的是努力成为这个领域的专家。主动回答会员的问题，向会员提供商品的相关知识。时间长了，口碑效应好了，大家一想到这方面的购物，就会首先想到某个卖家。总之，每个人都有自己的特长。任何时候，学会发挥自己的特长很重要，不要拿自己的短处去拼别人的长处。

### 1.3.2 好服务

想做好网店，就要用心，要保持天天在线，顾客有问必答，服务态度要好，不然上门的生意都有可能跑掉。售后服务和售前同样重要，产品售出后，要及时关注客户，如对产品满不满意，对卖家的工作有什么建议或意见，节假日的时候可以及时给老顾客送上祝福等。做好售后工作，会给网店经营带来意外的收获。

### 1.3.3 店铺定位

网店经营不仅产品、服务重要，网店定位及推广也重要。网店有定了位，才能方便货源的寻找与店铺装修风格的确定等，如果网店定位高，那么所找的货源必须是高质、高价的，装修风格也一定要走精装、高贵、典雅的路线。

网店的定位包括店铺定位、商品定位、装修定位、价格定位四方面。只有将定位做好了，才能有条不紊地进行网店工作。

**1. 店铺定位**

店铺只能有一个定位，不能风格多变，不能奢求所有人都喜欢。 如果什么都想获得，最终只会表现平平。店铺的风格定位是一种取舍。为了获得一部分客户，就必须果断地放弃另一部分客户。

**2. 商品定位**

定位好店铺商品，哪些是主打商品，哪些是炮灰商品。店铺 80%的商品注定都是配角，只能作为一种跑龙套的角色。涉及打折、引流、赠品，甚至降权都要用到炮灰商品。主打产品不要轻易降价，要保留充足的库存、好的口碑、详尽的描述、不错的毛利，所有产品都要尽可能向它们引流。

**3. 装修定位**

卖家要始终明白一个道理：店铺追求的是一种缺憾的美、一种残缺的优势，将自己的优势发挥到最大，就是胜利。

**4. 价格定位**

经商有风险，没有人做生意能稳赚不赔。不是所有商品都要赚钱。绝对不能将所有商品一概而论，更不能一视同仁。必要时可以牺牲一部分商品，换回主打商品的上位。

### 1.3.4 店铺装修

在免费开店之后，卖家可以获得一个属于自己的空间。和传统店铺一样，为了能正常营业、吸引顾客，卖家需要对店铺进行相应的“装修”，主要包括店标设计、宝贝分类、推荐宝贝、店铺风格等。

**1. 基本设置**

登录淘宝，打开“我的淘宝” | “卖家中心” | “店铺管理” | “店铺基本设置”超链接，在打开的页面中可以修改店铺名、店铺类目、店铺介绍。主营项目要手动输入，在“店铺标志”区域单击“浏览”按钮，选择已经设计好的店标图片，如图 1.2 所示。在“公告”区域输入店铺公告内容，比如“欢迎光临本店!”。单击“预览”按钮可以查看效果。

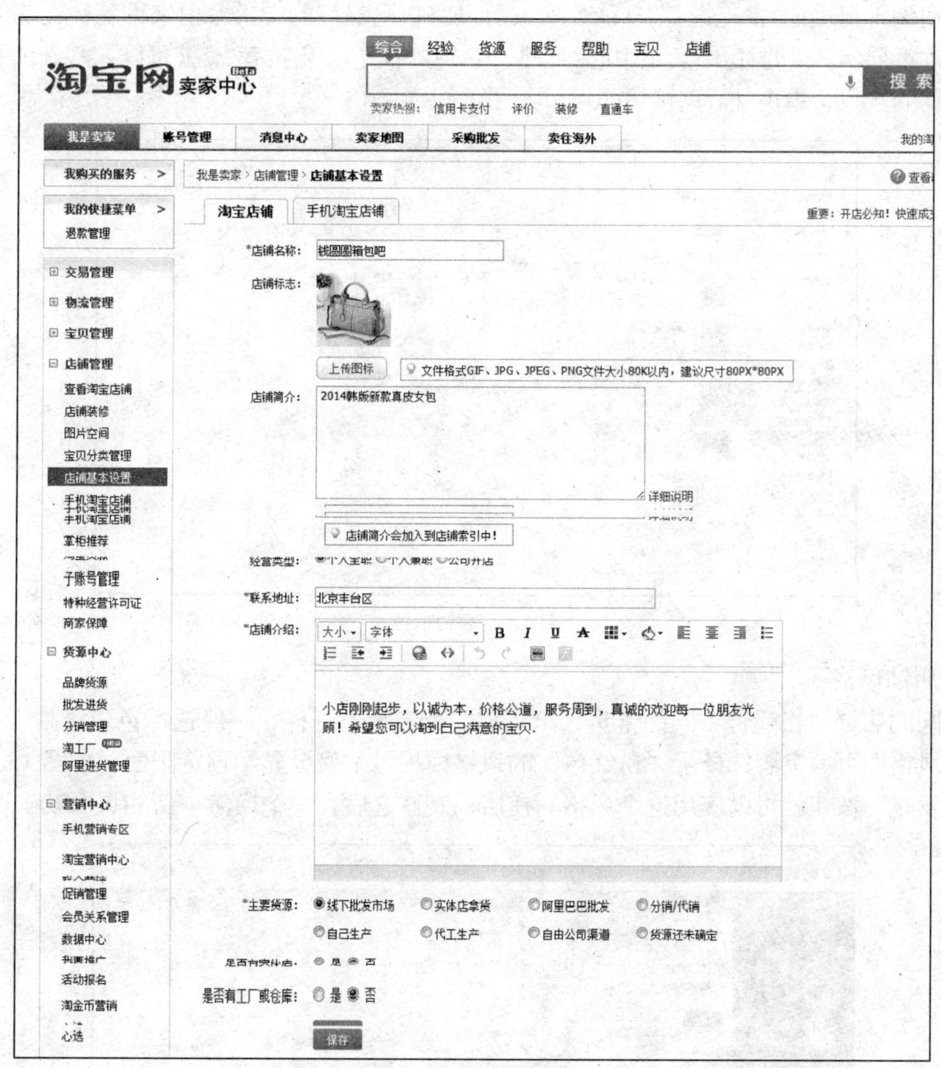


图 1.2 店铺基本设置

**2. 宝贝分类**

给宝贝进行分类，是为了方便买家查找。在打开的“卖家中心”页面中，可以在左侧单击“宝贝管理”，打开宝贝管理页面，输入新分类名称，如图 1.3 所示。单击“确定”按钮即可添加。

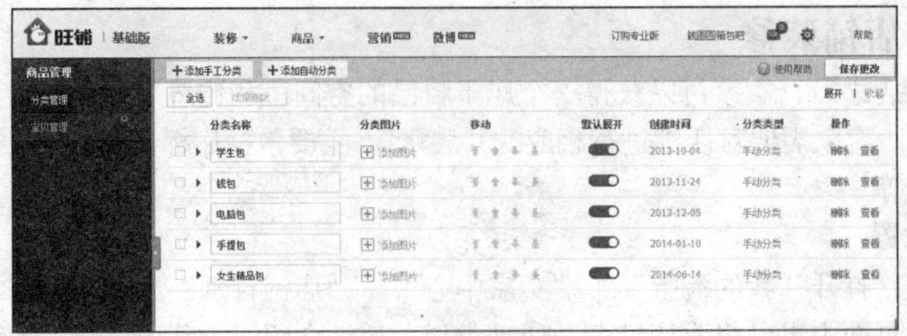



图 1.3　宝贝管理页面

### 3. 推荐宝贝

利用淘宝提供的“掌柜推荐”功能，卖家可以将自己最好的宝贝拿出来推荐，在店铺的明显位置进行展示。只要打开“卖家中心”页面，在左侧单击“掌柜推荐”，就可以在打开的页面中选择推荐的宝贝，单击“推荐”按钮即可，如图 1.4 所示。

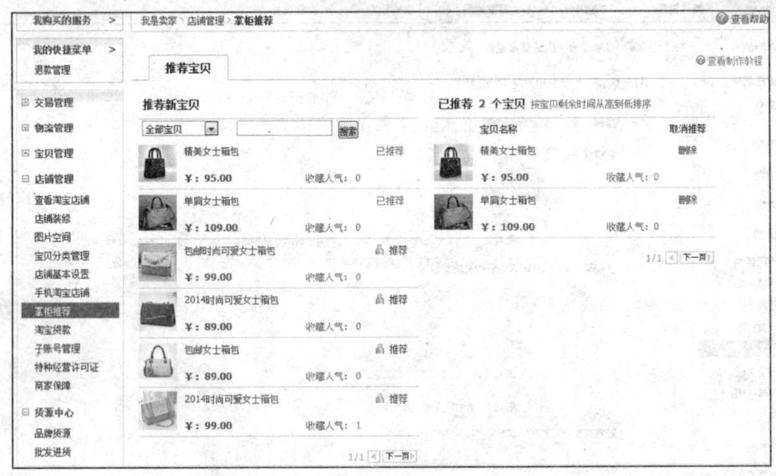



图 1.4　掌柜推荐

### 4. 店铺风格

不同的店铺风格适合不同的宝贝，给买家的感觉也不一样，一般选择色彩淡雅、看起来舒适的风格即可。笔者选择了“粉红色”的风格模板，下侧会显示预览画面，如图 1.5 所示，单击“发布”按钮就可以应用这个风格。在店铺装修之后，一个焕然一新的页面就出现了。

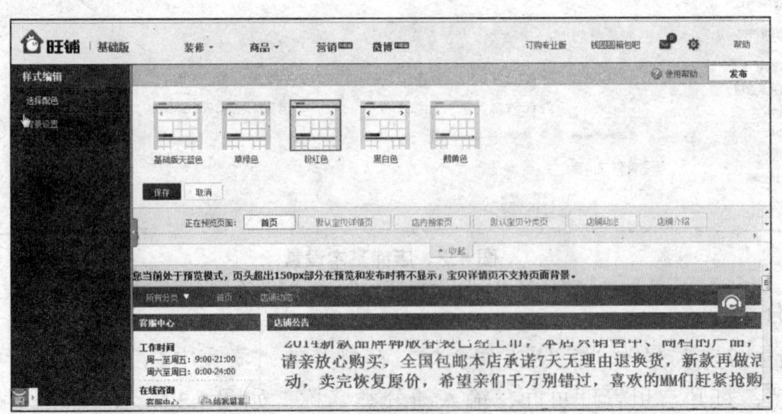



图 1.5　店铺风格

### 1.3.5 商品定价应考虑的因素

商品定价是网上开店最简单的一件事情。然而，越是简单的事，如不加以考虑，办起来却很有难度。有些人自认为对定价了如指掌，不必再去费尽心思考虑，其实这样往往会导致利润的大量流失。定价时需要考虑的因素很多，具体来说，要特别注意以下要素。

**1．市场竞争情况**

为商品定价时应该考虑市场上其他商品是如何定价的，再仔细权衡，从而为自己的商品定价。商品诱惑力的高低，直接决定着消费者购买的意愿及数量。如果商品具有一定的吸引力，此商品的销售数量会大大增加；如果商品没有吸引人的地方，那么不论如何促销、降价，都不能成功售出。

**2．市场的性质**

（1）首先考虑顾客的消费习惯，一旦顾客习惯了使用一种品牌的东西，就会形成一种购买习惯而不易改变。

（2）考虑销售市场的大小。销售一种商品时，要准确确定自己的顾客群，要了解由这种顾客群构成的市场走向怎样。

**3．销售策略**

制定商品销售策略，要根据商品性质、企业形象以及店铺的特性。如销售品质优良的名牌产品，则需要定高价，人们才觉得物超所值。一些流行性十分强的商品，也需要定高价，因为一旦流行期过后，就会削价。如果销售过时的商品则需要定低价，才会使商品顺利打开销路。

**4．商品形象**

一些历史悠久、商品品质优良的品牌店铺服务周到，使得顾客在逢年过节要买礼品送人时，一定会想到它，因此定价可以稍高。

**5．经销路线**

一种产品从厂商售出，要经过许多中间商才能到消费者手中。因此，为了保障消费者的合法权益，使价格不会增长到太夸张的地步或无意义涨价，就要采取公定价格制度，表示公平。

### 1.3.6 网上商品的定价策略

确定商品的合理价格是非常重要的。如果商品价格过高，可能无人问津；如果过低的话，买家还要讨价还价，卖家有可能到头来是微利，甚至会没有利润。网上商品定价时注意以下策略。

**1．竞争策略**

时刻注意潜在顾客的需求变化。可以经常关注顾客的需求，保持网店向顾客需要的方向发展。大多数购物网站经常会将服务体系和价格等信息公开，这就为了解竞争对手的价格提供了方便。随时掌握竞争者的价格变动，调整自己的竞争策略，时刻保持产品的价格优势。

**2．捆绑销售的秘诀**

其实，捆绑销售这一概念在很早以前就已经出现，但是引起人们关注的原因是1980年美国快餐业的广泛应用。麦当劳通过这种销售形式促进了食品的购买量。这种策略已经被许多精明的企业所应用。人们往往只注意产品的最低价格限制，却经常忽略利用有效的手段降低顾客对价格的敏感程度。网上购物完全可以通过购物车或者其他形式巧妙运用捆绑手段，使顾客对所购买的产品价格更满意。

3. 比较定价法

如果不确定某件商品的网上定价情况，可以在淘宝搜索自己要经营的商品名称，在查询结果中就可以知道同类商品在网上的报价，然后确定出自己的报价。

4. 特有的产品和服务要有特殊的价格

产品的价格需要根据产品的需求来确定。当某种产品有其很特殊的需求时，不用更多地考虑其他竞争者，只要制定自己最满意的价格即可。如果需求已经基本固定，就要有一个非常特殊、详细的报价，用价格优势来吸引顾客。很多店铺在开始为自己的产品定价时，总是确定一个较高的价格，用来保护自己的产品，而同时又宁可在低于这个价格的情况下进行销售。其实，这一现象完全是一个误区，因为当顾客的需求并不十分明确的时候，店铺为了创造需求，使顾客来接受自己制定的价格，就必须去做大量的工作。然而实际上，如果制定了更能够让顾客接受的价格，这些产品可能已经非常好销了。

5. 考虑产品和服务的循环周期

在制定价格时，一定要考虑产品的循环周期。从产品的生产、增长、成熟到衰落、再增长，产品的价格也要有所反映。

6. 品牌增值与质量表现

一定要十分注意产品的品牌，因为它能够对顾客产生很大的影响。如果产品具有良好的品牌形象，那么产品的价格将会产生很大的品牌增值效应。在关心品牌增值的同时，更应该关注的是产品给顾客的感受，它是一种廉价产品还是精品。

7. 商品定价要清楚明白

定价一定要清楚明白，是不是包括运费一定交待清楚，否则有可能引起麻烦，影响自己的声誉，模糊的定价甚至会使有意向的客户放弃购买。

【技能训练】

设置店铺的风格，如图 1.6 所示，要求如下。

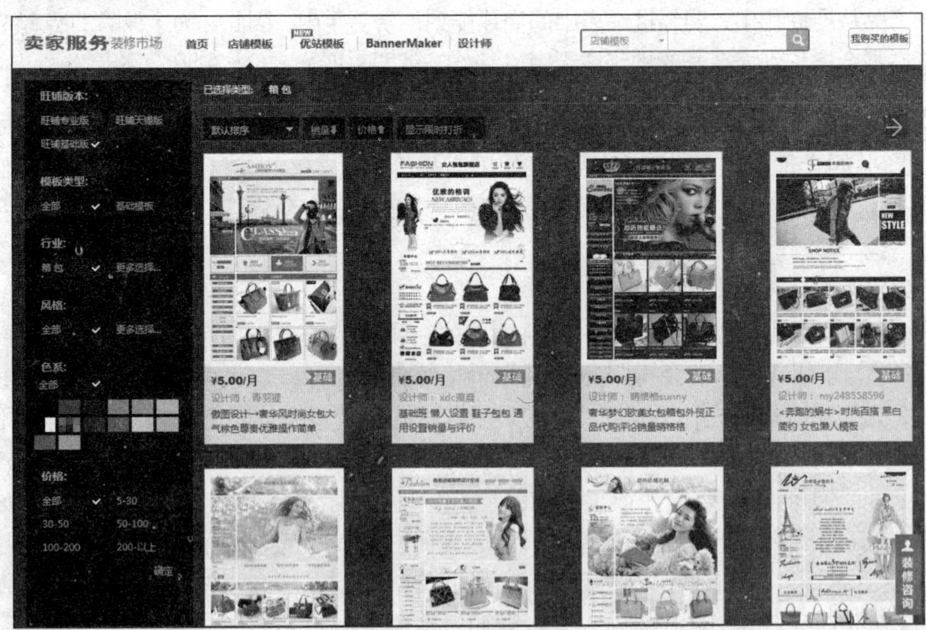


图 1.6 设计店铺的风格

首先登录淘宝后台，单击“店铺管理”下的“店铺装修”，如图 1.7 所示。进入店铺装修页面，在页面中选择“装修”下拉菜单中的“模板管理”，如图 1.8 所示，单击底部的“更多模板”可选择更多的模板。

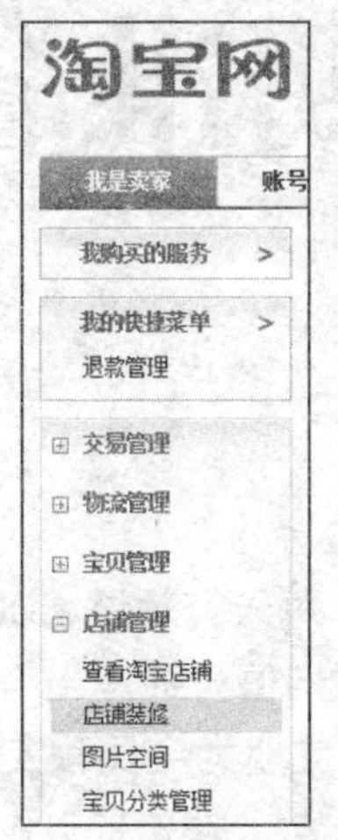


图 1.7 单击“店铺装修”

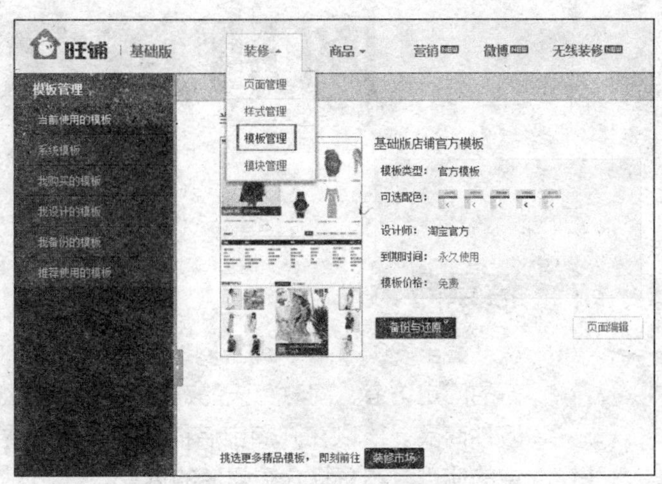


图 1.8 单击“模板管理”

PART 2

# 第 2 章 网店运营前期准备

## 情景导入

截至 2013 年，淘宝网拥有近 5 亿的注册用户数，每天有超过 6000 万的固定访客，同时每天的在线商品数超过 8 亿件，平均每分钟售出 4.8 万件商品。所以在开淘宝店铺之前，首先要了解淘宝、注册为会员和支付宝的使用。本章将介绍网店的运营。

## 知识要点

- 淘宝平台简介。
- 注册为淘宝网会员。
- 申请网上银行并为支付宝充值。
- 设置淘宝会员及支付宝账户密码。

## 课堂案例展示

我的淘宝

## 2.1 淘宝平台简介

淘宝网是中国深受欢迎的网购零售平台，目前拥有近 5 亿的注册用户数，每天有超过 6000 万的固定访客，同时每天的在线商品数超过 8 亿件，平均每分钟售出 4.8 万件商品。

### 2.1.1 淘宝网首页

淘宝网是网络零售商圈，由阿里巴巴集团在 2003 年 5 月 10 日投资创立。淘宝网现在业务跨越 C2C（个人对个人）、B2C（商家对个人）两大部分。随着淘宝网规模的扩大和用户数量的增加，淘宝也从单一的 C2C 网络集市变成了包括 C2C、团购、分销、拍卖等多种电子商务模式在内的综合性零售商圈，目前已经成为世界范围的电子商务交易平台之一。2013 年 11 月 11 日零时，开场仅 1 分钟成交的订单数量达到 33.9 万笔，总成交金额达到 1.17 亿元。第 2 分钟，成交数字突破 3.7 亿元。到了零时 6 分 7 秒，成交额直接冲上 10 亿元。截至 11 日 24 时，“双 11”天猫及淘宝的总成交额破 300 亿元，达 350.19 亿元。图 2.1 所示是淘宝网首页。

图 2.1　淘宝网首页

### 2.1.2 淘宝地图

淘宝地图是由阿里巴巴集团旗下的淘宝网推出的地图服务。淘宝地图服务隶属于淘宝本地生活平台下的地图搜服务，可以提供本地商户信息和折扣信息等内容，旨在向百度发起挑战。淘宝地图不仅仅提供基本的地图和方位服务，与百度最新的地图服务一样，淘宝地图也提供本地商户信息、折扣信息及其他本地化服务，如图 2.2 和图 2.3 所示。

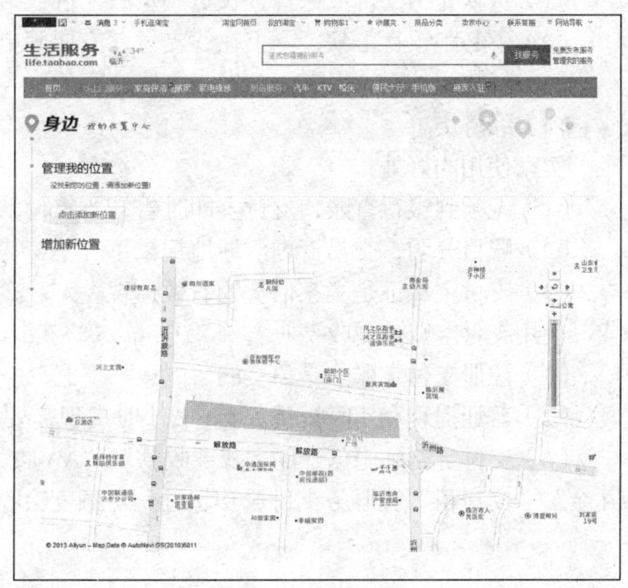


图 2.2　淘宝地图

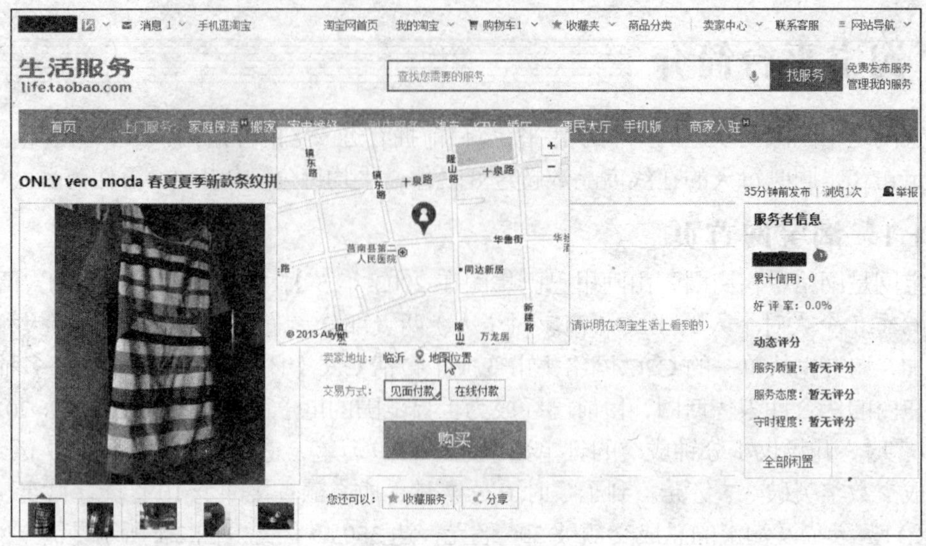


图 2.3　查看商家位置

### 2.1.3　支付宝

支付宝公司从 2004 年建立开始，始终以“信任”作为产品和服务的核心，不仅从产品上确保用户在线支付的安全，同时让用户通过支付宝在网络间建立起相互的信任，为建立纯净的互联网环境迈出了非常有意义的一步。支付宝创新的产品技术、独特的理念及庞大的用户群吸引越来越多的互联网商家主动选择支付宝作为其在线支付体系。

目前除淘宝和阿里巴巴外，支持使用支付宝交易服务的商家已经超过几十万家，涵盖了虚拟游戏、数码通信、商业服务、机票等行业。这些商家在享受支付宝服务的同时，更是拥有了一个极具潜力的消费市场。

支付宝最初作为淘宝网为了解决网络交易安全所设的一个功能，该功能为首先使用的“第三方担保交易模式”，由买家将货款打到支付宝账户，由支付宝向卖家通知发货，买家收到商品确认后指令支付宝将货款放于卖家，至此完成一笔网络交易。

买家使用的好处：

（1）货款先由支付宝保管，收货满意后才付钱给卖家，安全放心。

（2）不必跑银行汇款，网上在线支付，方便简单。

（3）付款成功后，卖家立刻发货，快速高效。

（4）经济实惠。

卖家使用的好处：

（1）无须到银行查账，支付宝即时告知买家付款情况，省力、省时。

（2）账目分明，交易管理清晰地记录每一笔交易的详细信息，省心。

（3）支付宝认证是卖家信誉的有效体现。

使用支付宝账户要收费吗？

（1）注册支付宝账户是免费的。

（2）普通提现和实时提现免费；2 小时提现需要手续费；转账到卡需要手续费。

（3）支付宝网站内创建的“我要收款”、“AA 收款”、“担保交易收款”、“转账付款”、“送礼金”、“交房租”等服务支付成功超过一定额度会收费。图 2.4 所示为支付宝首页。

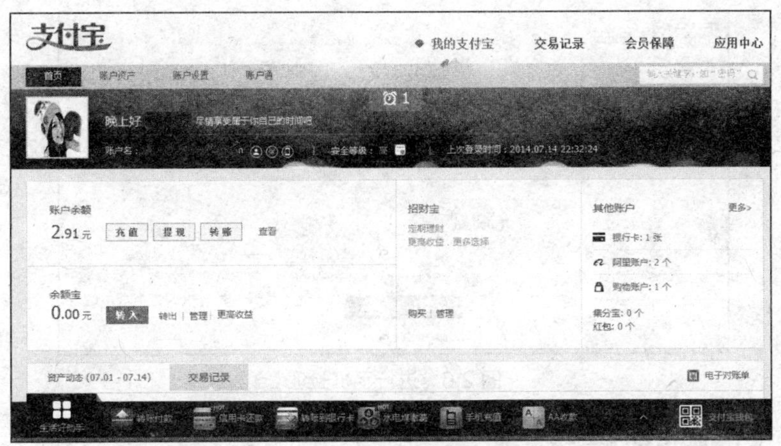

图 2.4　支付宝首页

## 2.2　注册为淘宝网会员

注册成为淘宝会员，可以享受淘宝提供的多种 Internet 服务，如淘宝网购物、天猫网购物、支付宝。

### 2.2.1　注册淘宝网会员

**【知识要点】**

在电脑上注册成为淘宝会员有两种方式：手机验证和邮箱验证。这两种方式都需要通过手机来完成注册，没有手机则无法注册成功。若没有手机或者手机已经绑定其他淘宝账户，可以使用邮箱的方式来注册，在邮箱接收激活邮件之前，需要通过手机来验证注册的安全性。

**【操作步骤】**

本小节讲述注册淘宝会员，具体操作步骤如下。

**STEP 1** 登录淘宝网，单击“免费注册”超链接，如图 2.5 所示。

图 2.5　单击“免费注册”

**STEP 2** 进入淘宝账号注册页面，输入手机号和验证码，进行手机验证，如图 2.6 所示。

**STEP 3** 单击“下一步”按钮，输入电子邮箱，如图 2.7 所示。

图 2.6　进行手机验证

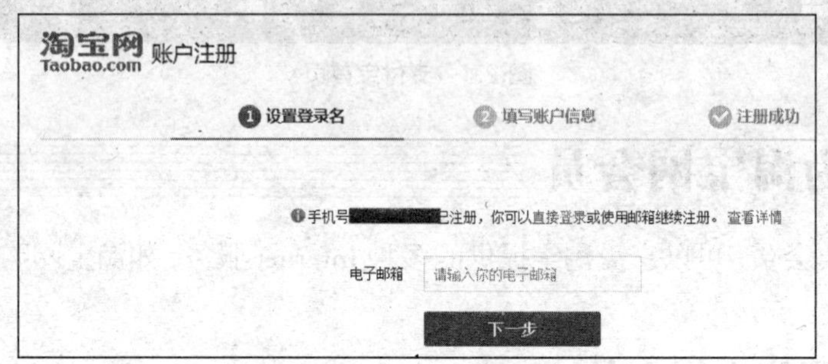


图 2.7　输入电子邮箱

**STEP 4** 单击“下一步”按钮，进入验证邮件页面，单击“立即查收邮件”按钮，如图 2.8 所示。

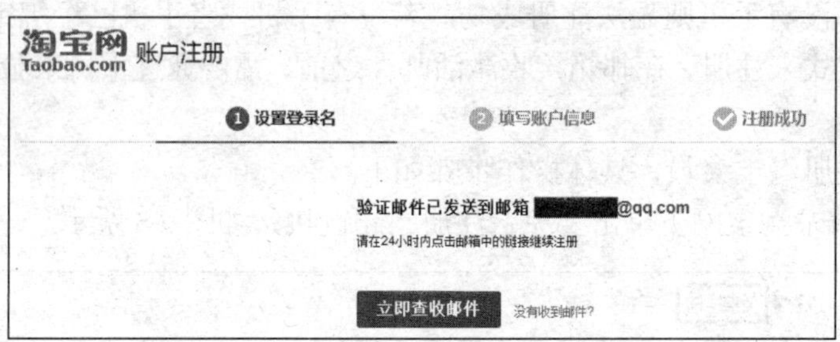


图 2.8　立即查收邮件

**STEP 5** 进入 QQ 邮箱，单击“完成注册”按钮，如图 2.9 所示。

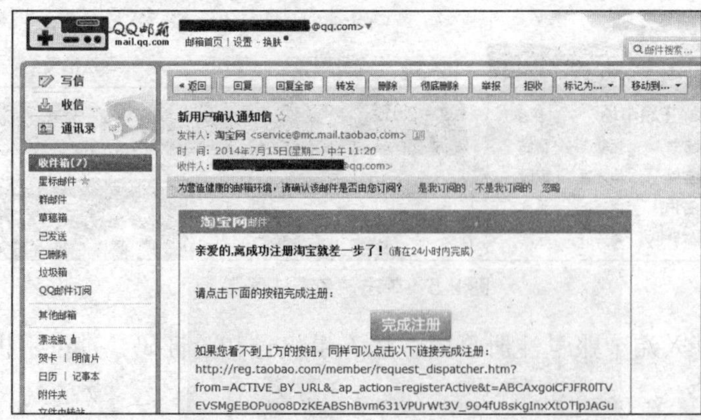


图 2.9　单击“完成注册”

**STEP 6** 填写登录密码，设置会员名，如图 2.10 所示。

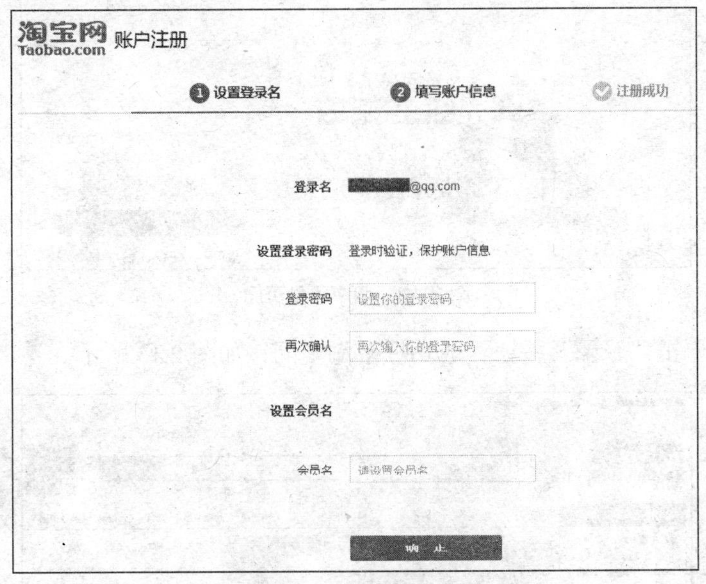


图 2.10　填写账户信息

**STEP 7** 单击“确定”按钮，即可成功注册淘宝会员，如图 2.11 所示。

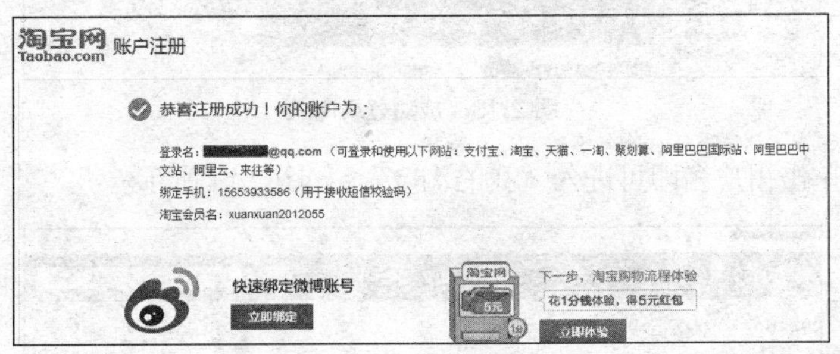


图 2.11　成功注册淘宝会员

## 2.2.2　登录淘宝网

**【知识要点】**

淘宝账户不能正常登录通常有如下几种原因。

（1）账户名和密码不匹配。

（2）手机号码输入格式错误。

（3）账户被盗并已由淘宝暂时监管账户。

（4）因严重违反淘宝规则导致的账号冻结。

（5）未安装安全控件。

（6）阿里巴巴账户无法登录淘宝网。

**【操作步骤】**

本小节讲述如何登录淘宝网，具体操作步骤如下。

**STEP 1** 登录淘宝网，打开用户登录页面（https://login.taobao.com/），输入用户名和密码，如图 2.12 所示。

图 2.12　用户登录页面

**STEP 2** 单击“登录”按钮，成功登录淘宝网，如图 2.13 所示。

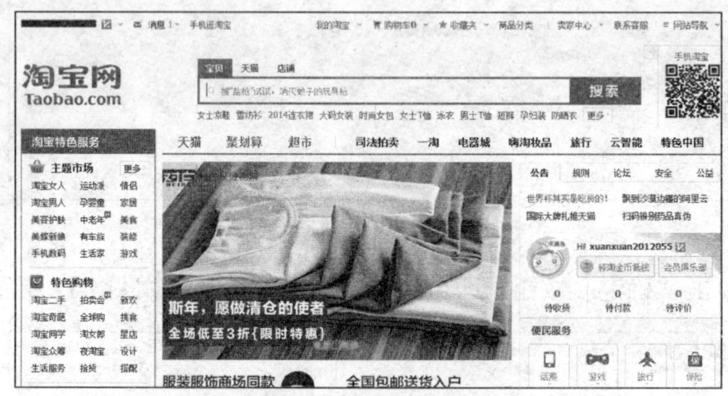


图 2.13　成功登录淘宝

**STEP 3** 单击用户名即可进入“我的淘宝”，如图 2.14 所示。

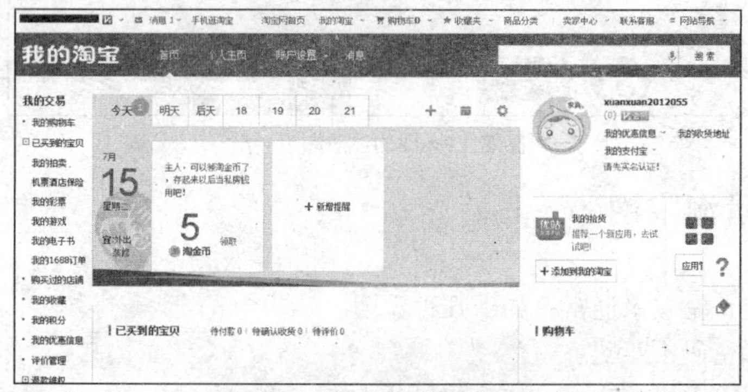


图 2.14　进入“我的淘宝”

## 2.3　申请网上银行并为支付宝充值

支付宝（中国）网络技术有限公司是国内领先的独立第三方支付平台，由阿里巴巴集团创办。支付宝致力于为中国电子商务提供“简单、安全、快速”的在线支付解决方案。

### 2.3.1　申请网上银行业务

【知识要点】

随着网络购物的大众化，很多人会选择在网上购买商品，支付问题便油然而生。当然，网银起到了至关重要的作用。如何申请网银成为初涉网络购物和网银使用者的难题。申请网银可以自助操作，也可以到柜台办理。

**【操作步骤】**

本小节讲述网上银行的申请注册，具体操作步骤如下。有的银行不支持网上直接注册网银，需要用户自行前往银行网点进行办理。

**STEP 1** 以中国工商银行为例，打开工行官网（http://www.icbc.com.cn）。单击“个人网上银行登录”按钮下的“注册”超链接，如图 2.15 所示。

图 2.15 打开工行网站

**STEP 2** 在此页面中输入完整银行卡号，填写网上银行密码。此密码不是取款密码，最好与取款密码进行区分，使得账户更加安全。输入所有信息后单击“提交”按钮即可，如图 2.16 所示。

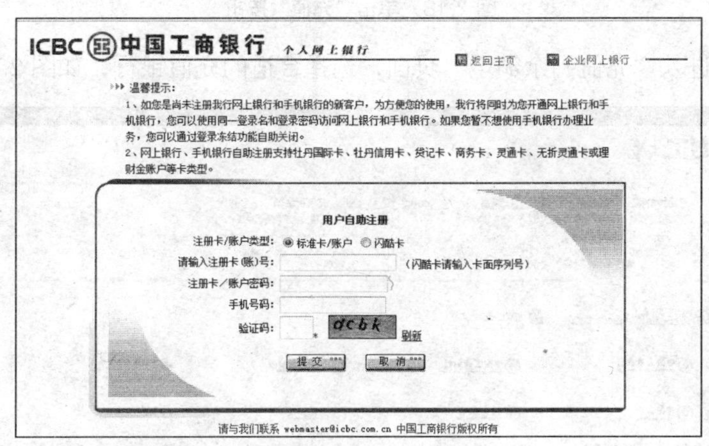


图 2.16 输入个人信息

## 2.3.2 往支付宝中充值

**【知识要点】**

支付宝成为买卖双方必须使用的方便工具，而使用支付宝最好的方式就是用余额来付款。网银的效率太低，这就要求用户往支付宝里充值，方便使用。支付宝充值就是把银行卡上的钱或现金转到支付宝账户上的过程，成功后可以进行付款。

【操作步骤】

本小节就来看看怎么给支付宝充值，具体操作步骤如下。

**STEP 1** 登录淘宝网，单击 “我的支付宝”超链接，如图 2.17 所示。

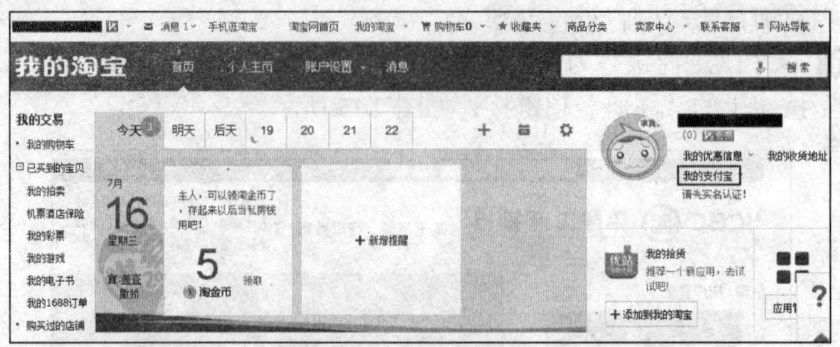


图 2.17　进入淘宝用户

**STEP 2** 进入支付宝中心，单击“账户余额”下面的“充值”按钮，如图 2.18 所示。

图 2.18　单击“充值”按钮

**STEP 3** 进入“充值到余额宝”页面，选择合适的充值银行，如图 2.19 所示。

图 2.19　选择合适的充值银行

**STEP 4** 单击“下一步”按钮，进入银行卡填写信息页面，输入想充值的金额，如图2.20所示。单击“同意协议并充值”按钮，即可成功充值。

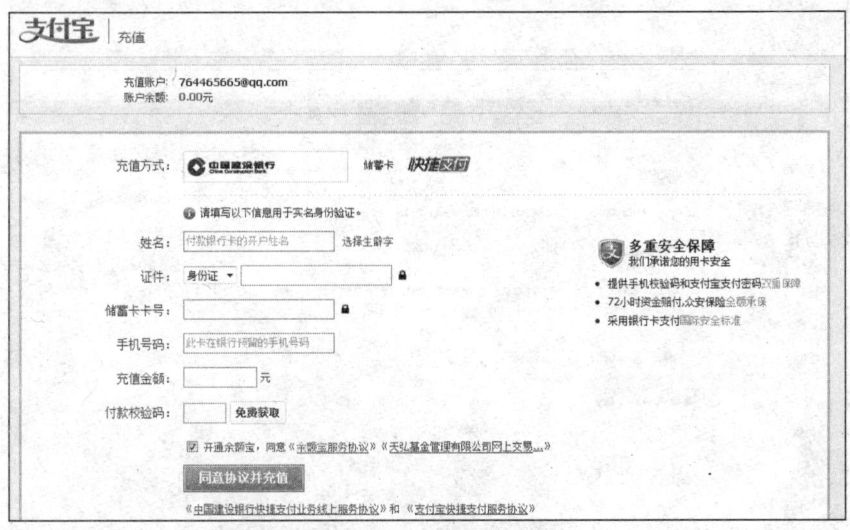


图 2.20　选择合适的充值银行

## 2.3.3　查询支付宝账户余额

登录支付宝首页，就可以看见支付宝账户金额了，如图2.21所示。

图 2.21　查看支付宝余额

## 2.3.4　了解余额宝

余额宝是由第三方支付平台支付宝为个人用户打造的一项余额增值服务。余额宝规模已超过2500亿元，客户数超过4900万户，天弘基金靠此一举成为国内最大的基金管理公司。通过余额宝，用户不仅能够得到收益，还能随时消费支付和转出，像使用支付宝余额一样方便。用户在支付宝网站内就可以直接购买基金等理财产品，同时余额宝内的资金还能随时用于网上购物、支付宝转账等支付功能。转入余额宝的资金在第2个工作日由基金公司进行份额确认，对已确认的份额会开始计算收益。其实质是货币基金，仍有风险。图2.22所示为余额宝页面。

图 2.22　余额宝页面

## 2.4　设置淘宝会员及支付宝账户密码

一定要注意淘宝账号的安全。当发现淘宝账户被盗后，首先要做什么呢？当确认账户被人盗取后，先确定支付宝里是否有钱，如果有，马上提现。当确定支付宝里有无钱款后，在确保电脑安全的情况下，修改全部密码。包括淘宝账号密码，支付宝密码、支付宝支付密码等。

### 2.4.1　修改淘宝会员密码

**【知识要点】**

怎样设置淘宝会员密码呢？尽量设置便于记忆的长密码，可以使用完整的短语，而非单个的单词或数字作为淘宝会员密码，因为密码越长，被破解的可能性就越小。设置时使用英文字母、数字和符号的组合，如 sdgmdt_042，或者 7156jzm#$等，尽量不要有规律。在淘宝、支付宝和注册邮箱中设置不同的密码，以免一个账户被盗造成其他账户同时被盗。

**【操作步骤】**

本小节讲述设置淘宝会员密码，具体操作步骤如下。

**STEP 1** 进入“我的淘宝”，单击“账户设置”超链接，打开“账号管理”页面，如图 2.23 所示。

**STEP 2** 单击“登录密码”后面的“修改”超链接，进入“淘宝网安全中心”，如图 2.24 所示。

**STEP 3** 单击“通过手机校验码”后面的“立即修改”按钮，进入手机验证页面，输入手机校验码，如图 2.25 所示。

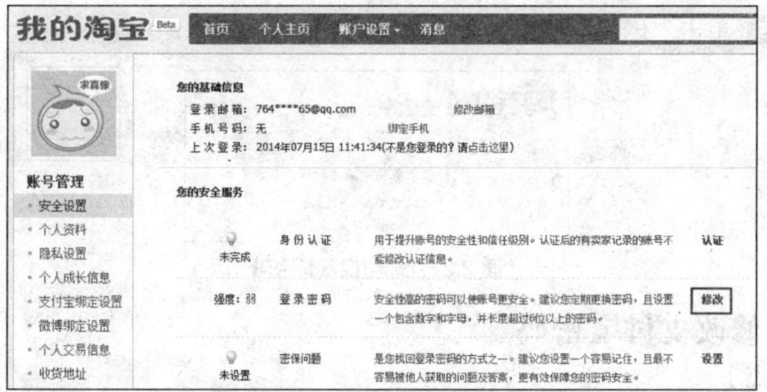


图 2.23　账号管理页面

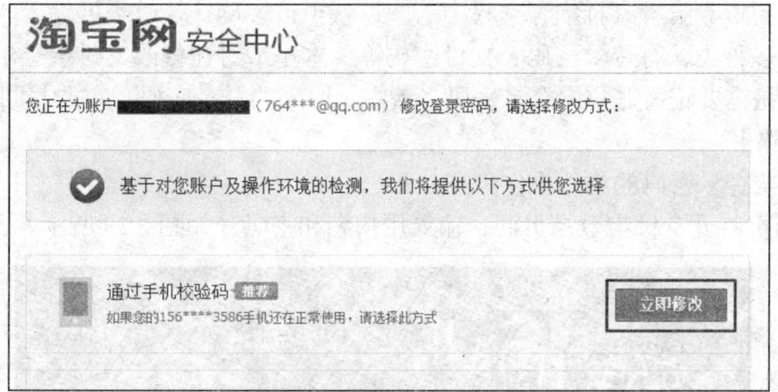


图 2.24　淘宝网安全中心

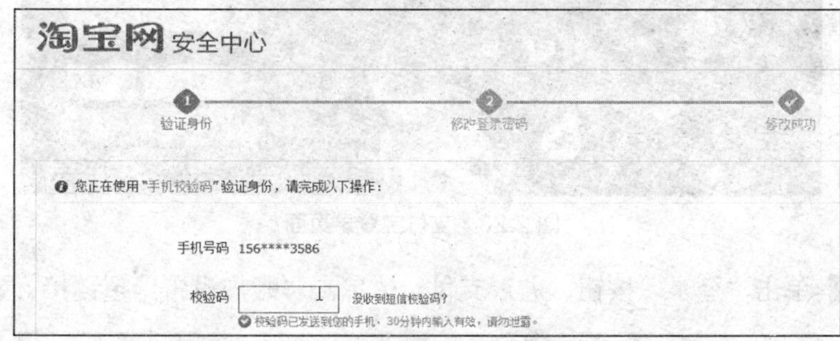


图 2.25　输入手机校验码

**STEP 4** 单击“下一步”按钮，设置新的密码，如图 2.26 所示。

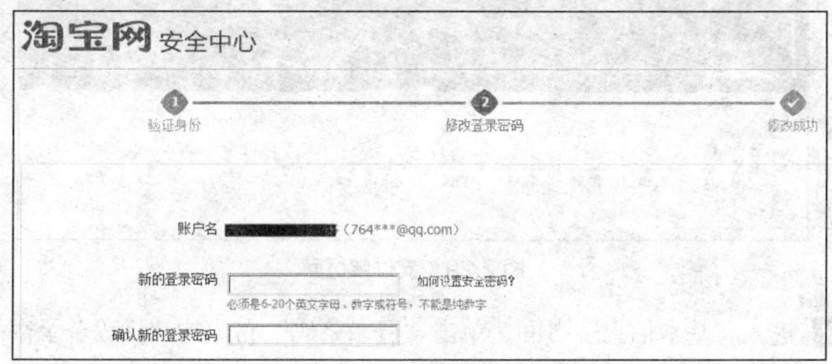


图 2.26　设置新的密码

**STEP 5** 单击“确认”按钮，成功设置新密码，如图 2.27 所示。

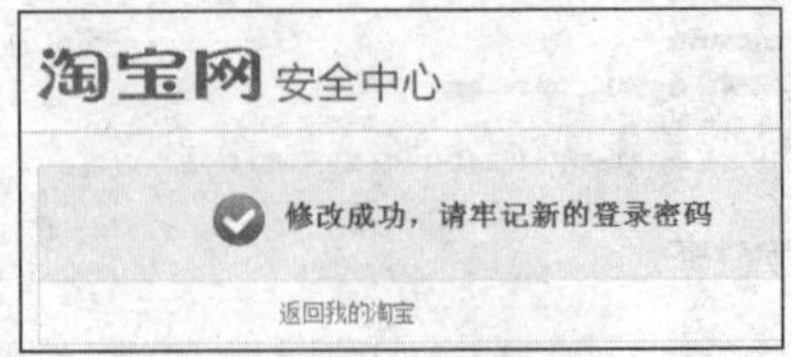


图 2.27　成功设置新密码

### 2.4.2　修改支付宝密码

**【知识要点】**

支付宝密码是单击付款、提现、修改账户名、修改银行账号信息、查询“支付宝卡通”余额、确认收到货、给卖家打款、交易中一些退款申请、确认等时需要输入的密码。支付宝的密码包括很多种类，有登录密码、支付密码等。本小节讲述修改支付宝登录密码。修改登录密码的前提是需要记得账户原登录密码，若忘记原来的登录密码，需要找回登录密码。

**【操作步骤】**

修改支付宝登录密码的具体操作步骤如下。

**STEP 1** 打开支付宝登录页面，输入用户名和密码，如图 2.28 所示。

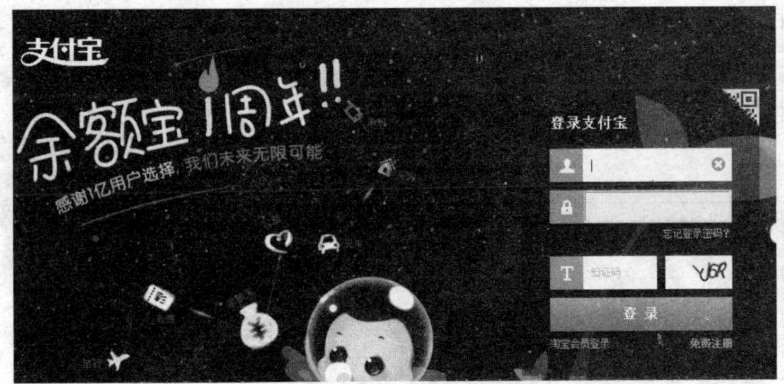


图 2.28　支付宝登录页面

**STEP 2** 单击“登录”按钮，进入支付宝，单击“账户设置”超链接，如图 2.29 所示。

图 2.29　支付宝页面

**STEP 3** 进入“基本信息”页面，单击“登录密码”右边的“修改登录密码”超链接，如图 2.30 所示。

图 2.30　单击“修改登录密码”

**STEP 4** 进入“更换登录密码”页面，输入新的登录密码，如图 2.31 所示。

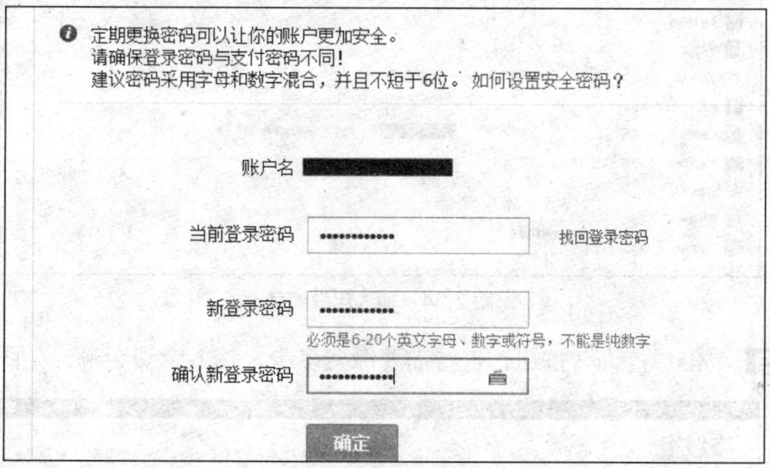

定期更换密码可以让你的账户更加安全。
请确保登录密码与支付密码不同!
建议密码采用字母和数字混合，并且不短于6位。如何设置安全密码？

账户名

当前登录密码 ••••••••••••• 找回登录密码

新登录密码 •••••••••••••
必须是6-20个英文字母、数字或符号，不能是纯数字

确认新登录密码 •••••••••••••

确定

图 2.31　输入新的登录密码

**STEP 5** 单击“确定”按钮，即可成功修改密码，如图 2.32 所示。

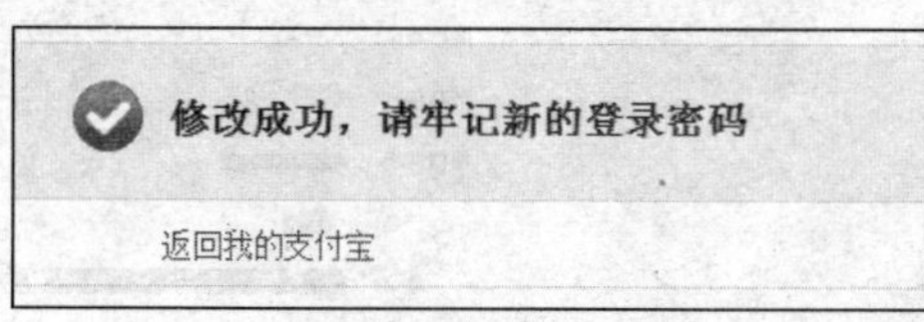


图 2.32　成功修改密码

**【技能拓展】**

可以使用支付宝缴纳水电费，也可以给别人缴纳，只要有他人的缴费账单就可以代他人缴费。注意，别把别人的缴费账单当成自己的或朋友的缴费账单进行缴费，一旦缴费成功是不能退回的。本小节讲述利用支付宝缴电费的具体操作步骤。

**STEP 1** 登录支付宝页面，单击底部的“水电煤缴费”超链接，如图 2.33 所示。

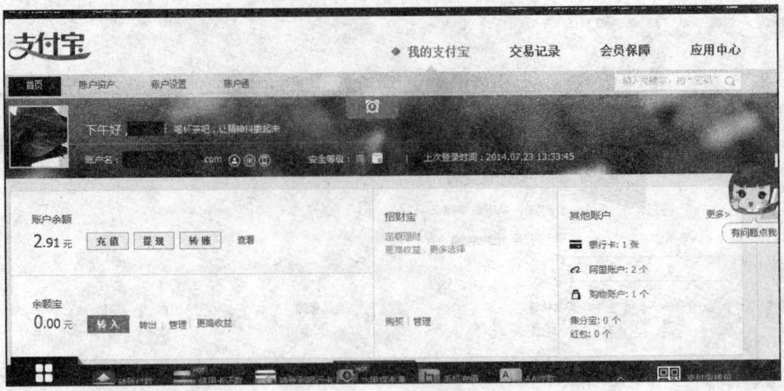

图 2.33　支付宝页面

**STEP 2** 进入“水电煤缴费”页面，选择要缴费的用户编号，如图 2.34 所示。

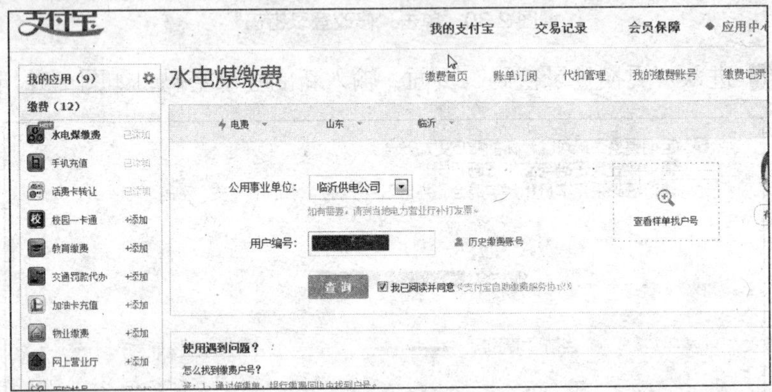


图 2.34　输入用户编号

**STEP 3** 单击“查询”按钮，查看需要缴费多少，输入缴费金额，如图 2.35 所示。

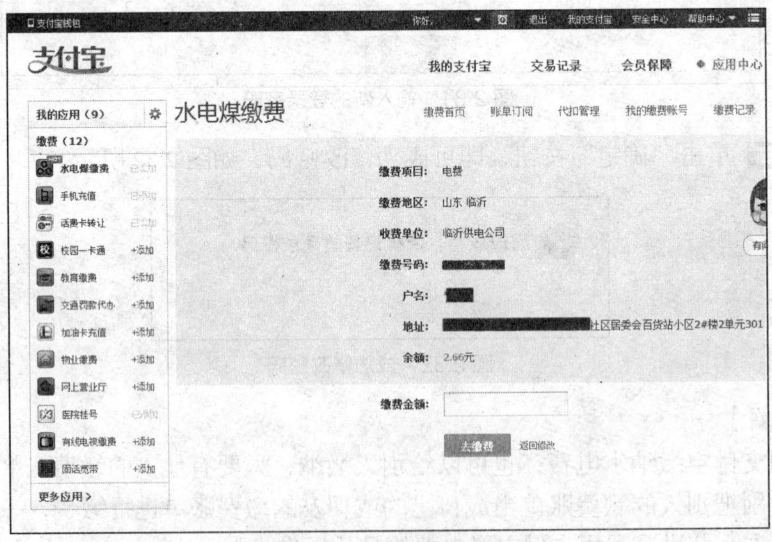


图 2.35　输入缴费金额

**STEP 4** 单击“去缴费”按钮，进入“下载支付宝钱包完成付款”页面，如图 2.36 所示。

图 2.36　下载支付宝钱包完成付款

**STEP 5** 单击底部的“继续电脑付款”按钮，选择要支付的银行，如图 2.37 所示。

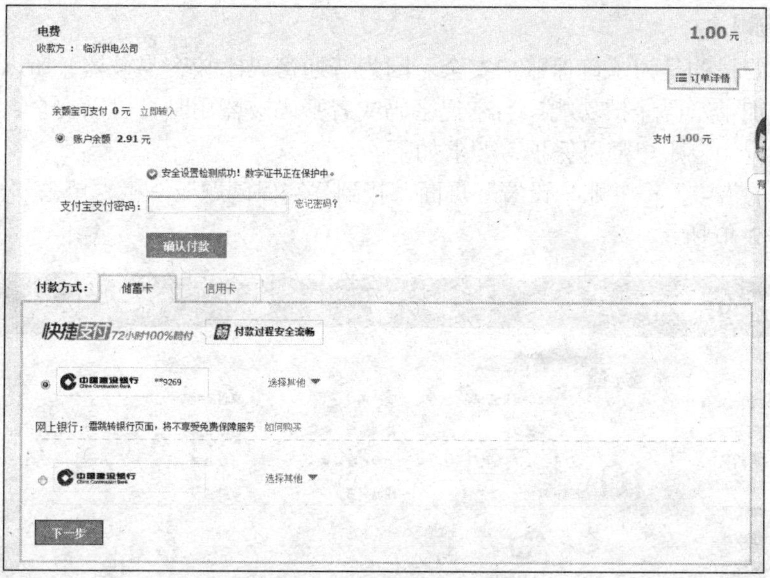

图 2.37　选择支付银行

**STEP 6** 单击“下一步”按钮，输入支付密码，如图 2.38 所示。

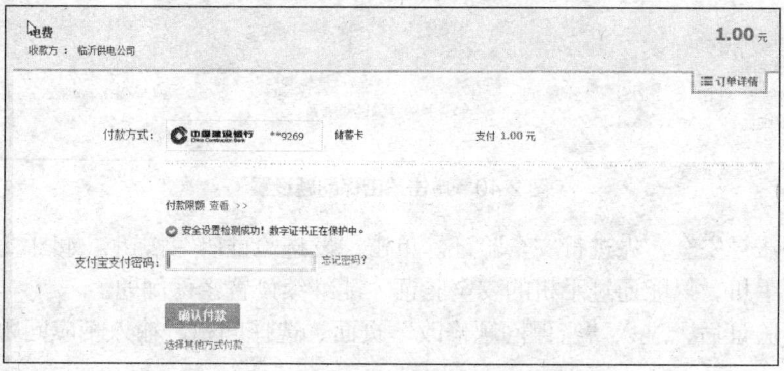

图 2.38　输入支付密码

**STEP 7** 单击“确认付款”按钮，完成缴费，如图 2.39 所示。

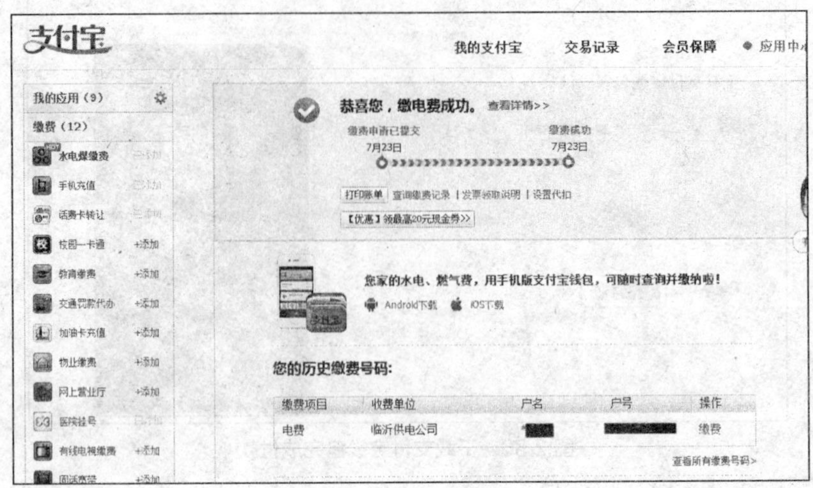


图 2.39　缴费完成

**【技能训练】**

密码保护的目的是为了确保账户安全。因为普通密码比较容易被盗，所以淘宝在设置密码的基础上添加了密码保护功能。当忘记密码或者密码被盗用时，可以安全、快捷、有效地找回密码。设置淘宝账户密码保护，要求如下。

进入“我的淘宝”—“账户设置”页面，找到“密保问题”一栏，单击“密保问题设置”超链接，如图 2.40 所示。

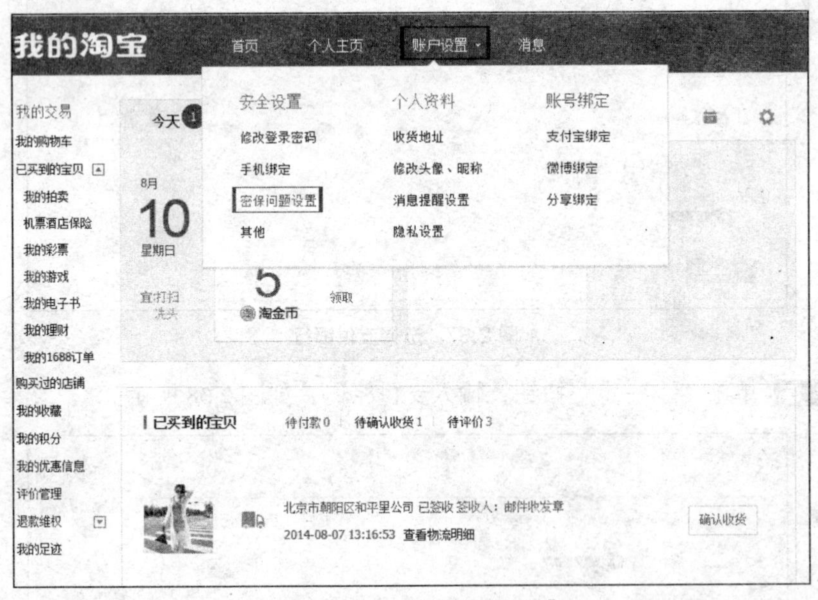


图 2.40　单击“密保问题设置”

为了保护账号安全，先进行安全验证。单击“发送验证码”按钮，如图 2.41 所示。如账户已经绑定了手机，只能通过手机的安全验证才能继续设置密保问题。

通过安全验证后，进入“密保问题修改”页面，选择问题，输入相应问题的答案，如图 2.42 所示。

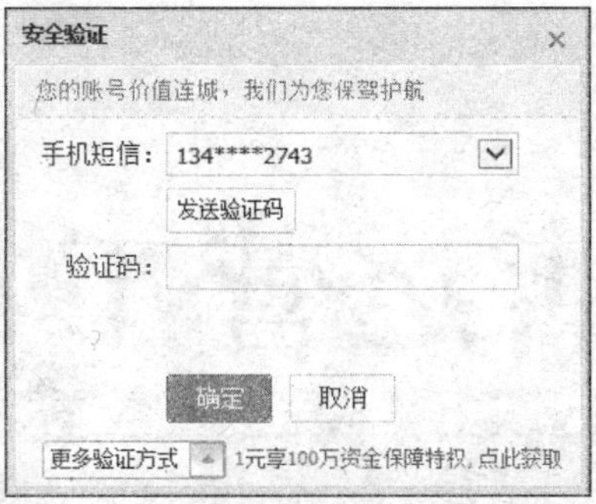

图 2.41　安全验证

图 2.42　“密保问题修改”页面

PART 3

# 第3章 网店运营工具的运用

## 情景导入

千牛为阿里巴巴官方出品的卖家一站式工作台，分为电脑和手机两个版本。其核心是为卖家整合店铺管理工具、经营资讯消息、商业伙伴关系，借此提升卖家的经营效率，促进彼此间的合作共赢，让卖家可以更加便捷和高效地管理店铺，使其做生意游刃有余。

## 知识要点

- 安装淘宝网工具。
- 在线沟通工具千牛工作台。
- 使用淘宝助理批量发布宝贝。
- 店铺管理工具量子恒道。

## 课堂案例展示

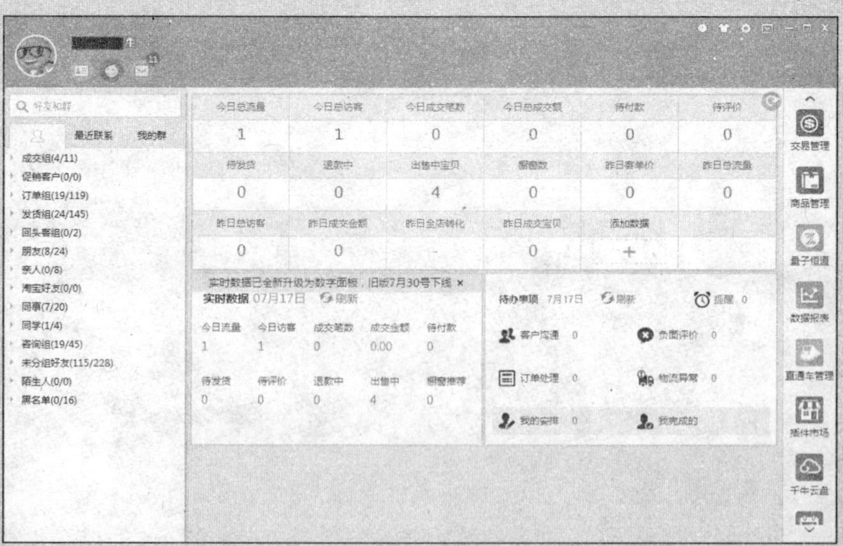


千牛软件

# 3.1 安装淘宝网工具

在淘宝网上开店，还需要聊天沟通工具千牛和淘宝助理软件。怎样下载和安装千牛软件和淘宝助理软件呢？

## 3.1.1 下载并安装千牛

【知识要点】

据统计，淘宝卖家中钻级卖家最爱用千牛，一旦激活千牛后，他们能保持在 60%的活跃率。这部分卖家不像顶级卖家那样有专业人员可以一直守着电脑各司其职，也不像心级卖家一样还处于电商业务的探索阶段，所以特别需要像千牛这样的一站式工作台，即使离开电脑，也能方便地移动管店。

【操作步骤】

本小节讲述千牛软件的下载和安装，具体操作步骤如下：

**STEP 1** 登录淘宝网，单击“网站导航”下的“阿里旺旺”超链接，如图 3.1 所示。

**STEP 2** 进入阿里旺旺下载页面，单击“卖家用户入口”超链接，如图 3.2 所示。

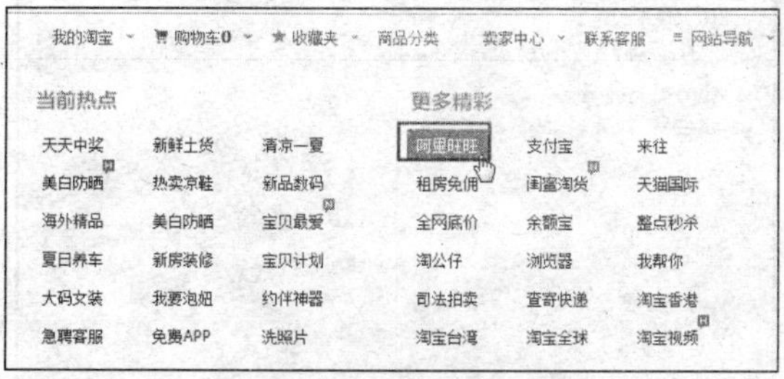

图 3.1 单击“阿里旺旺”

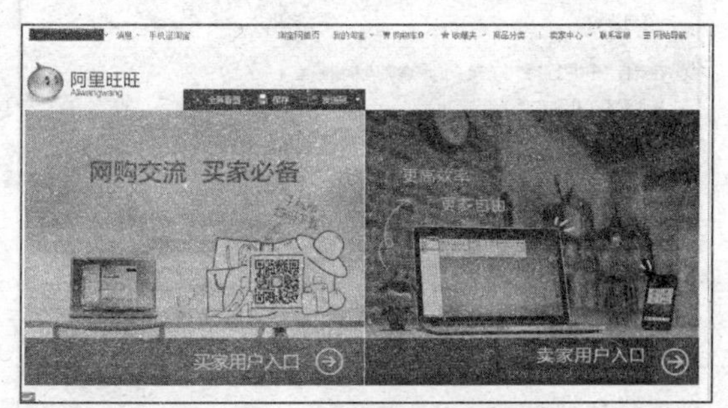


图 3.2 单击“卖家用户入口”

**STEP 3** 进入千牛软件下载页面，单击“立即下载”超链接，如图 3.3 所示。

图 3.3 单击“立即下载”

**STEP 4** 打开“新建下载任务”对话框，选择文件下载到的位置，如图 3.4 所示。

**STEP 5** 单击“下载”按钮，即可成功下载千牛软件。在本地中双击下载的文件，打开“千牛工作台安装”对话框，单击“下一步”按钮，如图 3.5 所示。

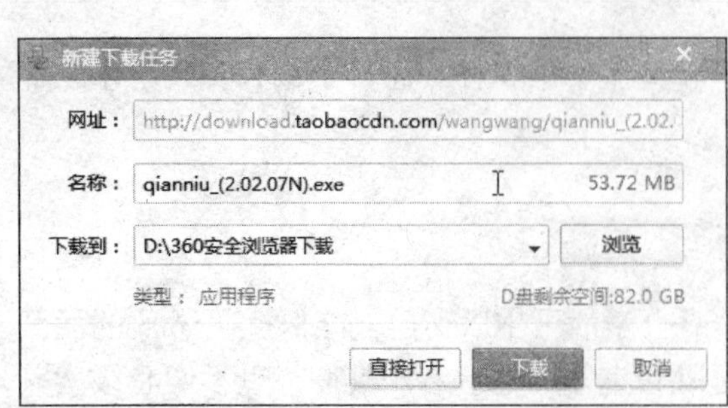


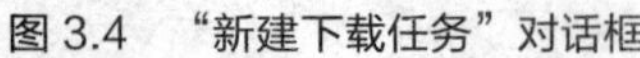
图 3.4　“新建下载任务”对话框

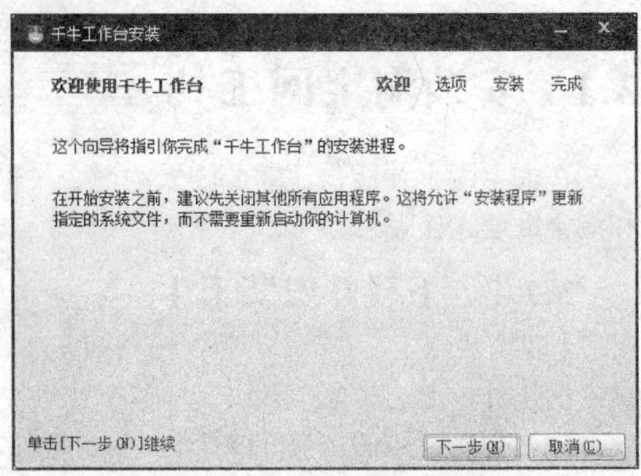


图 3.5　“千牛工作台安装”对话框

**STEP 6** 进入许可协议页面，单击“下一步”按钮，如图 3.6 所示。

**STEP 7** 进入“选择安装位置”页面，单击“浏览”按钮，选择目标文件夹，如图 3.7 所示。

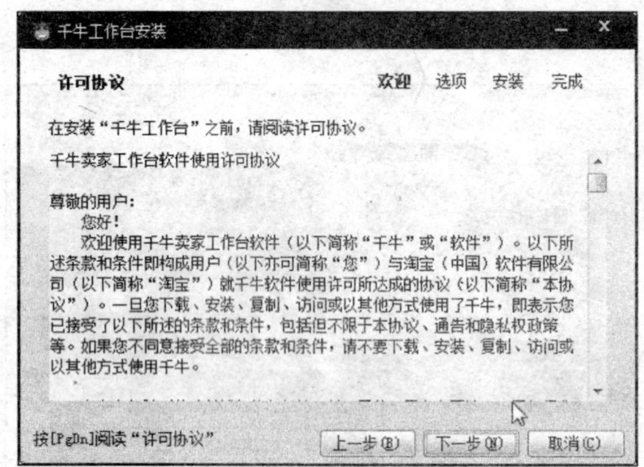


图 3.6　许可协议页面

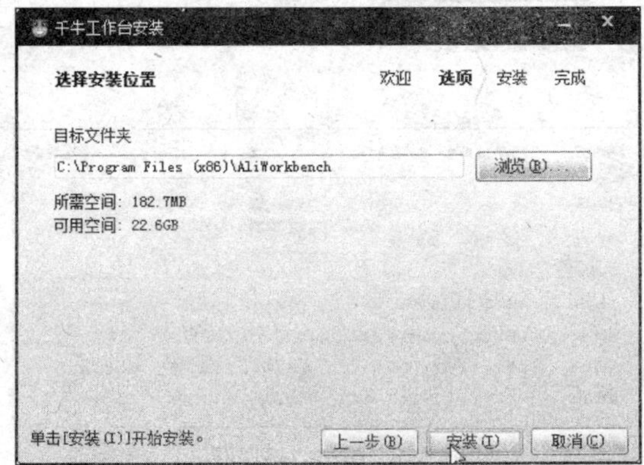


图 3.7　选择目标文件夹

**STEP 8** 单击“安装“按钮，进入“正在安装”页面，如图 3.8 所示。

**STEP 9** 单击“完成”按钮，即可成功安装千牛软件，如图 3.9 所示。

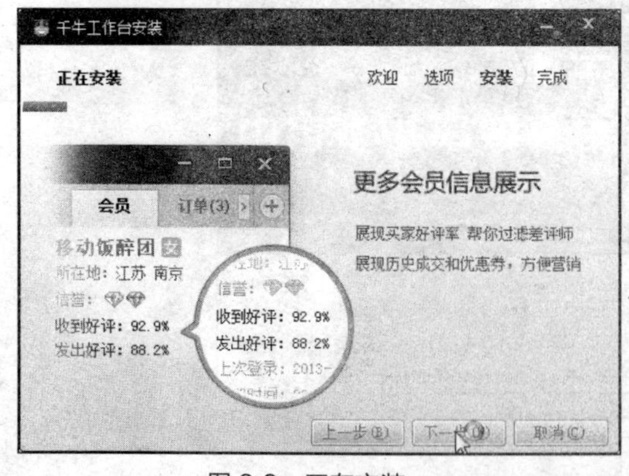


图 3.8　正在安装

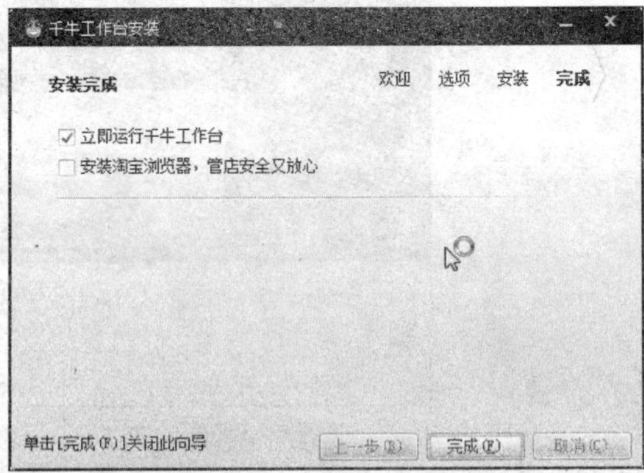


图 3.9　成功安装千牛软件

### 3.1.2 淘宝助理

**【知识要点】**

淘宝助理是一款免费客户端工具软件，它可以使卖家不登录淘宝网就能直接编辑宝贝信息，快捷批量上传宝贝。淘宝助理也是上传和管理宝贝的一个店铺管理工具。

**【操作步骤】**

本小节讲述淘宝助理软件的下载和安装，具体操作步骤如下。

**STEP 1** 打开网址 http://zhuli.taobao.com/，进入淘宝助理下载页面，如图 3.10 所示。

**STEP 2** 单击“立即下载”超链接，打开“新建下载任务”对话框，选择文件要下载的位置，单击“下载”按钮，即可成功下载淘宝助理，如图 3.11 所示。

图 3.10 淘宝助理下载页面

图 3.11 “新建下载任务”对话框

**STEP 3** 在本地文件夹中双击淘宝助理安装程序，打开“淘宝助理 安装”对话框，如图 3.12 所示，单击“下一步”按钮。

**STEP 4** 进入许可证协议页面，单击“我接受”按钮，如图 3.13 所示。

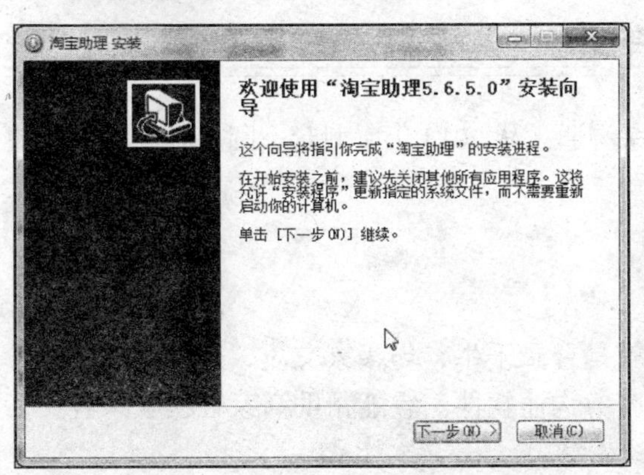

图 3.12 “淘宝助理 安装”对话框

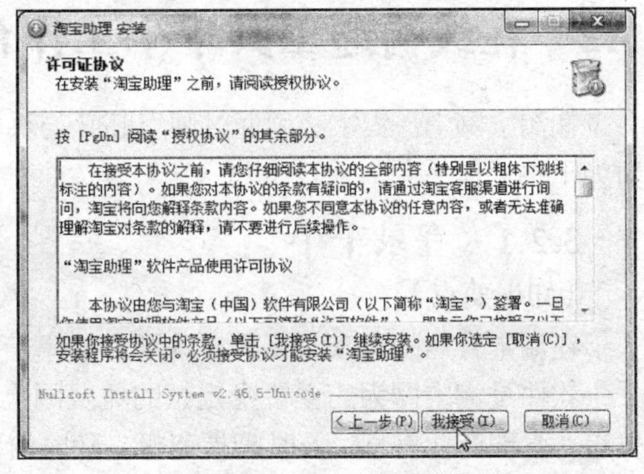

图 3.13 许可证协议页面

**STEP 5** 单击“浏览”按钮打开安装的目标文件夹，单击“下一步”按钮，如图 3.14 所示。

**STEP 6** 进入创建文件夹页面，单击“安装”按钮，如图 3.15 所示。

**STEP 7** 进入“正在安装”页面，待安装完成，单击“下一步”按钮，如图 3.16 所示。

**STEP 8** 单击“完成”按钮，即可成功安装淘宝助理，如图 3.17 所示。

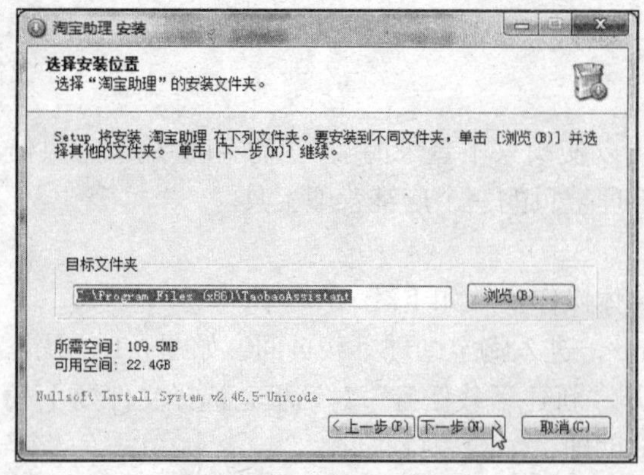


图 3.14　选择目标文件夹

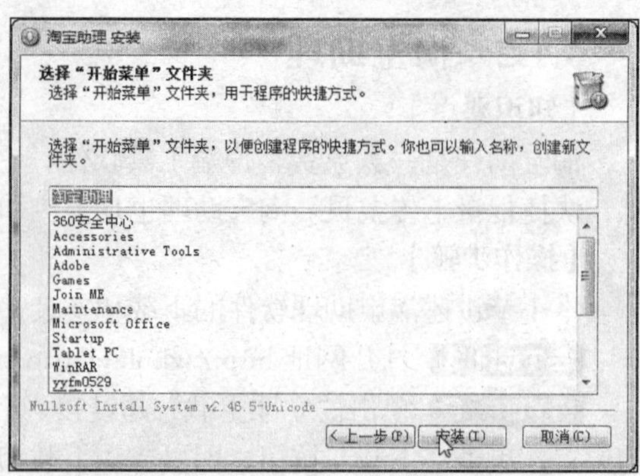


图 3.15　创建文件夹页面

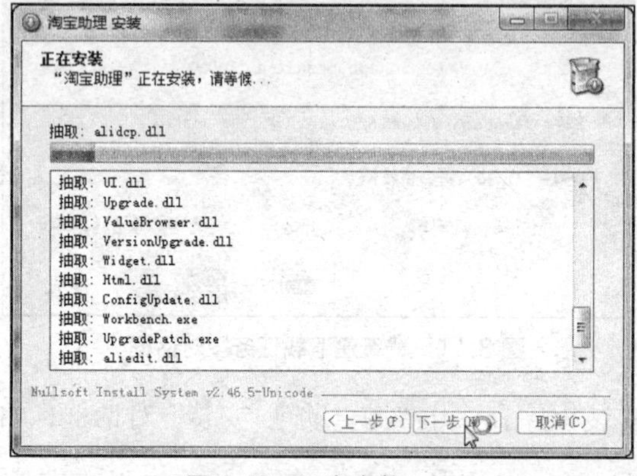


图 3.16　正在安装

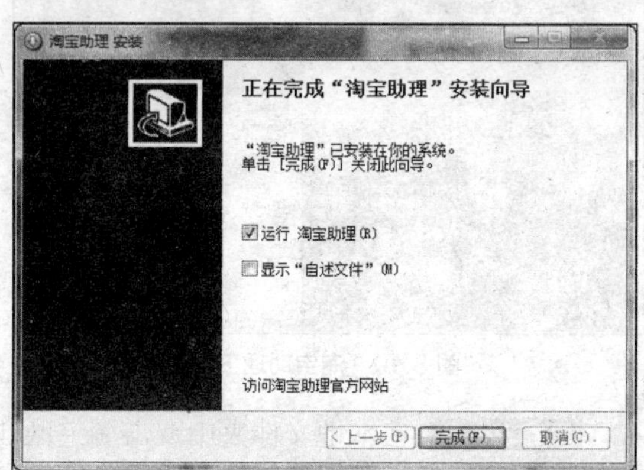


图 3.17　成功安装淘宝助理

## 3.2　在线沟通工具千牛工作台

在淘宝网上，卖家必须通过阿里旺旺与买家沟通。从 2014 年 1 月起，阿里旺旺卖家版更新为千牛工作平台。

### 3.2.1　登录千牛

【知识要点】

在淘宝开店的卖家，每天首先要做的事情就是登录千牛，与买家交流，进行交易管理。千牛软件是淘宝网为店主量身定做的免费网上商务沟通软件。它能帮助商家轻松联系客户，发布、管理商业信息；及时把握商机，随时洽谈生意。

【操作步骤】

本小节讲述如何登录千牛，具体操作步骤如下。

**STEP 1** 在桌面上双击安装好的千牛软件，即可启动千牛软件，如图 3.18 所示。

**STEP 2** 输入用户名和密码，单击"登录"按钮，即可成功登录千牛，如图 3.19 所示。

图 3.18　启动千牛软件

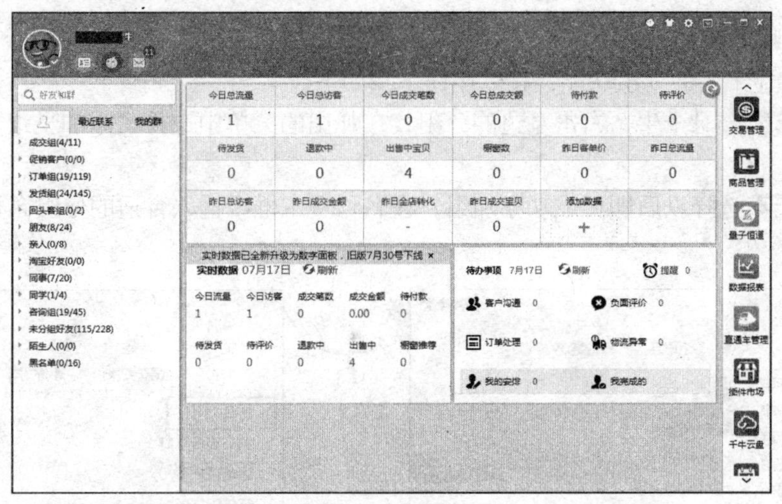


图 3.19 登录千牛

## 3.2.2 千牛的系统设置

【知识要点】

千牛集成的阿里旺旺插件是卖家每天使用最多的功能。除了阿里旺旺外，千牛还集成了卖家的各种常用工具。目前，每天通过千牛，有 12 万卖家处理订单，有 6 万卖家查看商品，分别有 2 万多卖家管理直通车、查看店铺数据等。

【操作步骤】

本小节讲述千牛的系统设置，具体操作步骤如下。

**STEP 1** 登录千牛以后，单击右上角的“系统设置”按钮，如图 3.20 所示。

**STEP 2** 打开“系统设置”对话框，在这里可以根据需要设置相关信息，如图 3.21 所示。

图 3.20 单击“系统设置”

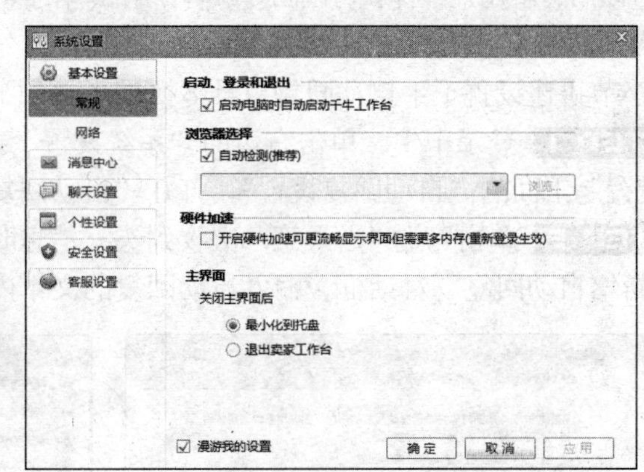


图 3.21 “系统设置”对话框

## 3.2.3 千牛的分组功能

【知识要点】

很多卖家的旺旺上有很多人，但是没有管理，显得杂乱无章，旺旺的主人有了促销活动就全部群发，或许这样的方法也能招来一些买家，但是这种方式也很容易招来买家的反感，一不小心还会被投诉禁用，很不划算。

【操作步骤】

本小节讲述千牛的分组功能，具体操作步骤如下。

**STEP 1** 登录千牛，右击左边的分组，在弹出的菜单中选择“添加子组”选项，如图3.22所示。

**STEP 2** 选择以后即可成功添加组，在名称文本框中输入合适的分组名称，如图3.23所示。

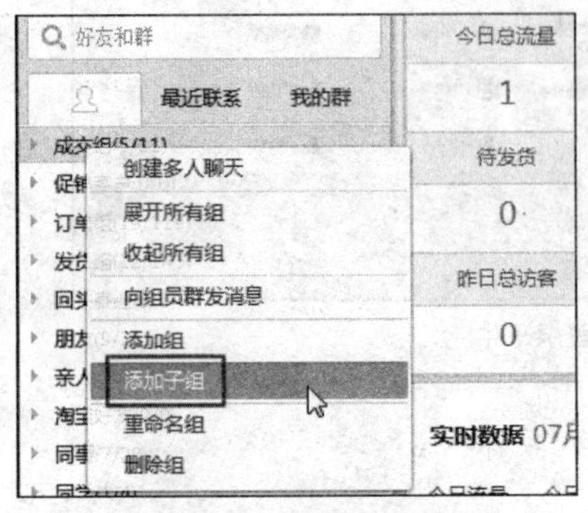


图3.22 单击“添加子组”

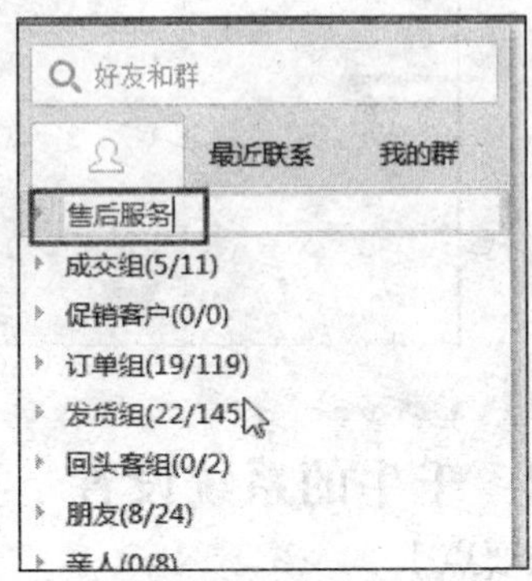


图3.23 添加分组

### 3.2.4 设置千牛自动回复

【知识要点】

自动回复功能一定要利用，无论卖家在不在电脑前，都要设置自动回复，这样顾客就可以第一时间收到卖家的回复。淘宝新规则里，旺旺的回复速度也是参考之一。要给顾客的第一感觉是服务的速度和专业，一定要回复得迅速、详细、专业。如果卖家不在线或比较忙时，可以设置好快捷语。这样设置以后，不用几秒钟就可以回复顾客，给顾客的感觉是非常专业的。

【操作步骤】

本小节讲述设置千牛自动回复，具体操作步骤如下。

**STEP 1** 登录千牛，单击右边的“系统设置”按钮，打开“系统设置”对话框，单击“客服设置”下面的“自动回复设置”，打开“自动回复设置”页面，如图3.24所示。

**STEP 2** 单击勾选“当天第一次收到买家消息时自动回复”，单击右边的“新增”按钮，打开“新增自动回复”对话框，输入自动回复的文本内容，如图3.25所示。

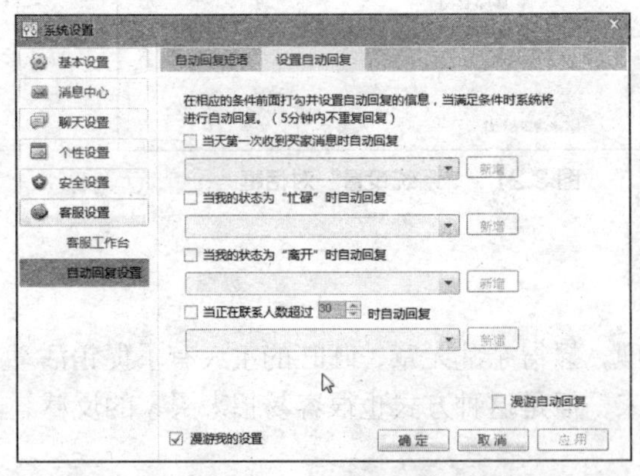


图3.24 “系统设置”对话框

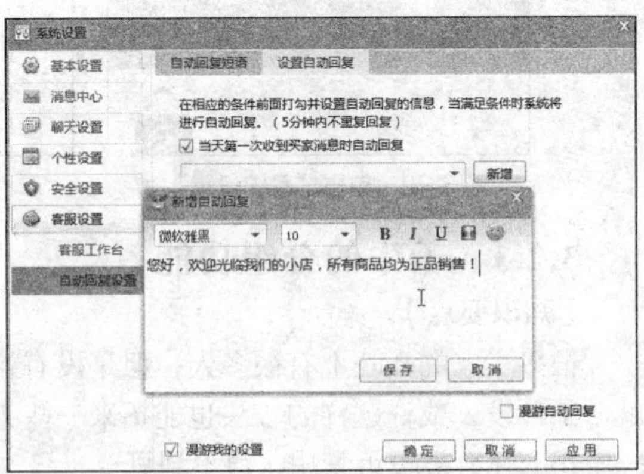


图3.25 输入自动回复内容

**STEP 3** 单击“保存”按钮，添加自动回复内容，如图 3.26 所示。

**STEP 4** 同样输入其余的自动回复的文本内容，如图 3.27 所示。

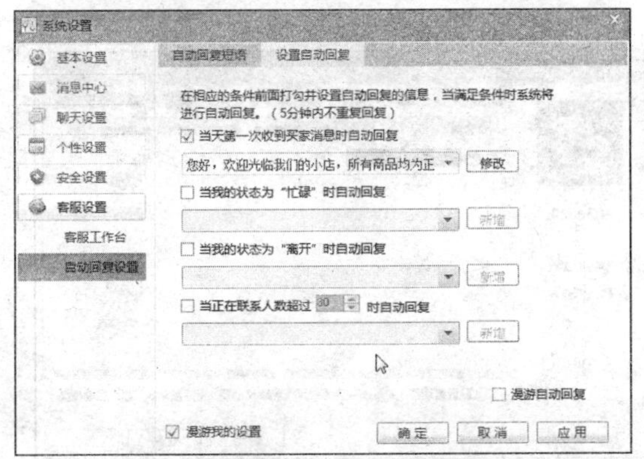


图 3.26 添加自动回复内容

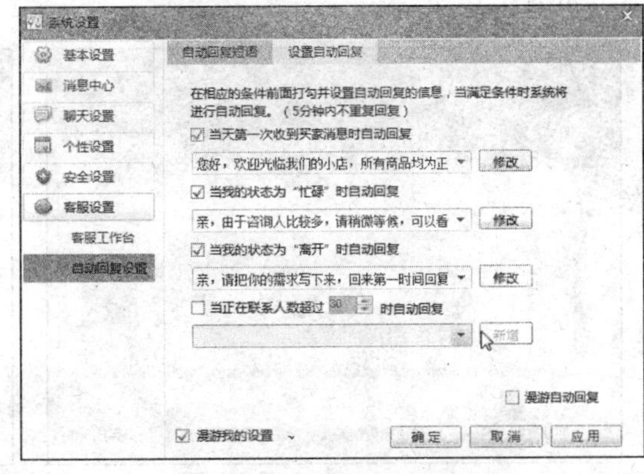


图 3.27 设置自动回复内容

## 3.2.5 巧用千牛群推广

【知识要点】

对于利用旺旺群推广，相信很多新手都有试过。到处找群加群，发店铺链接，发宝贝链接，但真正的效果却不尽如人意，有时还会引起公愤。到底应该怎样合理利用好旺旺群？卖家可以经常和群友们聊天沟通，让大家慢慢地认识自己，接受自己！这样大家就会去卖家的店铺乃至空间看看，起到了宣传作用。

群里一百多号人肯定会有潜在客户存在，这样既娱乐，又宣传了。何必到处发广告链接呢？再说，真的又有几个人会去单击这样的链接！当卖家的旺旺达到一定等级时，就可以建立自己的群了。这就需要卖家有一定的沟通和召集能力，以及充足的时间来打理，不然建了也是白建。

【操作步骤】

本小节讲述巧用千牛群推广，具体操作步骤如下。

**STEP 1** 要想开启旺旺群，只要单击主界面上的“我的群”标签，就可以看到启用群的群，如图 3.28 所示。

**STEP 2** 双击启用群，就会弹出“启用群”对话框，在这里输入群名称及分类，如图 3.29 所示。

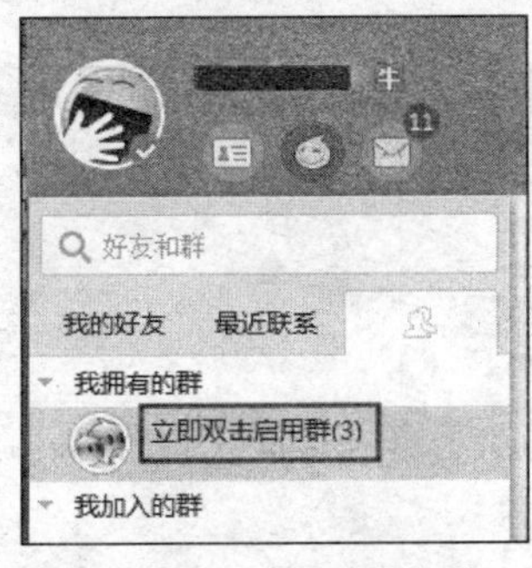


图 3.28 启用群的群

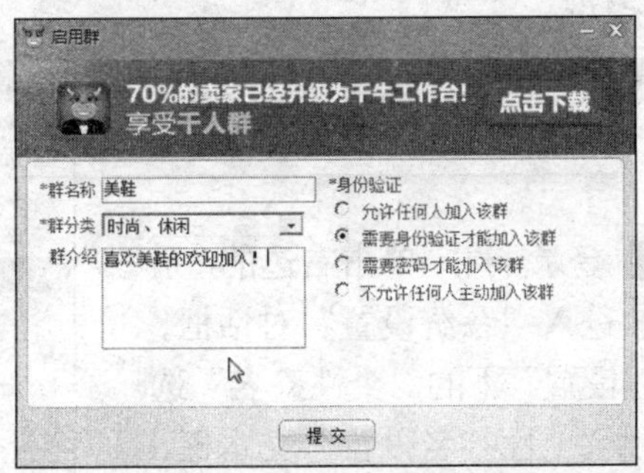


图 3.29 “启用群”对话框

**STEP 3** 单击“提交”按钮，即可开通该旺旺群，如图 3.30 所示。单击“完成”按钮，即可创建成功。

**STEP 4** 单击"邀请成员加入"按钮，打开"群管理"对话框，单击"邀请成员"图标，如图 3.31 所示。

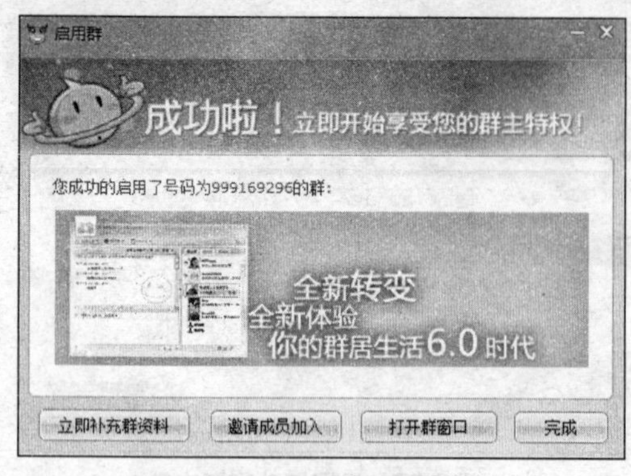


图 3.30 开通旺旺群

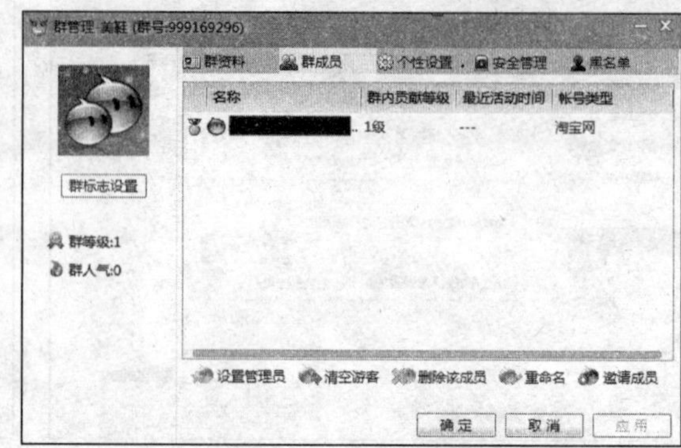


图 3.31 邀请成员

**STEP 5** 单击"确定"按钮，即可完成开通旺旺群，如图 3.32 所示。

图 3.32 开通群

### 3.2.6 利用千牛状态信息为店铺做广告

**【知识要点】**

如果卖家不特别设置千牛的状态，一般默认为"我有空"或者"机器闲置"。而经过设置以后，卖家的状态就会变成具有宣传效果的标语。很多卖家运用自定义状态来宣传店铺的优惠活动或热销商品，这在很大程度上增加了店铺的访问量，进而提高了商品的销售量，是推广店铺的一条捷径。

**【操作步骤】**

设置千牛状态信息的具体操作步骤如下。

**STEP 1** 登录千牛，单击右边的"系统设置"按钮，进入"系统设置"对话框，选择左侧"个性设置"下的"个性签名"选项，在右侧出现"个性签名设置"文本框，如图 3.33 所示。

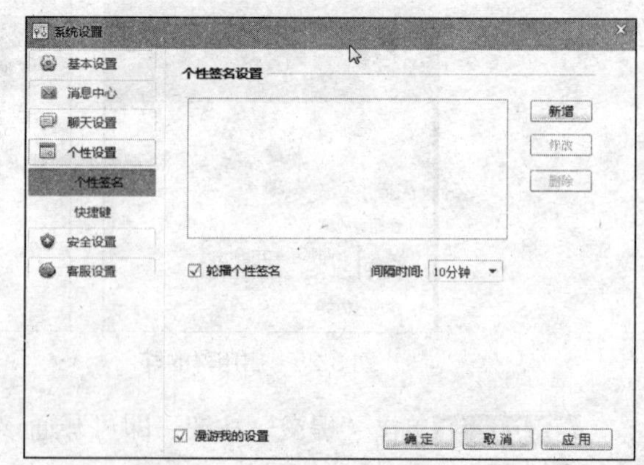


图 3.33 "个性签名设置"文本框

**STEP 2** 单击"新增"按钮，打开

“新增个性签名”对话框，在对话框中输入想要显示的自定义状态，如图 3.34 所示。

**STEP 3** 单击底部的“保存”按钮，“系统设置”对话框中的“个性签名设置”信息栏中将显示刚才设置的自定义状态，如图 3.35 所示。单击底部的“确定”按钮，即可设置个性签名。



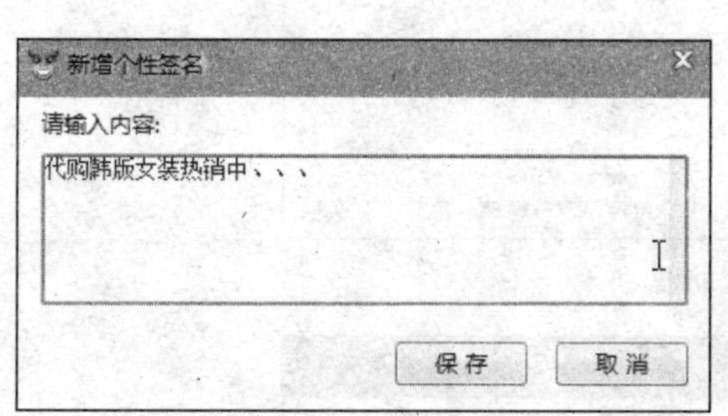


图 3.34 “新增个性签名”对话框

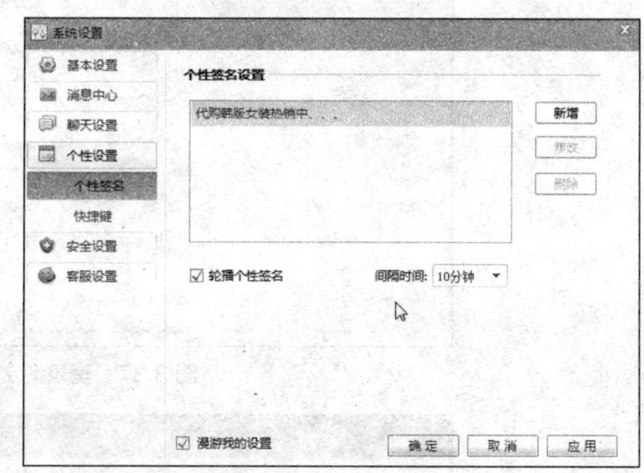


图 3.35 成功设置个性签名



## 3.3 使用淘宝助理批量发布宝贝

随着店铺开张时间的延长，淘宝卖家会发现，如果网店的商品比较少，可以一件一件地发布商品。当商品比较多，比如有成千上万的商品时再一件一件地上传商品，就比较费劲了。而且商品多了之后，还需要对商品进行各种管理。淘宝网为此提供了淘宝助理工具，使用该工具可以直接批量编辑、发布商品，以及对商品进行各种管理。

### 3.3.1 上传宝贝

**【知识要点】**

淘宝助理是淘宝网推出的一款帮助淘宝卖家进行开店的自动化协同工具，主要用于商品宝贝的发布和管理。创建宝贝操作也很简单，创建编辑完宝贝后，可以一次性将它们全都上传到淘宝网站上，新建的宝贝将作为新宝贝出现在店铺中，而修改的宝贝将更新现有店铺中的宝贝信息。

**【操作步骤】**

本小节讲述利用淘宝助理上传宝贝，具体操作步骤如下。

**STEP 1** 在桌面上找到已经安装好的淘宝助理软件，双击启动淘宝助理，输入会员名和密码，如图 3.36 所示。

**STEP 2** 单击“登录”按钮，登录淘宝助理，如图 3.37 所示。

**STEP 3** 单击导航菜单中的“宝贝管理”按钮，打开“宝贝管理”页面，如图 3.38 所示。

**STEP 4** 单击“创建宝贝”按钮，打开“创建宝贝”页面，填写基本信息，如图 3.39 所示。

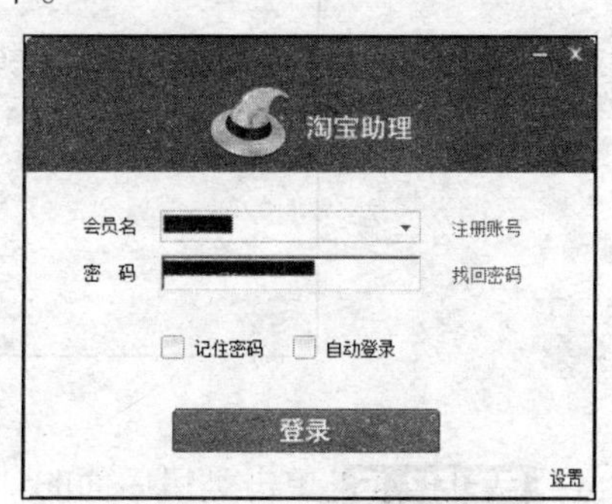


图 3.36 输入会员名和密码

图 3.37　登录淘宝助理

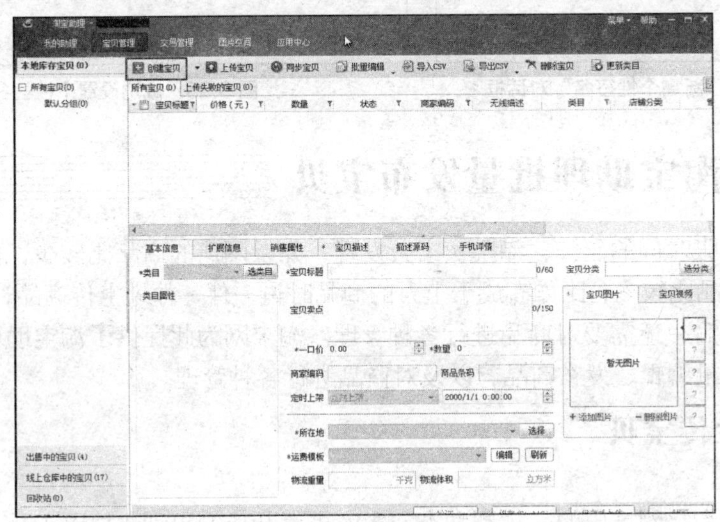


图 3.38　“宝贝管理”页面

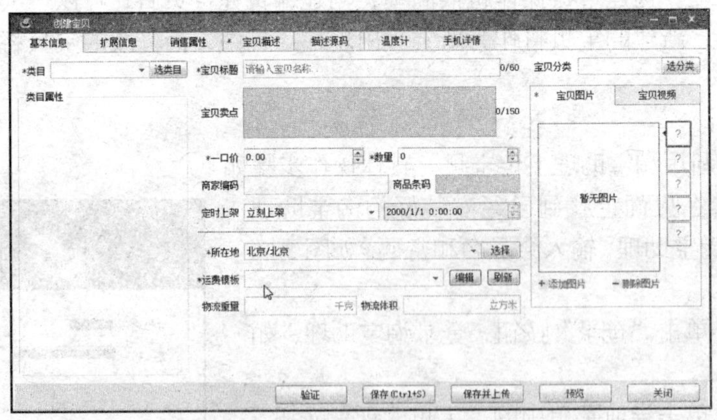


图 3.39　“创建宝贝”页面

**STEP 5** 单击类目后面的“选类目”按钮，打开“选择类目”对话框，选择合适的类目，如图 3.40 所示。

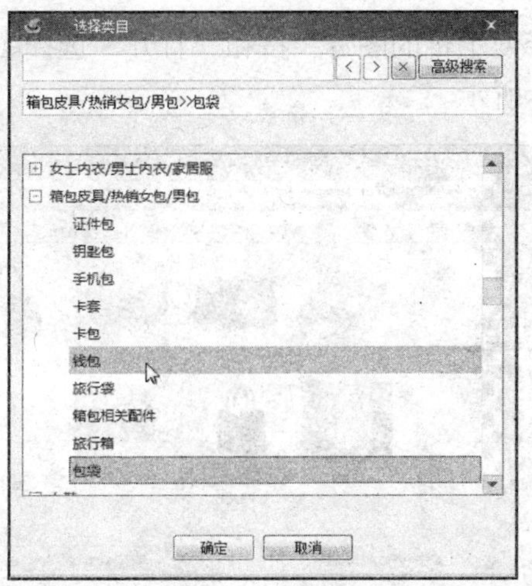


图 3.40　选择类目

**STEP 6** 单击“确定”按钮，添加类目，设置类目相关属性，如图 3.41 所示。

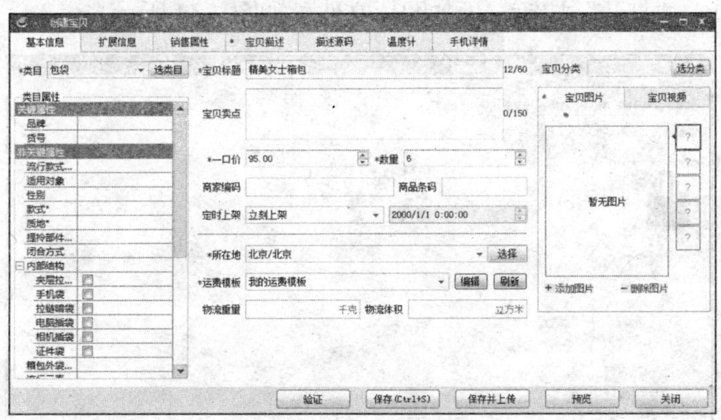


图 3.41　设置类目属性

**STEP 7** 单击“宝贝图片”下面的“添加图片”超链接，打开“选择图片”对话框，如图 3.42 所示。

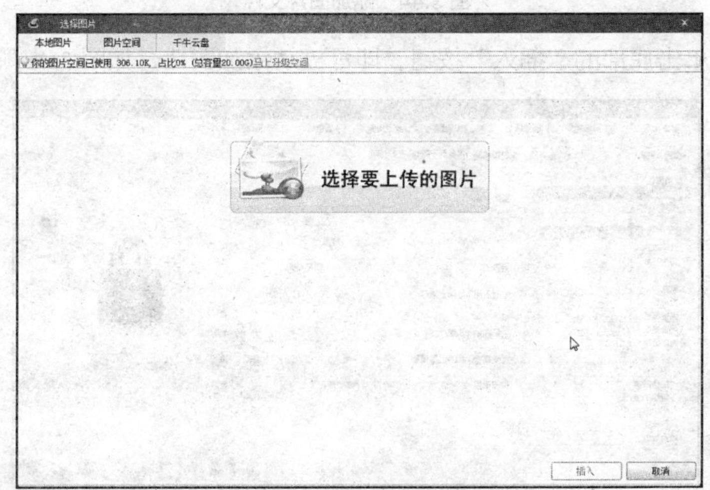


图 3.42　“选择图片”对话框

**STEP 8** 单击“选择要上传的图片”按钮，打开“选择图片”对话框，在本地文件夹中选择图片文件，如图 3.43 所示。

图 3.43 “选择图片”对话框

**STEP 9** 单击“打开”按钮，添加图片文件，如图 3.44 所示。

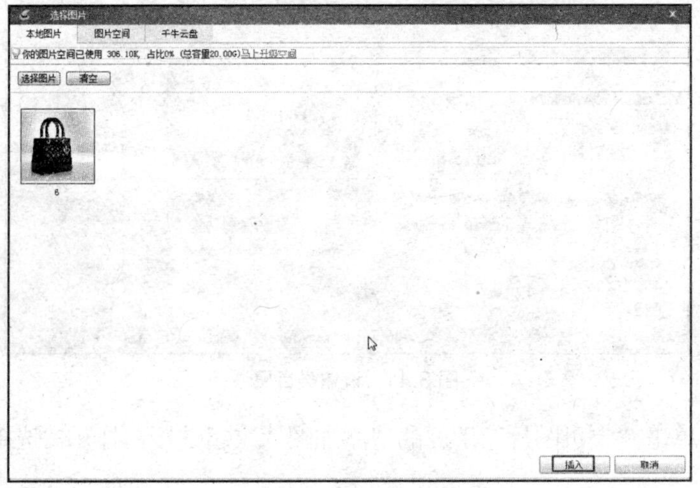


图 3.44 添加图片文件

**STEP 10** 单击底部的“插入”按钮，即可成功添加图片，如图 3.45 所示。

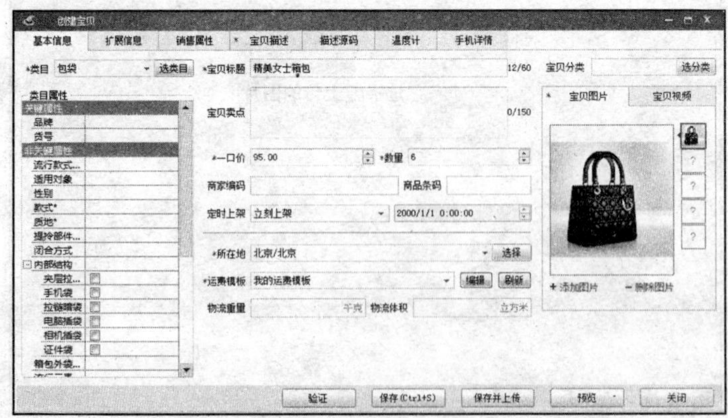


图 3.45 添加图片

**STEP 11** 单击“宝贝描述”导航，打开“宝贝描述”对话框，输入宝贝描述，如图 3.46 所示。

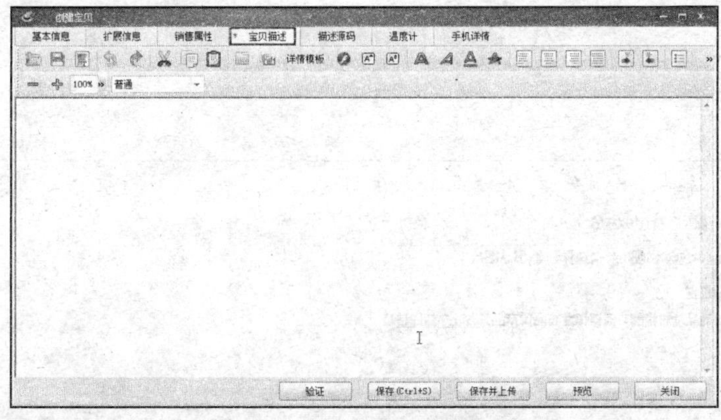


图 3.46　输入宝贝描述

**STEP 12** 单击“销售属性”导航按钮，单击勾选颜色分类并设置其属性，如图 3.47 所示。

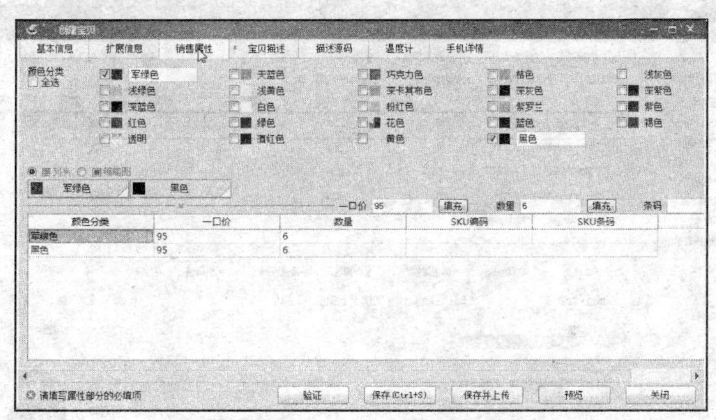


图 3.47　设置销售属性

**STEP 13** 单击“保存并上传”按钮，打开“上传宝贝”对话框，如图 3.48 所示。

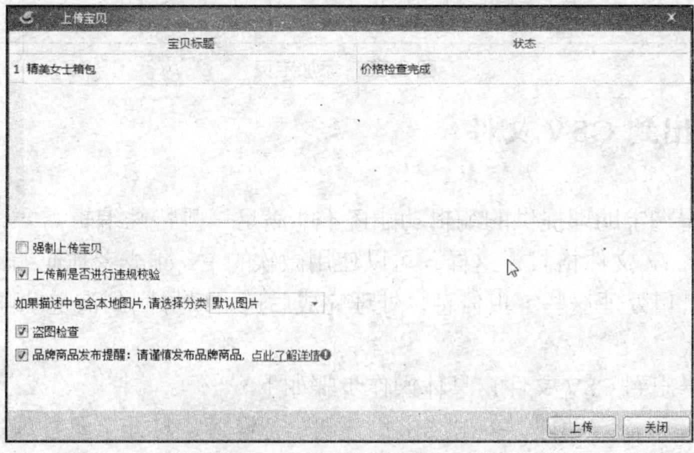


图 3.48　“上传宝贝”对话框

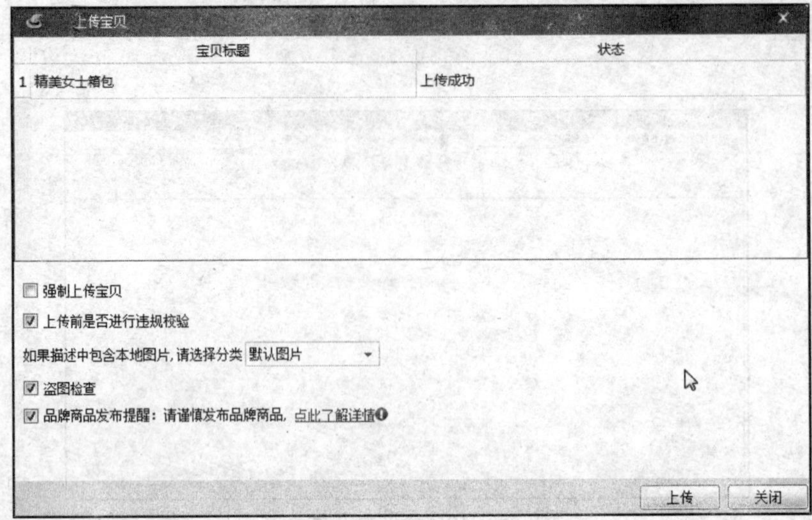


图 3.49　上传宝贝

**STEP 14** 单击“上传”按钮，成功上传宝贝，如图 3.49 和图 3.50 所示。

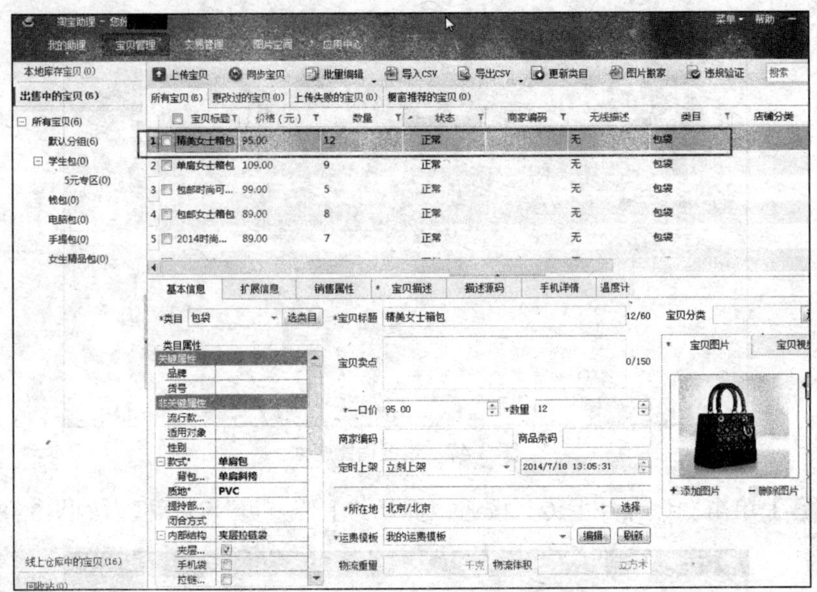


图 3.50　添加宝贝

## 3.3.2　导出到 CSV 文件

**【知识要点】**

如果卖家觉得淘宝助理提供的编辑功能还不能满足一些特殊编辑需要，还可以将宝贝批量导出成标准的 CSV 文件格式，这样，可以使用微软的 Excel 或者其他编辑工具，甚至是自己开发的软件来批量处理这些宝贝信息，处理完成后还可以导回到淘宝助理中。

**【操作步骤】**

本小节讲述导出到 CSV 文件，具体操作步骤如下。

**STEP 1** 登录淘宝助理，单击“宝贝管理”超链接，打开宝贝管理页面。勾选宝贝，单击“导出 CSV” | “导出勾选宝贝”超链接，如图 3.51 所示。

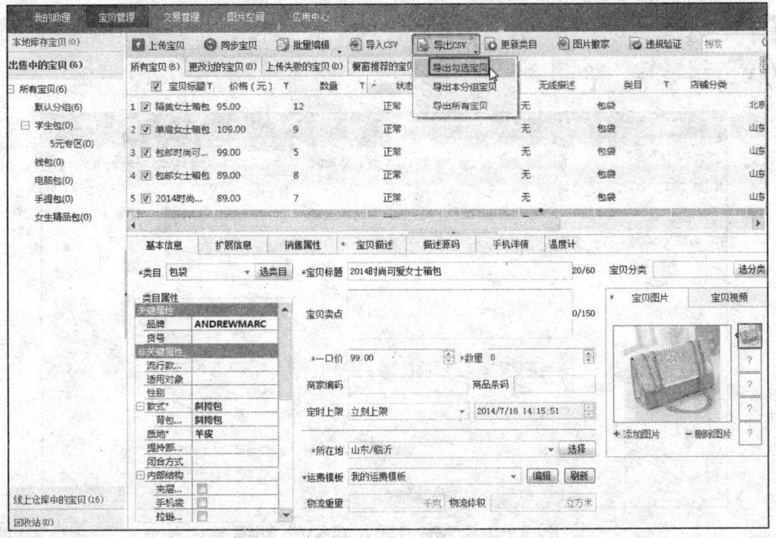

图 3.51 单击“导出勾选宝贝”超链接

**STEP 2** 打开“保存”对话框，选择要存储的位置，如图 3.52 所示。

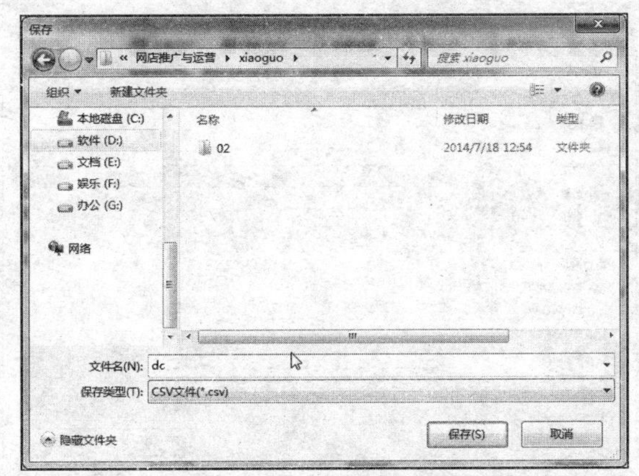

图 3.52 “保存”对话框

**STEP 3** 单击“保存”按钮，即可成功保存 CSV 文件，如图 3.53 所示。

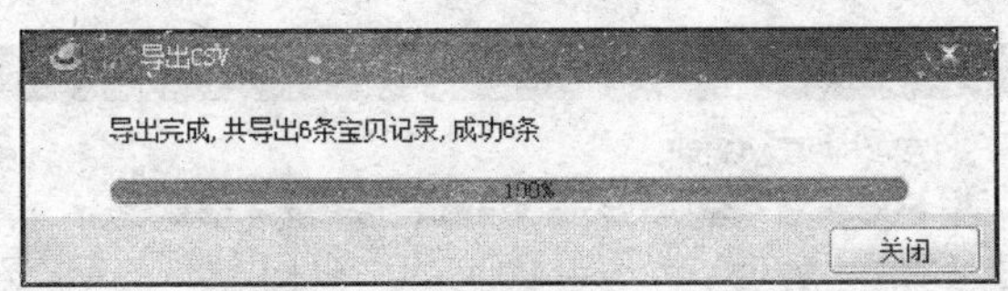


图 3.53 成功导出 CSV

## 3.3.3 导入数据包并上传

**【知识要点】**

为了保护卖家的数据在发生意外时不丢失，可以将宝贝数据导出到一个备份文件，保存到安全的地方，在需要的时候，例如磁盘损坏后，可以将这些宝贝数据原封不动地重新导入到淘宝助理中。

**【操作步骤】**

本小节讲述导入数据包并上传，具体操作步骤如下。

**STEP 1** 登录淘宝助理，单击“宝贝管理”超链接，打开宝贝管理页面。勾选宝贝，单击“导入 CSV”超链接，如图 3.54 所示。

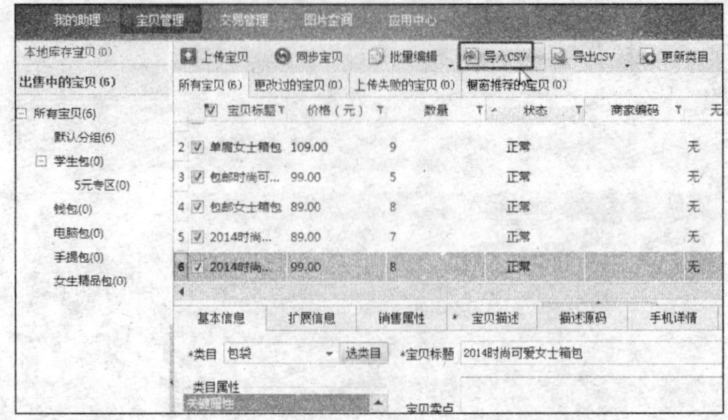


图 3.54　单击“导入 CSV”超链接

**STEP 2** 打开“打开文件”对话框，选择 CSV 存储的位置，如图 3.55 所示。

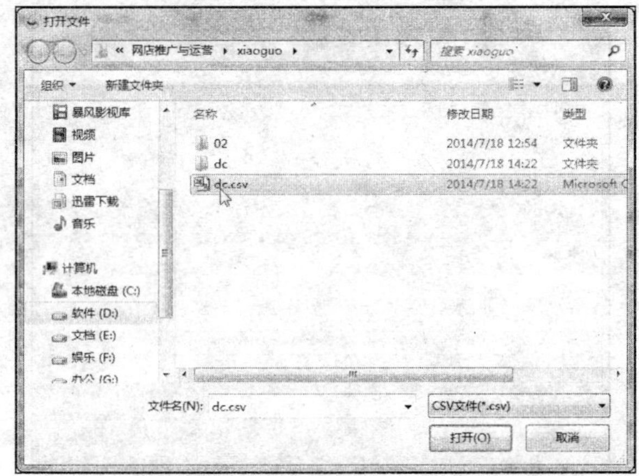


图 3.55　“打开文件”对话框

**STEP 3** 单击“打开”按钮，即可成功导入 CSV 文件，如图 3.56 所示。

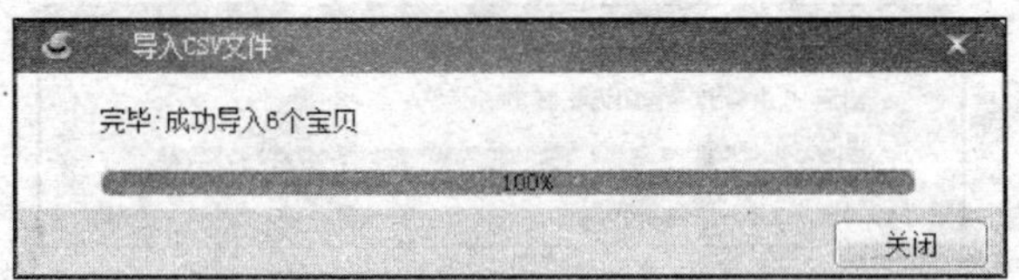


图 3.56　成功导入 CSV

### 3.3.4　保存为模板

**【知识要点】**

为了让自己的店铺看起来更专业，卖家要用心做每件事。在发布宝贝的时候，对每件宝贝的描述要做到全面、详细，在版式上也要保持一致，这样才会给买家留下好的印象。有些卖家会找专业的设计公司制作模板，格式统一且漂亮。在淘宝助理中使用这种专业的模板更是事半功倍。

【操作步骤】

本小节讲述模板的创建，具体操作步骤如下。

**STEP 1** 登录淘宝助理，单击“宝贝模板”超链接，如图 3.57 所示。

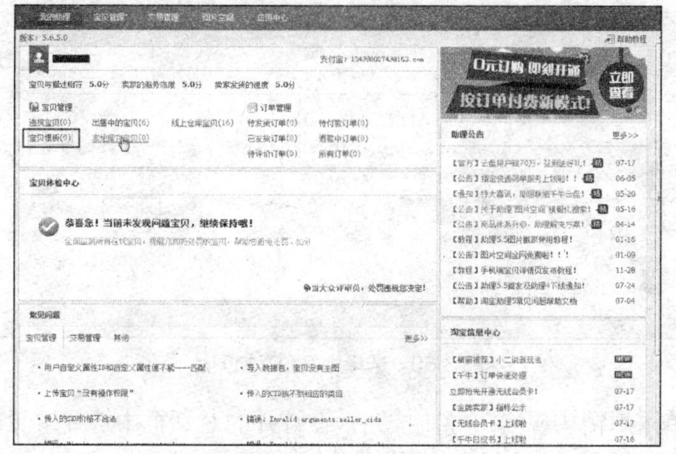

图 3.57 单击“宝贝模板”超链接

**STEP 2** 打开宝贝管理页面，单击“创建模板”按钮，如图 3.58 所示。

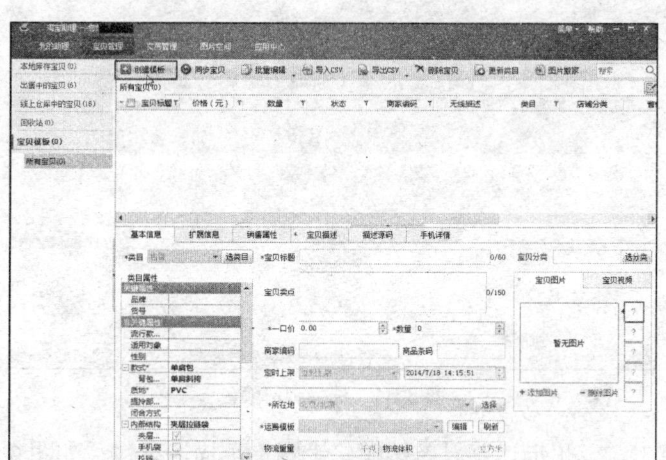

图 3.58 宝贝管理页面

**STEP 3** 打开“创建模板”对话框，输入基本信息，如图 3.59 所示。

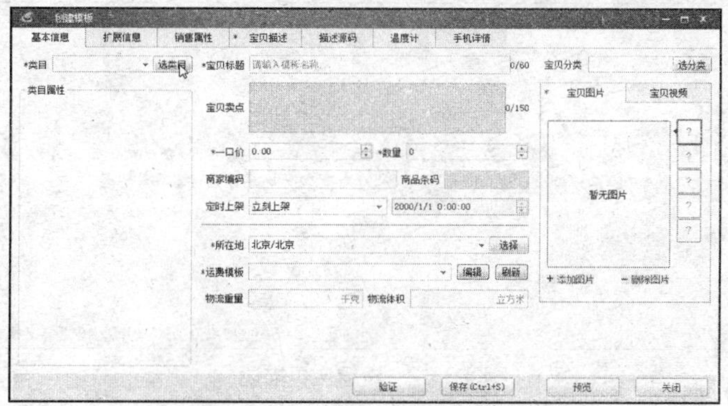

图 3.59 “创建模板”对话框

**STEP 4** 选择合适的类目和添加图片文件，如图 3.60 所示。

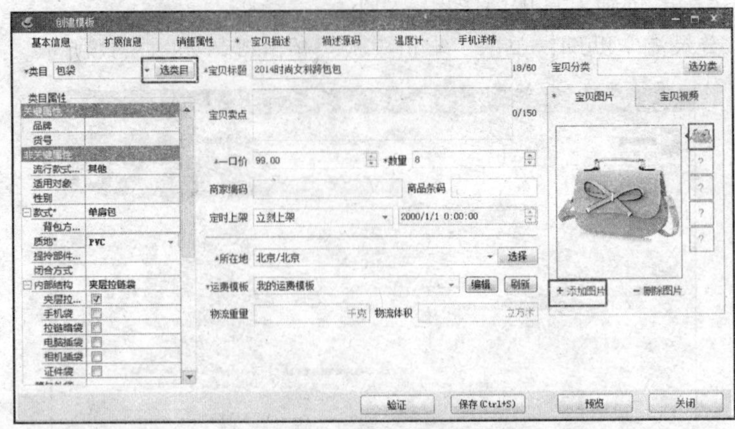

图 3.60 选择类目和添加图片

**STEP 5** 单击“销售属性”导航按钮，在打开的对话框中选择宝贝颜色，并设置其相关参数，如图 3.61 所示。

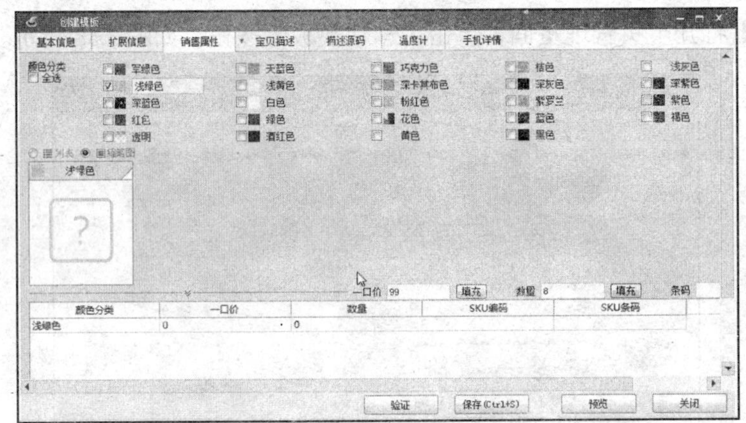

图 3.61 选择宝贝颜色

**STEP 6** 单击“宝贝描述”导航按钮，设置宝贝描述参数，如图 3.62 所示。

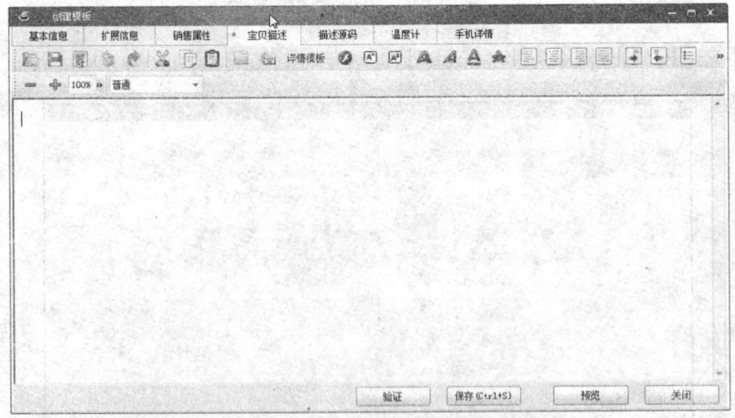

图 3.62 设置宝贝描述

STEP 7 单击“保存”按钮，即可将其保存为模板文件，如图 3.63 所示。

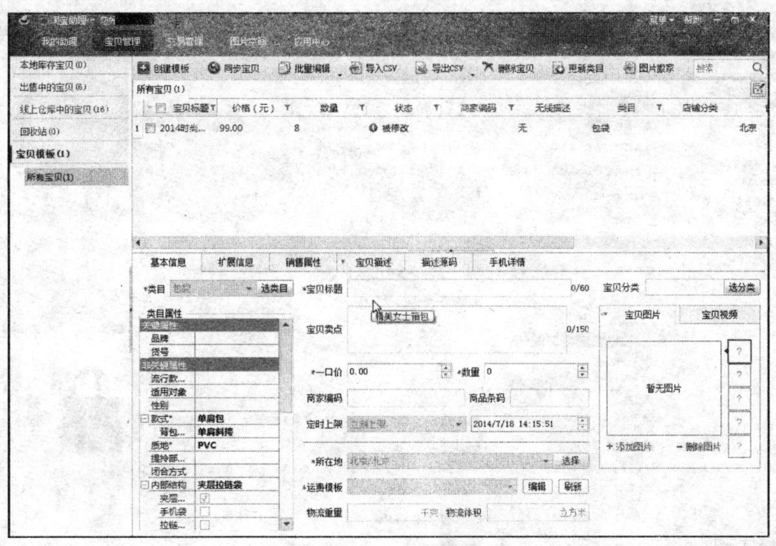

图 3.63 保存为模板

## 3.3.5 批量修改宝贝信息

**【知识要点】**

淘宝助理非常强大的功能，可以灵活而快捷地一次性编辑大量的宝贝。批量编辑宝贝，对宝贝描述、类目、属性全新改版，为卖家节省宝贵的时间。例如批量修改 100 件宝贝的标题，为这些标题增加相同的前缀，或者替换这些标题中的特定文字。修改后批量上传，无须人工操作。批量打印快递单、发货单，可以省下大量人工填写工作；还可以自定义打印模板。批量发货、批量好评，可以减少卖家的手工操作。交易管理批量编辑，批量编辑物流公司和运单号。

**【操作步骤】**

淘宝助理还可以批量编辑宝贝，具体操作步骤如下。

STEP 1 登录淘宝助理，单击“出售中的宝贝”超链接，如图 3.64 所示。

图 3.64 单击“出售中的宝贝”超链接

**STEP 2** 打开宝贝管理页面，单击勾选多个宝贝，如图 3.65 所示。

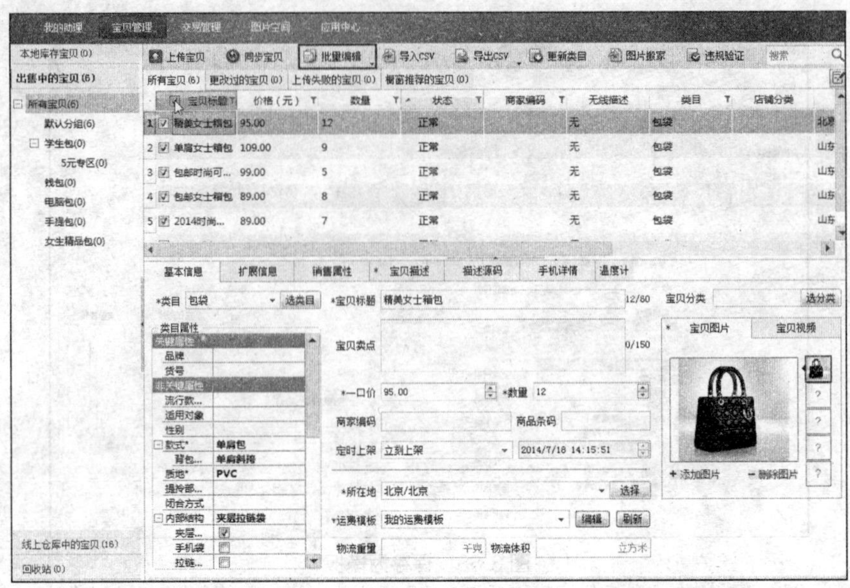

图 3.65　单击勾选宝贝

**STEP 3** 单击“批量编辑” | “宝贝数量”超链接，如图 3.66 所示。

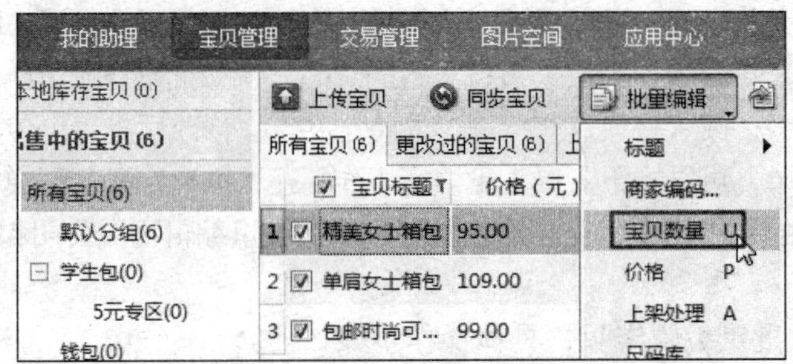


图 3.66　单击“宝贝数量”超链接

**STEP 4** 打开“宝贝数量”对话框，在“新的数量”中输入新添加的数量，如图 3.67 所示。

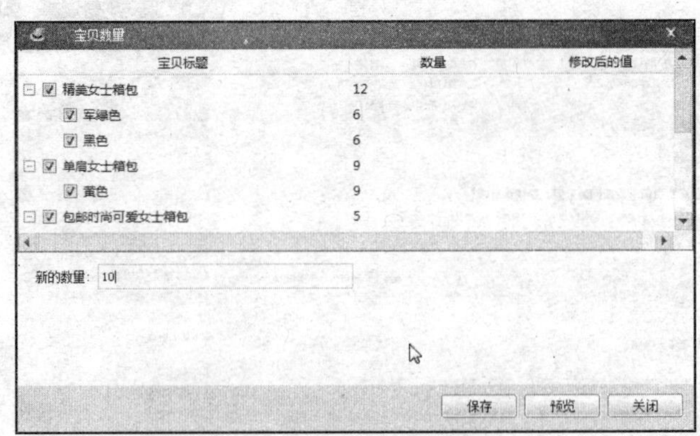


图 3.67　输入新添加的数量

**STEP 5** 单击“保存”按钮，即可对选中的宝贝批量增加数量，如图 3.68 所示。

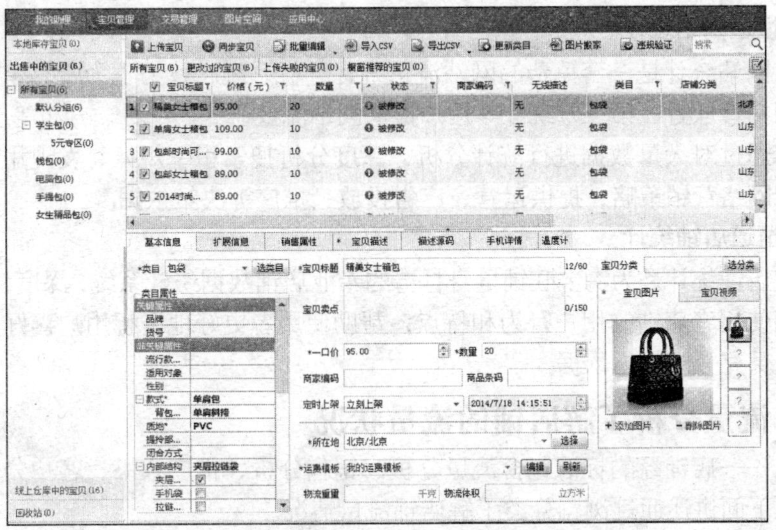


图 3.68　批量添加数量

## 3.4　店铺管理工具量子恒道

量子恒道是淘宝官方的数据产品，秉承数据让生意更简单的使命，致力于为各个电商，淘宝卖家提供精准实时的数据统计、多维的数据分析、权威的数据解决方案，是每个淘宝卖家必备的店铺运营工具。

### 3.4.1　什么是量子恒道——店铺经

量子恒道——店铺经目前分免费的标准包、付费的来源分析和装修分析，从时-天-周-月，从店铺首页-宝贝页-分类页，记录店铺的流量（包含实时流量）、销售、转化、推广及装修效果数据，帮助并指导卖家经营，提升销量。图 3.69 所示为量子恒道——店铺经。

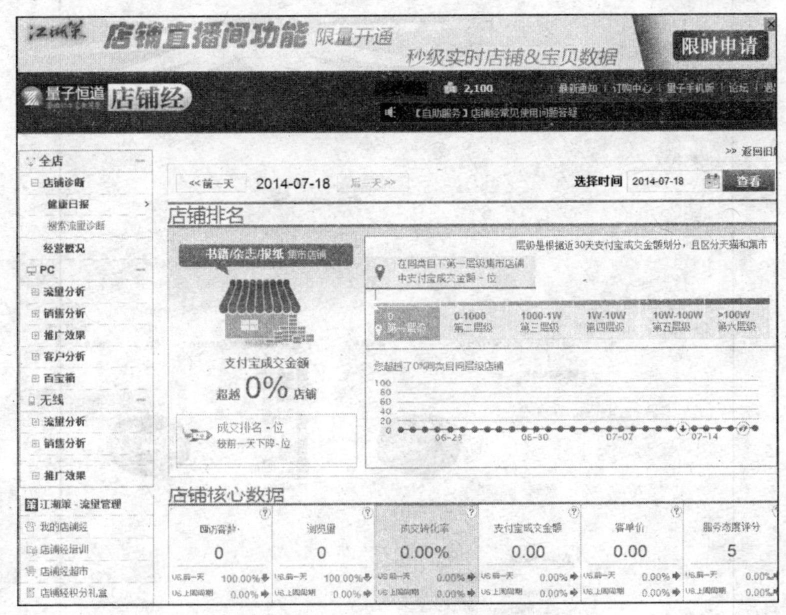


图 3.69　量子恒道——店铺经

### 1. 量子恒道网站统计

量子恒道网站统计是一套免费的网站流量统计分析系统，致力于为所有个人站长、个人博主、所有网站管理者、第三方统计等用户提供网站流量监控、统计、分析等专业服务。

量子统计通过对大量数据进行统计分析，深度分析搜索引擎规律、发现用户访问网站的规律，并结合网络营销策略，提供运营、广告投放、推广等决策依据。

### 2. 量子恒道店铺统计

量子恒道店铺统计是为淘宝旺铺量身打造的专业店铺数据统计系统，深度植入淘宝后台，通过统计访问使用者店铺的用户行为和特点，帮助使用者更好地了解用户喜好，为店铺推广和商品展示提供充分的数据依据。

## 3.4.2 流量分析了解店铺的流量状况

量子恒道——店铺经的标准包含流量分析、销售分析、推广效果、客户分析、百宝箱 5 大功能模块。下面讲述通过浏览分类了解店铺流量情况。

### 1. 流量概况

流量分析中展现了店铺的一些基本流量数据，通过查看该页面能够大致了解店铺的流量状况，包括以下 5 个方面，如图 3.70 所示。

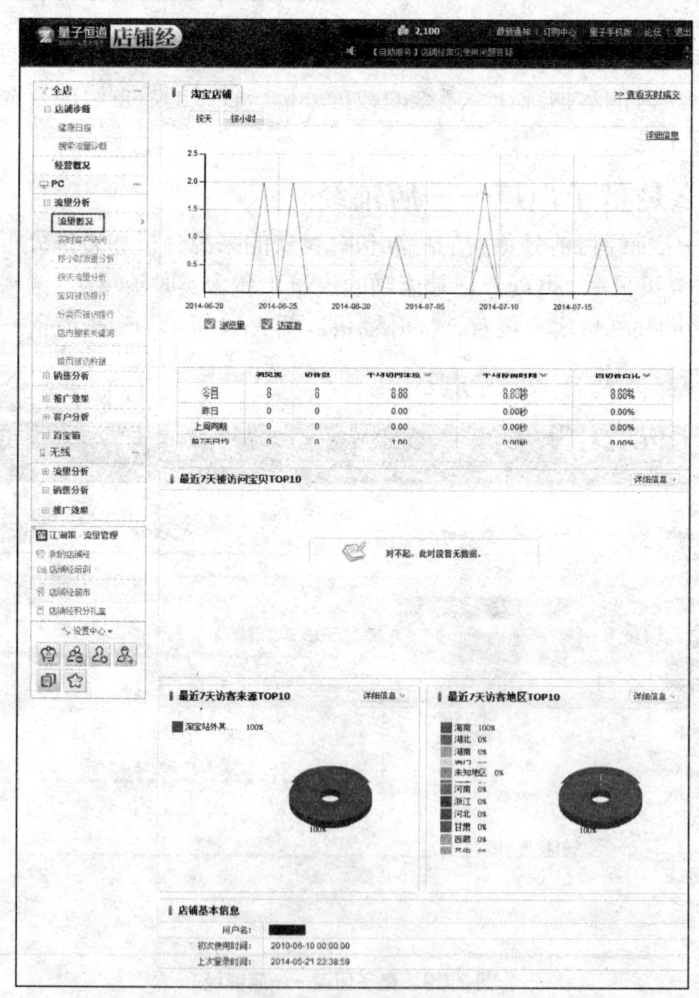


图 3.70 流量概况

（1）流量概况：该页面展示店铺的流量概况，系统会每分钟对数据进行更新。可以选择"按天"和"按小时"两种方式查看数据。同时，通过图表下方的时间轴可以调整查看的时间。拖动时间轴上选中区域可以查看不同时间段，拖动选中区域边界可以调整时间段的大小。

（2）最近 7 天被访问宝贝 TOP10。

（3）最近 7 天访客来源 TOP10。

（4）最近 7 天访客地区 TOP10。

（5）店铺基本信息。

**2．按天流量分析**

可以自定义查看不同日期的统计数据，也可以快速查看当月、最近 3 个月、最近 6 个月和最近 12 个月的统计数据，帮助卖家最简单、直接地了解店铺一定时期内顾客的浏览量和访客数。当鼠标放置在图表区域以外时，还可以显示选择时段内浏览量和访客数的最高值与最低值，如图 3.71 所示。

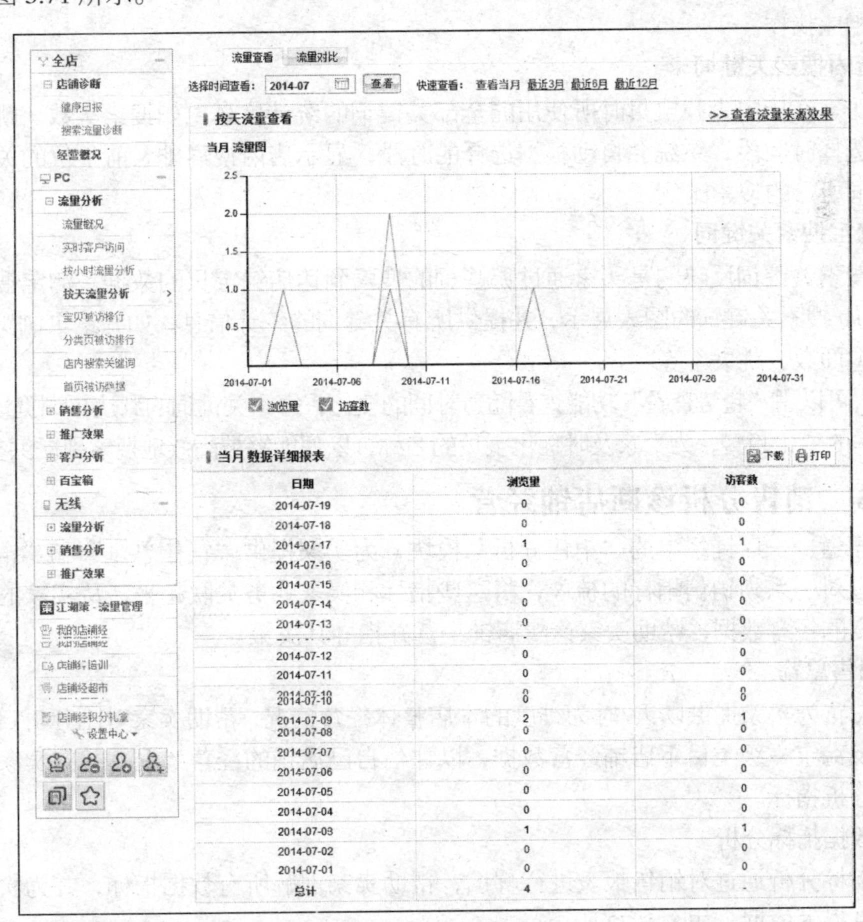


图 3.71　按天流量分析

**3．实时客户访问**

可以显示店铺当前的被访问情况。系统每分钟更新客户的访问数据，包括访问时间、入店来源、被访页面、访客位置、是否回头客，让卖家时刻了解店内客户访问情况。

同时可以使用"顾客跟踪"功能，详细了解客户的访问轨迹、访客地区、进店时间、停留时间、入店来源，探索客户的关注范围和行为规律。

4．按小时流量分析

可以查询店铺内某一天的流量情况，24 小时分时段的数据报表。各时段用户浏览量和访客数一目了然。

5．宝贝被访排行

可以自定义查看不同时间段的统计数据，也可以快速查看最近 30 天、本周、本月等不同时段的统计数据。

6．分类页被访排行

提供所有分类页当天、最近 7 天及最近 30 天的详细被访信息，包括浏览量、访客数、入店人次、出店人次等。排行默认按浏览量降序排列，也可选择按访客数、入店人次、出店人次等其他指标进行排序。

另外，也可以直接输入某个分类名称，单击"查询"，即可查看所查询的分类页信息。同时，为了方便在本地进行数据分析以及对统计报表进行操作，可以单击"下载"或"打印"按钮进行相应操作。

7．店内搜索关键词

提供访客在店内查找宝贝时所使用的全部关键词的统计信息，如搜索次数、跳失率等，可以自由选择时间段，系统会自动根据选择的时段，显示店内搜索排名前十位的关键词以及每个关键词所占的搜索比例。

8．淘宝搜索关键词

淘宝搜索关键词反映的是买家通过哪些词的搜索到达店铺宝贝的数据。淘宝搜索关键词提供 TOP10 搜索关键词的图表展示，并提供所有关键词的统计信息，如到达页浏览量、平均每次访问页面数、跳失率等。

另外，可以用"趋势查看"功能查看随着时间的变化，每个关键词的到达页浏览量、搜索次数及跳失率的变化趋势，为卖家及时优化宝贝的名称，以便能够被高效地搜索到提供参考。

### 3.4.3 销售分析诊断店铺经营

量子恒道——店铺经中的"销售分析"模块，为卖家提供"销售总览"和"销售详情"数据，通过对一系列销售指标的梳理，将这些指标和卖家业务关联起来，从卖家的角度提供量、率、度的经营数据，帮助卖家诊断店铺经营并指导其决策。

1．销售总览

销售总览为卖家提供以天/时为维度的本店整体经营情况，帮助卖家对比分析自家店铺与主营类目及淘宝一级类目下店铺经营数据，以评估自己店铺的经营状况，并向卖家提供全方位的经营分析指标。

（1）数据指标分析

数据指标分析通过对销售报表进行解读，帮助卖家理解所有数据指标，并为卖家调整店铺经营决策提供依据，如图 3.72 所示。

（2）店铺经营概况

店铺经营概况为卖家提供所选时间段/日期产生的店铺整体经营数据，如图 3.73 所示。

（3）店铺经营趋势/行业经营对比

店铺经营趋势为卖家提供所选时间段/日期的经营趋势分析。系统默认展示"访客数"、"支付宝成交量"、"成交用户数"三项指标趋势图，如图 3.74 所示。

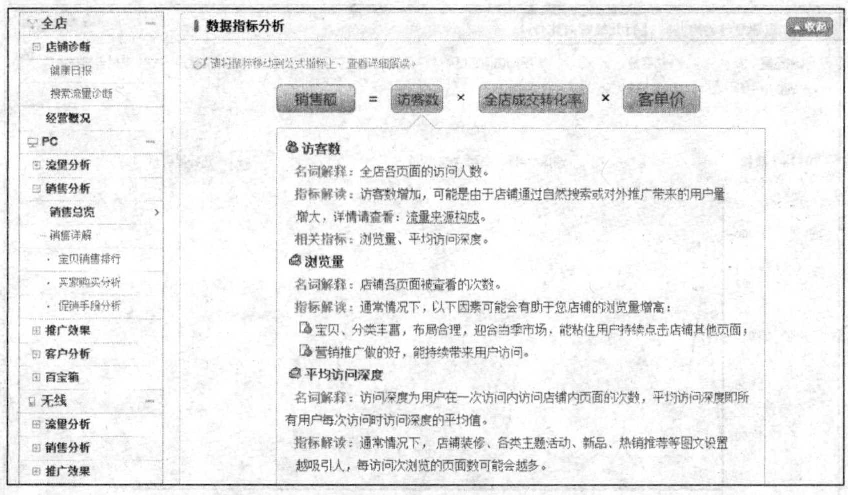


图 3.72　数据指标分析

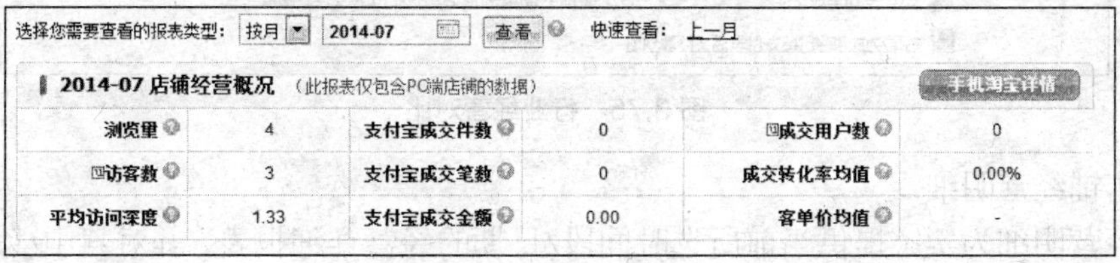

选择您需要查看的报表类型：按月 2014-07 查看 快速查看：上一月

**2014-07 店铺经营概况** （此报表仅包含PC端店铺的数据） 手机淘宝详情

| | | | | | |
|---|---|---|---|---|---|
| 浏览量 | 4 | 支付宝成交件数 | 0 | 成交用户数 | 0 |
| 访客数 | 3 | 支付宝成交笔数 | 0 | 成交转化率均值 | 0.00% |
| 平均访问深度 | 1.33 | 支付宝成交金额 | 0.00 | 客单价均值 | - |

图 3.73　店铺经营概况

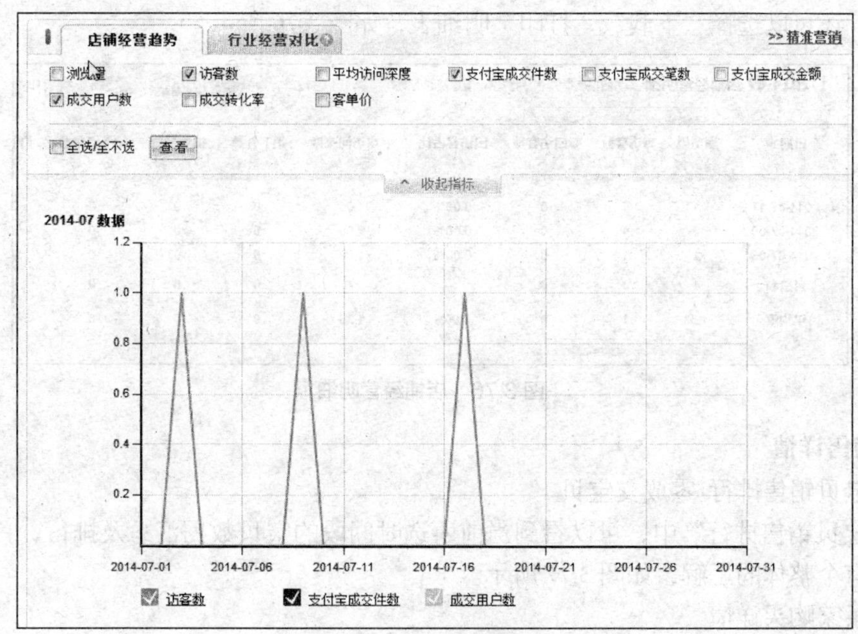


图 3.74　店铺经营趋势

行业经营对比为卖家提供主营类目经营对比趋势查看功能，并加入了淘宝一级类目的峰值、均值数据、所选类目的店铺数及店铺在所选指标的排名情况。可以自定义选择查看淘宝所有一级类目和各信用等级的数据与自家店铺对比，还可以单选查看主营类目下的对比指标，如图 3.75 所示。

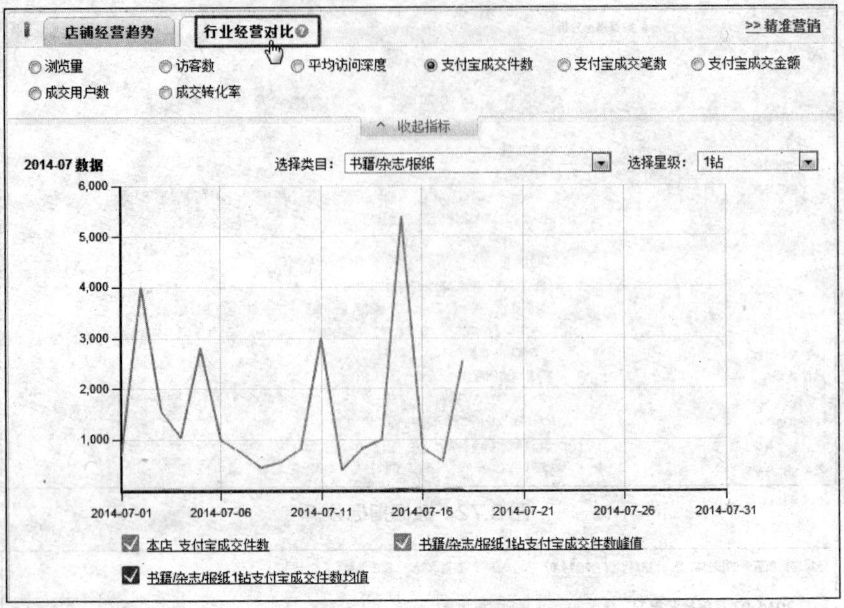

图 3.75 行业经营对比

（4）店铺经营明细

店铺经营明细为卖家提供当前所选时间段/日期的经营详细报表，并对其中涉及的数据指标实现排序、隐藏功能，以便于用户做数据查看及分析。可以自定义选择各数据指标的多项组合查看，还可以选择“下载”、“打印”明细表，如图 3.76 所示。

2014-07 店铺经营明细（明细报表提供3个月数据，请您及时下载！） 更多指标 下载 打印

| 日期 | 浏览量 | 访客数 | 回访客数 | 回访客占比 | 平均访问深度 | 拍下件数 | 拍下笔数 | 拍下订单数 |
|---|---|---|---|---|---|---|---|---|
| 2014-07-17 | 1 | 1 | 0 | 0.00% | 1.00 | 0 | 0 | 0 |
| 2014-07-09 | 2 | 1 | 0 | 0.00% | 2.00 | 0 | 0 | 0 |
| 2014-07-03 | 1 | 1 | 0 | 0.00% | 1.00 | 0 | 0 | 0 |
| 月总和 | 4 | 3 | 0 | - | - | 0 | 0 | 0 |
| 平均值 | 1.33 | 1 | 0 | 0.00% | 1.33 | 0 | 0 | 0 |

图 3.76 店铺经营明细

## 2. 销售详情

（1）宝贝销售排行/零成交宝贝

在“宝贝销售排行”中，可以看到当前所选时间段的宝贝数据汇总及排行，首先对宝贝销售信息有个整体的了解，如图 3.77 所示。

（2）买家购买详情

买家购买详情为用户提供当前所选日期、周次、月份的买家购买详情报表，卖家可以根据需要查看各数据指标的排行情况，输入分类或宝贝名进行数据查询，如图 3.78 所示。

（3）促销手段分析

促销手段分析为用户提供所选时间段的促销手段效果概况。用户可根据需要查看各数据指标的促销宝贝排行情况，输入分类名或宝贝名进行相应促销宝贝的数据查询，如图 3.79 所示。

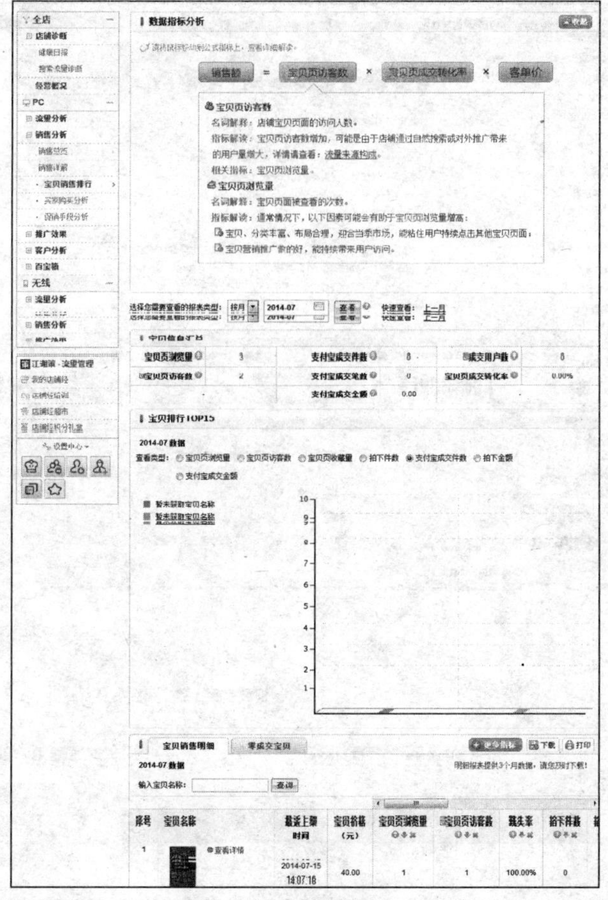


图 3.77　宝贝销售排行

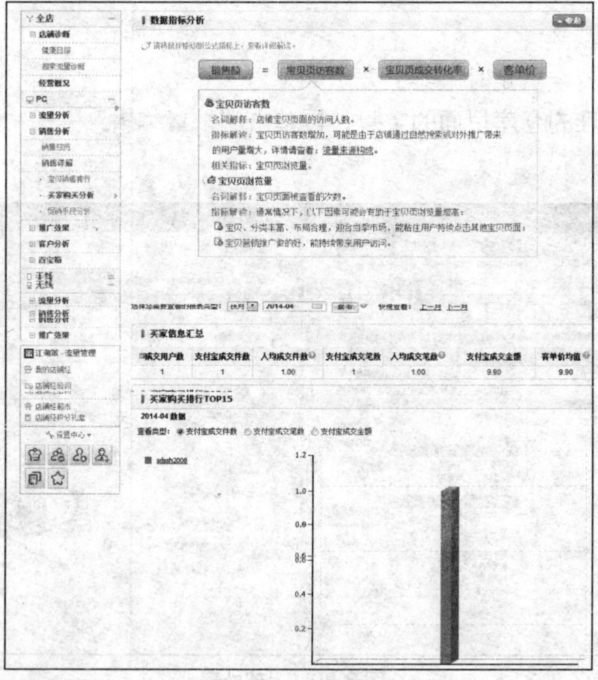


图 3.78　买家购买详情

图 3.79　促销手段分析

【技能训练】

使用淘宝助理设置宝贝定时上架，要求如下。

首先，要选择助理的仓库里面的宝贝，再单击“批量编辑”——“上架处理”，如图 3.80 所示。

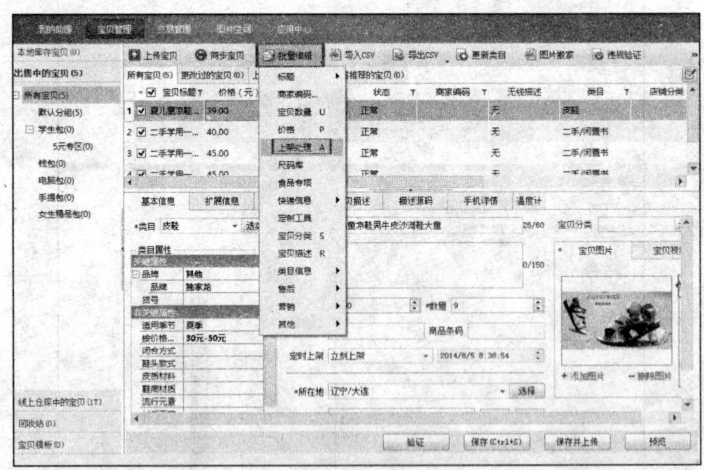

图 3.80　上架处理

进入定时发布页面，如图 3.81 所示，在这里选择发布时间和间隔时间，间隔时间可以选天、小时、分钟，然后单击“保存”按钮返回。

图 3.81　选择发布时间和间隔时间

PART 4

# 第 4 章 网店运营管理

## 情景导入

了解了网上开店的前期工作后，读者是不是也想拥有一家属于自己的网络店铺呢？接下来就讲解在淘宝开店的流程和操作过程。网店日常运营管理包含留言管理、商品管理、交易管理、评价管理、纠纷管理等，本章具体讲述其操作。

## 知识要点

- 学习商品资料。
- 商品发布。
- 设置店铺。
- 网店日常管理。
- 网络安全常识。

## 课堂案例展示

高贵优雅真丝
舒适透气&健康环保

# 4.1 学习商品资料

商品资料包括商品规格、商品特性、使用方法、商品保养与售后服务等。

## 4.1.1 商品规格

规格是指产品的物理性状，一般包括体积、长度、性状、质量等。有些同一系列的商品会包含多种规格，如服饰类的商品颜色、尺码，数码产品的容量、配置等。对于这类商品，在发布时就需要提供详细的规格，以便于买家选购。

**1．按大小区分规格**

服装相对来说比较复杂，按照传统的 XS、S、M、L、XL、XXL 来区分，上述尺码依次代表加小号、小号、中号、大号、加大号、加加大号，如图 4.1 所示。一般来讲，设计师会根据服装穿着的目标人群分析，找出其中最常见的体型来确定 M（中号）的尺码大小，即所谓的均码，在这个基础上再来缩放成其他的尺码。

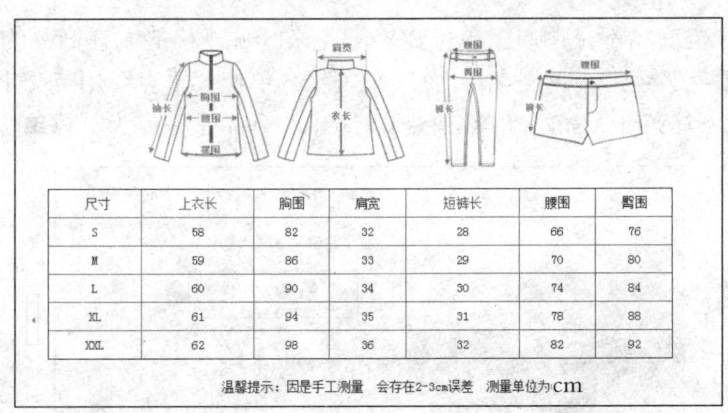

| 尺寸 | 上衣长 | 胸围 | 肩宽 | 短裤长 | 腰围 | 臀围 |
|---|---|---|---|---|---|---|
| S | 58 | 82 | 32 | 28 | 66 | 76 |
| M | 59 | 86 | 33 | 29 | 70 | 80 |
| L | 60 | 90 | 34 | 30 | 74 | 84 |
| XL | 61 | 94 | 35 | 31 | 78 | 88 |
| XXL | 62 | 98 | 36 | 32 | 82 | 92 |

温馨提示：因是手工测量 会存在2-3cm误差 测量单位为cm

图 4.1 衣服尺码

鞋子按脚的长短来确定尺码，一般女鞋的 35、36、37 码属于常见尺码，38、39 码属于偏大的码数；男鞋 40-42 码属于常见的尺码，超出这个范围的尺码属于偏小或者偏大，如图 4.2 所示。

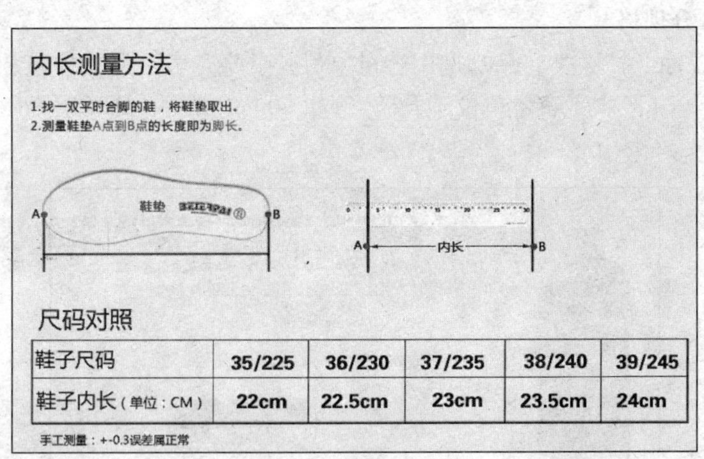


尺码对照

| 鞋子尺码 | 35/225 | 36/230 | 37/235 | 38/240 | 39/245 |
|---|---|---|---|---|---|
| 鞋子内长（单位：CM） | 22cm | 22.5cm | 23cm | 23.5cm | 24cm |

手工测量：+-0.3误差属正常

图 4.2 鞋子尺码

内衣是以下胸围和罩杯大小来区分规格的，例如 70A、70B、80B、80C 等。这里的 70、

80 是指下胸围，A、B、C 是指罩杯的型号，如图 4.3 所示。

| 产品尺码表 THE SIZE | 无钢圈运动文胸 选购尺码标准 | |
|---|---|---|
| 规格 | 适合胸部下围 | 按照平时文胸尺码换算 |
| S | 65-75CM | 70A/32A 70B/32B 70C/32C |
| M | 75-80CM | 70D/32D 75A/34A 75B/34B 75C/34C 75D/34D 80A/36A 80B/36B |
| L | 80-85CM | 80C/36C 80D/36D 85A/38A 85B/38B |
| XL | 85-95CM | 85C/38C 85D/38D 90A/40A |
| XXL | 95-100CM | 90B/40B 90C/40C 90D/40D 95A/42A 95B/42B |
| XXXL | 100-110CM | 95C/42C 95D/42D 100A/44A 100B/44B 100C/44C 100D/44D |
| 亲，请对照尺码表购买产品，不清楚可以咨询客服/ 建议：手洗时取出胸垫 | | |

图 4.3　胸衣尺码

## 2．按质量区分规格

食品类、茶叶类商品都是用质量单位克、千克来区分规格的。在商品的外包装上，区分规格的质量单位“克”经常用英文字母“g”来表示，单位“千克”用英文字母“kg”表示，如 100g 豆腐干、200g 茶叶、30kg 大米。图 4.4 所示的食品是按克为计算单位的。

图 4.4　按克计算

## 3．按容量区分规格

液体的饮料、油、护肤类商品都是用容量单位升、毫升表示的，外包装上的“ml”表示容量单位“毫升”，“L”表示容量单位“升”。例如 500ml 白酒、5L 食用油、100ml 香水，如图 4.5 所示。

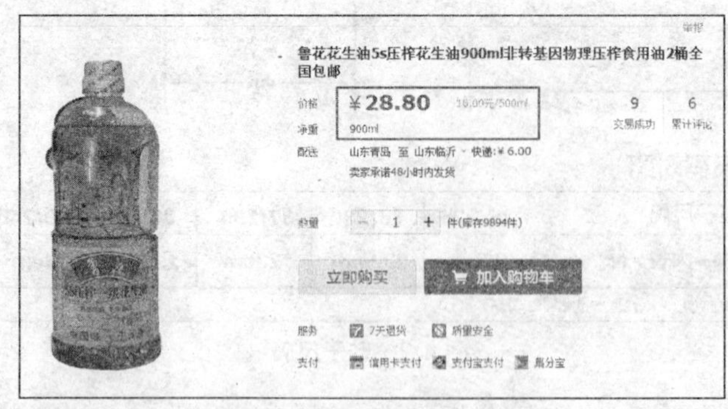


图 4.5　食用油按容量来区分

4．按长度区分规格

网线、布料、花边等商品是采用长度单位米、厘米来区分规格的，长度单位“米”、“厘米”在外包装上通常以“m”、“cm”表示，一般长度越长，价格越贵，如图 4.6 所示。

图 4.6 网线

除此以外，商品的规格区分还有其他计量单位，比如地板按平方米计算价格、木材按立方米计算价格、电脑按配置计算价格，更多的商品是按件数、个数为规格计算价格，甚至有的同款商品，不同颜色因为热销程度不同，价格也会有所不同。

### 4.1.2 商品特性

商品特性是客服人员必须掌握的基本知识，因为了解商品特性是成功销售的基础，也是打动顾客和体现专业性最重要的一个努力方向。了解产品才能更好地介绍和推销产品，顾客对商品是否接受很大程度取决于客服人员介绍的水平。

1．商品的性质

要了解商品的材质构成、大小规格、适用范围等，知道了这些商品特性才能回答顾客的简单提问，最基本的问题才能对答如流。

2．商品的特点

商品的特点在一定程度上代表了与同类商品相比较的优势，比如面料更透气，衣服可以正反穿，感觉很独特、很有个性、是限量版、独家销售等，如图 4.7 所示的真丝面料。

图 4.7 真丝面料

3. 商品的利益

如果商品的优势不能有效地转化为顾客的利益，那么，在销售的时候顾客就不会被轻易打动，因为顾客购买商品是为了满足自己的某一个需求。

### 4.1.3 使用方法

店主可以用文字说明的方式来介绍商品的使用方法，这样在页面显示的方式不仅可以直接让顾客在购买商品之前就先了解使用方法，还可以方便自己随时查阅，一旦有顾客询问使用方法的时候，可以直接复制、粘贴给顾客看，也等于让自己再熟悉一次，如图 4.8 所示的使用方法。

图 4.8 使用方法

不管是用哪一种方式来了解商品的使用方法，最重要的是要接触过商品，仔细地看过、研究过，甚至动手尝试过，因为亲身的经历比图片的印象深刻许多，可以长时间保存在记忆里。

### 4.1.4 商品售后服务

售后服务也是产品的生产厂家或者商家自己拟定的服务内容和交易条件，提醒顾客一旦成交即代表认可和同意了这样的交易条件，享受售后服务将照此规定办理。

卖家上岗后，先将店铺里的所有页面浏览一遍，重要信息要做重点了解和标注提示，对各项服务内容要理解到位，不能有偏差，如果有不清楚的地方，可以咨询在线客服人员进行咨询。图 4.9 所示为售后服务手册。

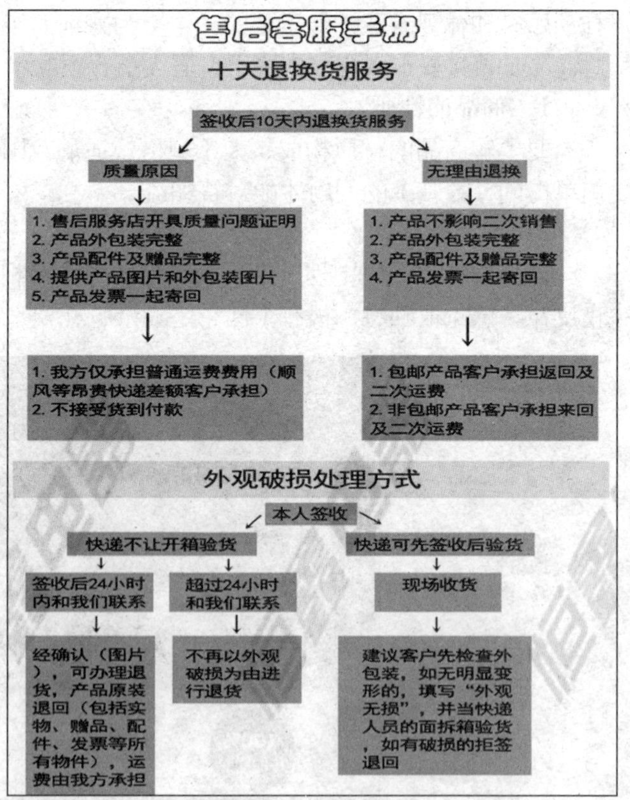


图 4.9 售后客服手册

# 4.2 商品发布——“钱圆圆箱包吧”店铺

当通过淘宝网卖家认证后，接下来要做的就是发布自己的商品。店铺里面有商品，才可以开张。发布商品的要求如下。

（1）按照发布环节中的要求填写符合条件的发布信息；

（2）卖家必须支持支付宝交易；

（3）所发布的商品必须遵守淘宝规则。

## 4.2.1 商品发布流程

**【知识要点】**

目前在淘宝发布宝贝有 3 种方式：发布一口价商品、发布拍卖商品、发布闲置商品。

**【操作步骤】**

淘宝店开起来了，可是如何发布宝贝呢？卖家提交保证金之后才可发布全新宝贝。在淘宝网上发布商品的具体操作步骤如下。

**STEP 1** 登录“我的淘宝”，单击顶部的“卖家中心”超链接，进入卖家中心，单击“宝贝管理”下面的“发布宝贝”超链接，如图 4.10 所示。

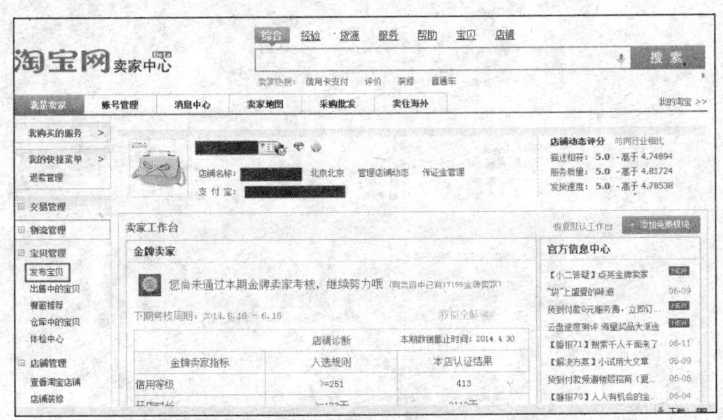


图 4.10　卖家中心

**STEP 2** 打开发布宝贝页面，在该页面有类目，必须选择合适的类目来发布宝贝，单击“我已阅读以下规则，现在发布宝贝”超链接，如图 4.11 所示。

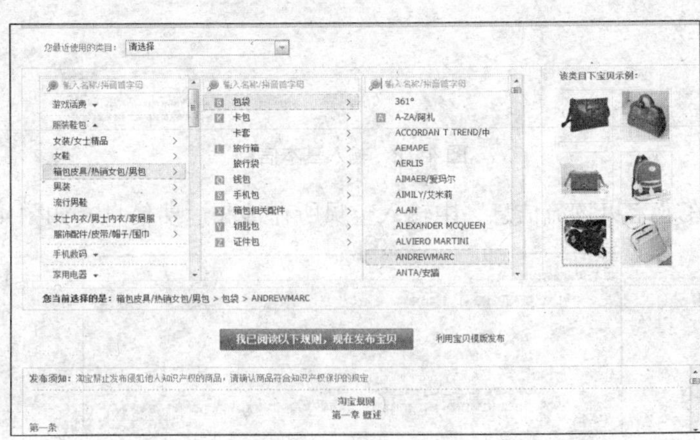


图 4.11　发布宝贝页面

**STEP 3** 在打开的网页中，输入宝贝的基本信息，如图 4.12 所示。

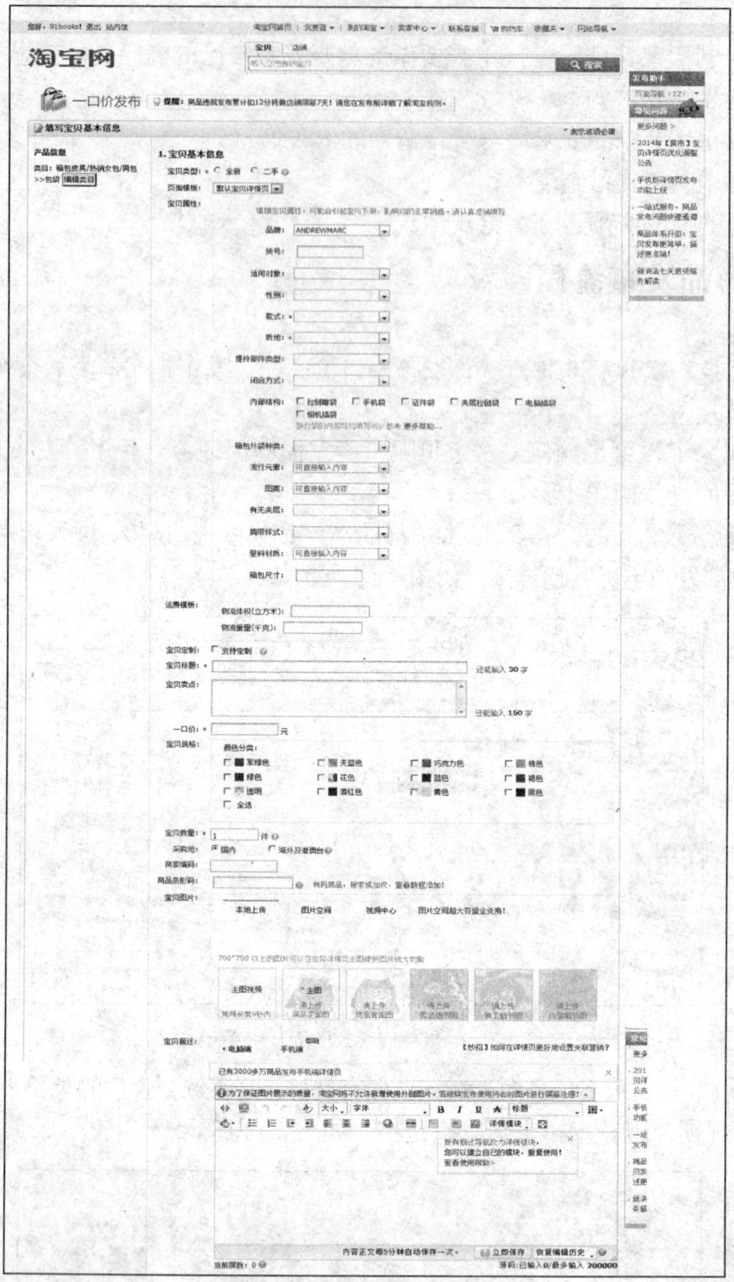

图 4.12　输入基本信息

**STEP 4** 在“宝贝物流信息”中输入宝贝所在地和运费信息，如图 4.13 所示。

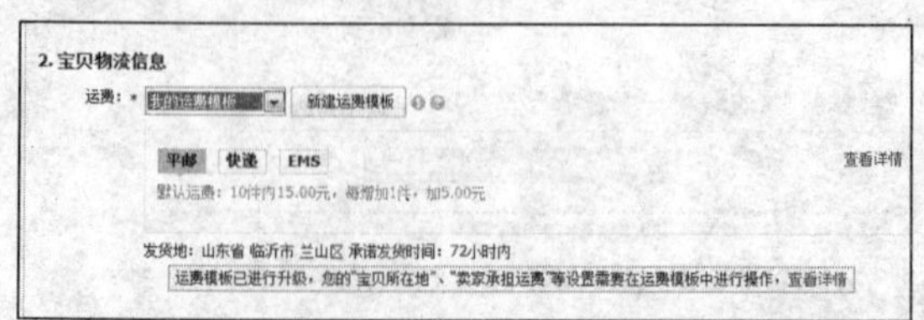


图 4.13　输入宝贝所在地和运费信息

**STEP 5** 输入售后保障信息和一些其他信息，有没有发票要填好，不然售后买家找麻烦，有没有保修也要说明，然后就是确定开始时间以及橱窗推荐，如图 4.14 所示。

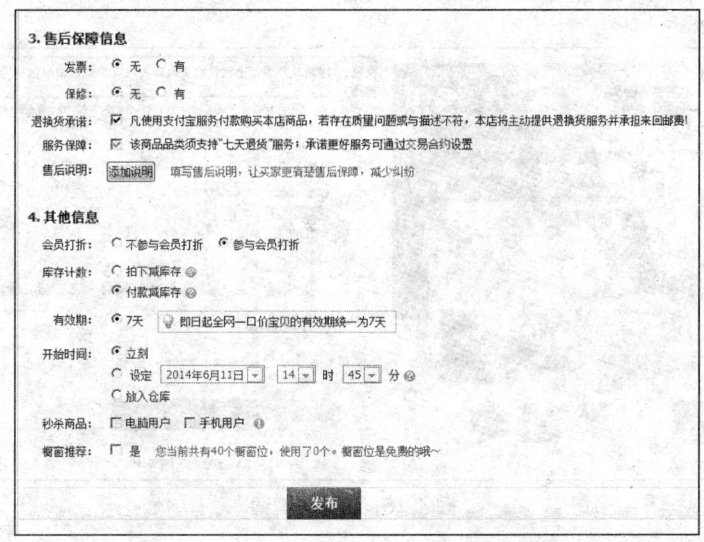


图 4.14 输入售后保障信息和一些其他信息

**STEP 6** 单击“发布”按钮，即可成功发布商品，如图 4.15 所示。

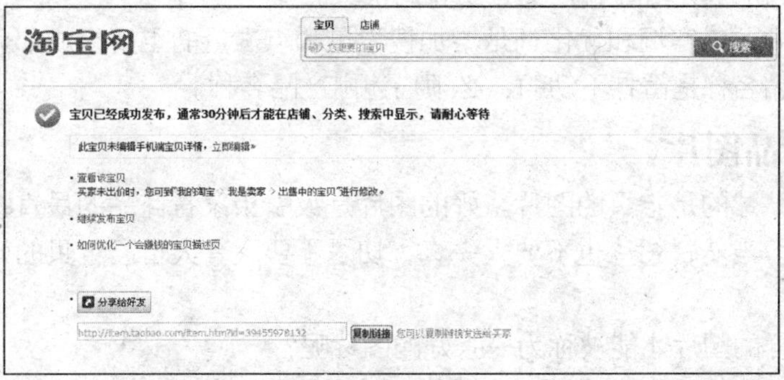

淘宝网

宝贝已经成功发布，通常30分钟后才能在店铺、分类、搜索中显示，请耐心等待

图 4.15 成功发布商品

## 4.2.2 商品标题

买家买东西是通过关键词来搜索宝贝的，宝贝关键词的设置就显得尤为重要。只有设置的关键词和买家的搜索习惯吻合时，卖家的宝贝被搜索到的概率才会更大，才会使自己的宝贝被更多地曝光，促进更多的交易。

然而，怎样设置关键词才能让宝贝被搜索到的概率更大呢？关键词越多越好，说不准哪一个和买家用来搜索的关键词一样，这样宝贝的曝光概率就大了。图 4-16 所示为商品标题关键字的设置。

有了有效的关键词之后，接下来要考虑的就是商品标题了。好的宝贝标题可以吸引买家来点击，这就无形宣传了卖家的店铺。怎么设置宝贝标题才是好的呢？一个完整的宝贝标题应该包括 3 部分。

第一部分是“商品名称”，这部分要让客户一眼就能够明白这是什么东西。

第二部分是由一些“感官词”组成的，感官词在很大程度上可以增加买家打开宝贝链接的兴趣。

第三部分是由“优化词”组成的，可以使用与产品相关的优化词来增加宝贝被搜索到的概率。

图 4.16　设置关键词

这里举一个宝贝标题的例子来说明，比如“【热销万件】2014 冬季新款男士短款鸭绒外套 正品羽绒服”，这个词会让客户对产品产生信赖感。“鸭绒外套”、“男士”、“羽绒服”这 3 个词是优化词，它能够让潜在客户更容易找到宝贝。

在宝贝标题中，感官词和优化词是增加搜索量和点击量的重要组成部分，但也不是非要出现的，唯独商品名称是雷打不动的，必须描述出产品名称。

### 4.2.3　商品图片

最吸引买家眼球的是宝贝的图片。好的图片是吸引买家看商品的最直接的因素，会起到事半功倍的效果。当然，图片也不要太失真，切忌不要太夸大自己宝贝的好处，以免引起不必要的纠纷。

那么，什么样的图片才能被称为一张好的图片呢？

第一，要保证图片清晰，能够一目了然，看清楚宝贝是什么。如果一张图片很模糊，看不清宝贝是什么，还会激起谁的购买欲呢？图 4.17 所示为清晰的图片。

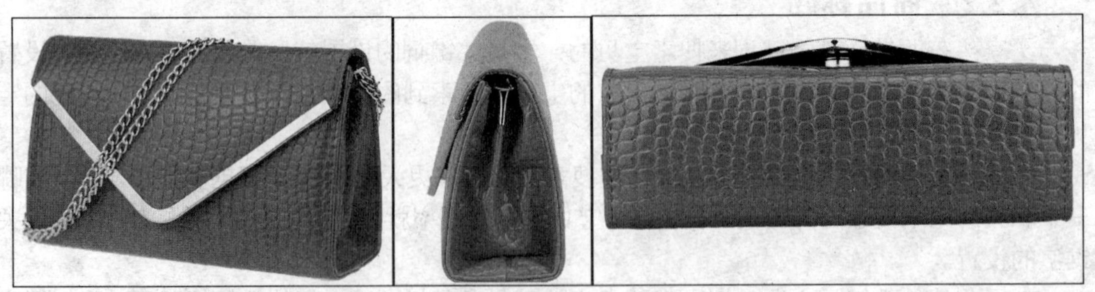
图 4.17　清晰的图片

第二，最好在宝贝图片上加一些细节的图片，如图 4.18 所示。这样能够更好地展示宝贝，让买家从更多方面了解宝贝，激起购买的欲望。反之，宝贝就是一张图片，买家了解得少，怎么敢出手买呢？

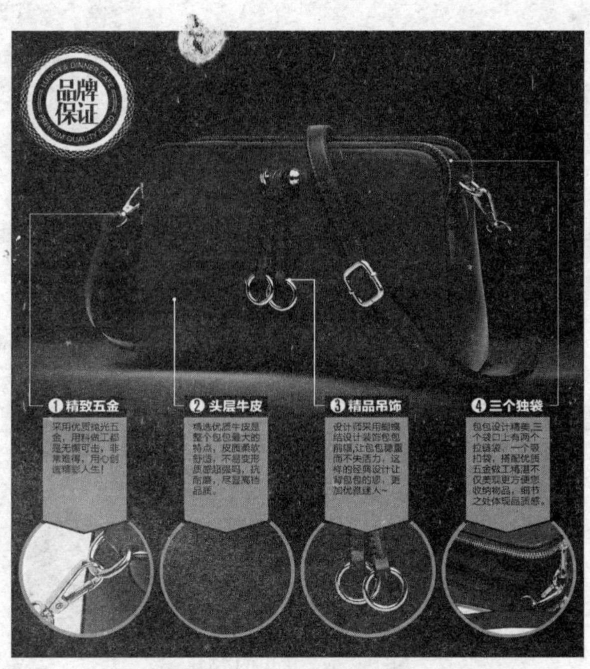


图 4.18 宝贝细节图片

第三，如果条件允许，最好有真人模特实拍，这样宝贝的多个方面都会被展示出来，真人的效果一摆，商品的真实性就会大大增强，如图 4.19 所示。

图 4.19 真人模特实拍

第四，宝贝拍照一定要选晴天、有阳光的天气，这样的光线是最适合照相的。

第五，为了防止他人盗用自己辛苦拍下的照片，一定要加上自己的水印，但是水印切忌过大，否则会遮住宝贝，结果就事倍功半了，如图 4.20 所示。

图 4.20　宝贝的水印

第六，宝贝的背景切忌杂乱，不要摆放太多的装饰物，否则会让买家分不清卖家卖的到底是什么。

### 4.2.4　商品描述

淘宝商品描述是很多卖家所忽略的，经常在淘宝的一些店铺看到卖家的商品描述只是草草描述了一下，其实商品描述直接关系到成交率。

下面是撰写商品描述的步骤。

**1．做一个精美的商品描述模板**

首先最好有一个精美的商品描述模板，可以自己设计，也可以在淘宝上购买，还可以从网上下载一些免费的商品描述模板。精美的模板除了让买家知道掌柜在用心经营店铺外，还可以对宝贝起到衬托作用，促进商品的销售，如图 4.21 所示。

**2．吸引人的开头，快速激发客户的兴趣**

商品描述的开头的作用是吸引买家的注意力，唤起他们的兴趣，给他们一个非得继续看下去不可的感觉。不管写什么样的产品描述，必须首先了解潜在客户的需求，了解他们在想什么，找到吸引他们感兴趣的东西，看看怎么把产品和他们的兴趣联系在一起。图 4.22 所示的商品描述开头显示了聚

图 4.21　精美的商品描述模板

划算的促销信息，吸引买家注意。

图 4.22 吸引人的开头

### 3. 突出卖点，给顾客一个购买的理由

找到并附加一些产品的卖点，加以放大。很多产品细节与卖点是需要挖掘的。每个卖点都是增加对买家说服力的砝码。商品描述能够吸引买家的卖点越多，就会越成功。图 4.23 所示为在描述中突出商品在同类中销量第一的卖点。

图 4.23 突出卖点

### 4. 给顾客购买推动力，让其尽快采取行动

当顾客已经产生了兴趣但还在犹豫不决的时候，就需要给其一个推动力。不要让潜在顾客有任何说“考虑考虑”的机会。可以在商品描述中设置仅亏一天、活动仅剩最后一天、明

天立马恢复原价，让买家尽快采取行动，如图 4.24 所示。

图 4.24　给顾客购买推动力

**5. 通过建立信任，打消客户疑虑**

利用好买家的评价，并附加在描述里。放些客户好评和聊天记录，增加说服力。第三方的好评会让顾客觉得可信度更高。图 4.25 所示为在商品描述中添加客户评价截图。

图 4.25　利用买家的评价

## 4.3　设置“钱圆圆箱包吧”店铺

商品发布后有了自己的店铺，接下来就可以设置基本店铺了。设置店铺不仅可以使卖家的店铺更加美观，还能表现卖家对店铺的重视程度，使买家觉得卖家是在用心经营，从而提升买家对店铺的好感度。

### 4.3.1 基本设置

【知识要点】

店铺基本设置包括店铺介绍和店标。所谓店标，是指店铺的标志图片，一般在店铺的左上角出现。同时店标也可以作为个人空间里的头像。店标可分为静态店标与动态店标，文件格式为 GIF、JPG、JPEG 或 PNG。

【操作步骤】

本小节讲述店铺的基本设置，具体操作步骤如下。

**STEP 1** 登录淘宝后台，单击顶部的“卖家中心”超链接，进入卖家中心，单击“店铺管理”下面的“店铺基本设置”超链接，如图 4.26 所示。

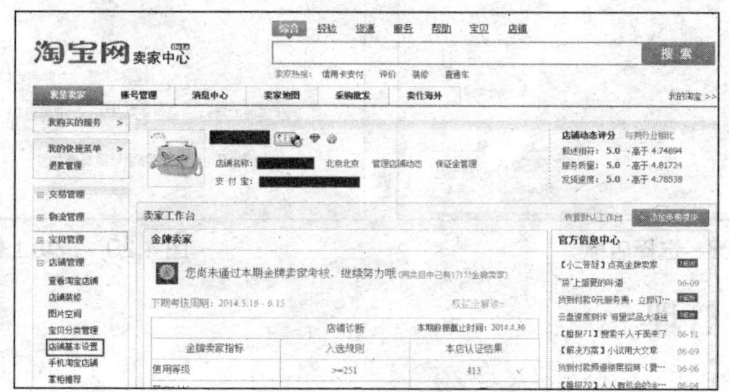


图 4.26 卖家中心

**STEP 2** 打开店铺基本设置页面，如图 4.27 所示。

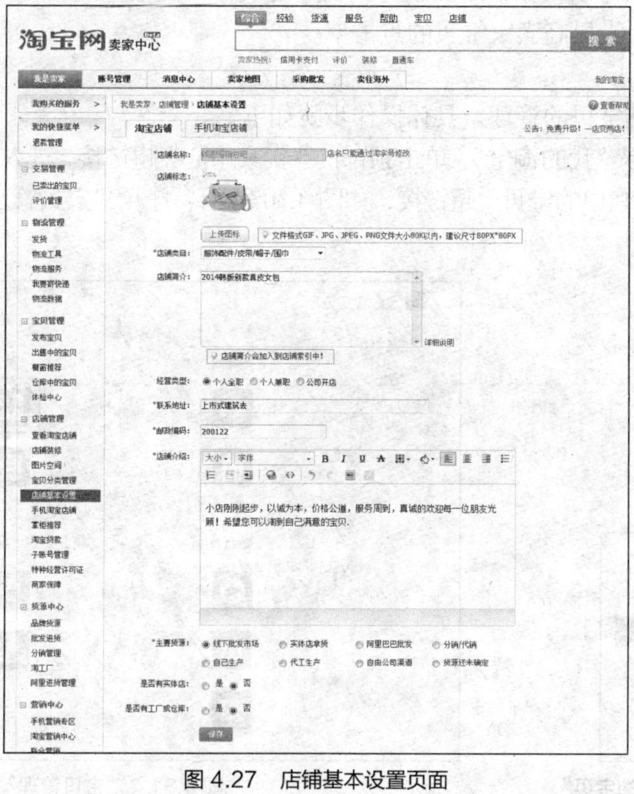

图 4.27 店铺基本设置页面

**STEP 3** 单击店铺标志下面的“上传图标”按钮，打开“选择要加载的文件”对话框，在该对话框中选择店标文件，如图 4.28 所示。

**STEP 4** 单击“打开”按钮，即可成功上传店标。单击“店铺类目”右边的下拉按钮，可以在弹出的列表中选择合适的店铺分类，如图 4.29 所示。设置好相关信息后，单击底部的“发布”按钮，即可成功设置店铺基本信息。

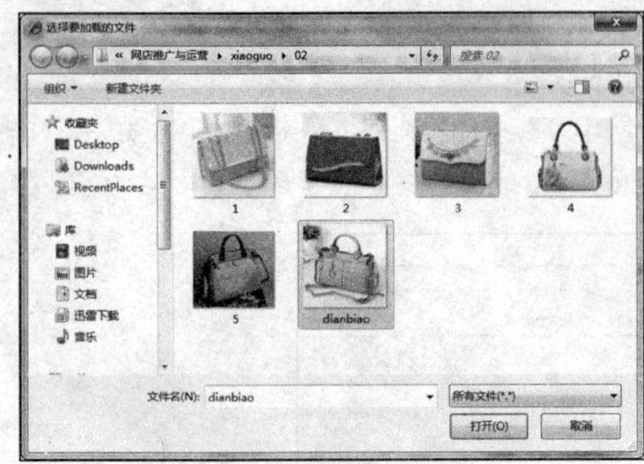


图 4.28　选择店标

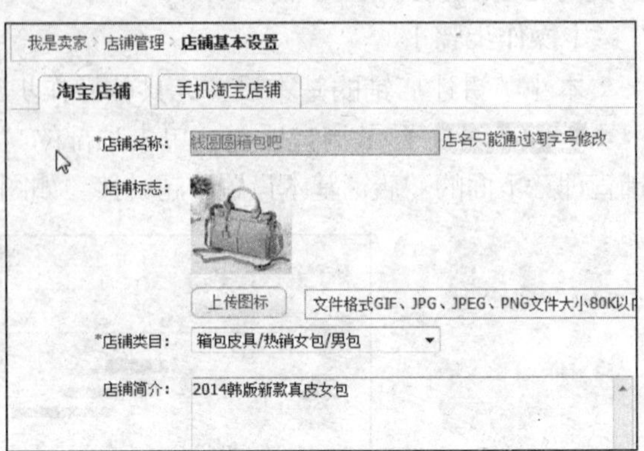


图 4.29　成功上传店标

## 4.3.2　宝贝管理

【知识要点】

淘宝店铺管理平台提供了宝贝管理功能，在宝贝管理页面中，可以对商品信息进行修改，也可以对商品下架，还可以对商品进行推荐。橱窗推荐宝贝会集中在宝贝列表页面的橱窗推荐中显示，每个卖家可以根据信用级别与销售情况获得不同数量的橱窗推荐位。合理利用这些橱窗推荐位，将大大提高卖家宝贝的点击率。

【操作步骤】

本小节讲述店铺宝贝的管理，具体操作步骤如下。

**STEP 1** 登录“我的淘宝”，单击顶部的“卖家中心”超链接，进入卖家中心，单击“宝贝管理”下面的“出售中的宝贝”超链接，如图 4.30 所示。打开“宝贝管理”页面，如图 4.31 所示。

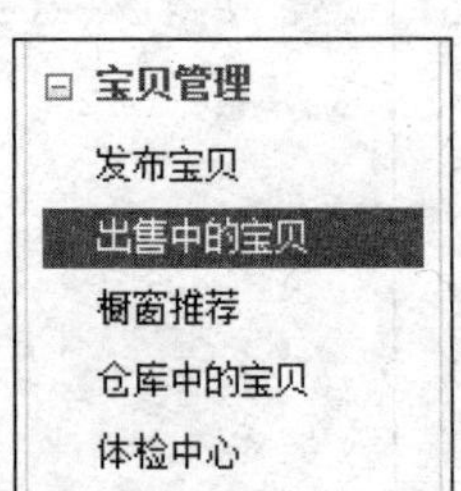


图 4.30　单击“出售中的宝贝”

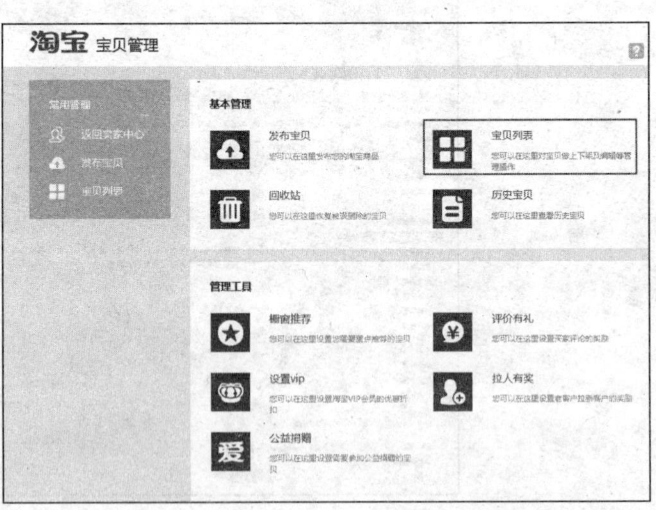


图 4.31　“宝贝管理”页面

**STEP 2** 单击“宝贝列表”超链接，打开“宝贝列表”页面，如图 4.32 所示。

图 4.32　“宝贝列表”页面

**STEP 3** 单击选择宝贝，单击“下架”超链接，如图 4.33 所示。选择以后即可成功下架商品，如图 4.34 所示。

图 4.33　单击“下架”超链接

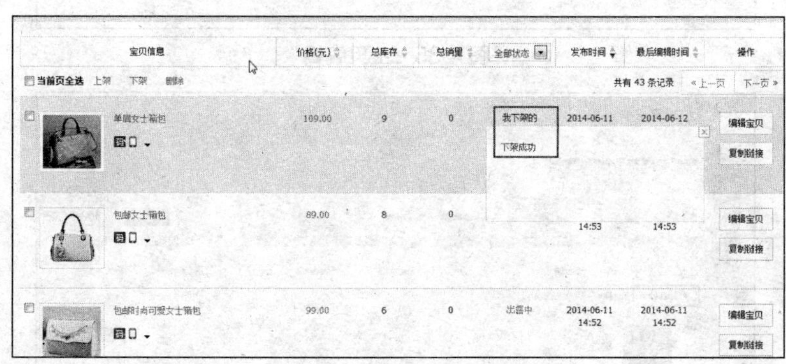

图 4.34　成功下架商品

**STEP 4** 单击宝贝右边的“编辑宝贝”超链接，即可打开发布宝贝时的页面进行编辑，如图 4.35 所示。

**STEP 5** 打开“宝贝管理”页面，单击“橱窗推荐”超链接，打开“橱窗推荐“页面，单击勾选“当前页全选”，如图 4.36 所示。

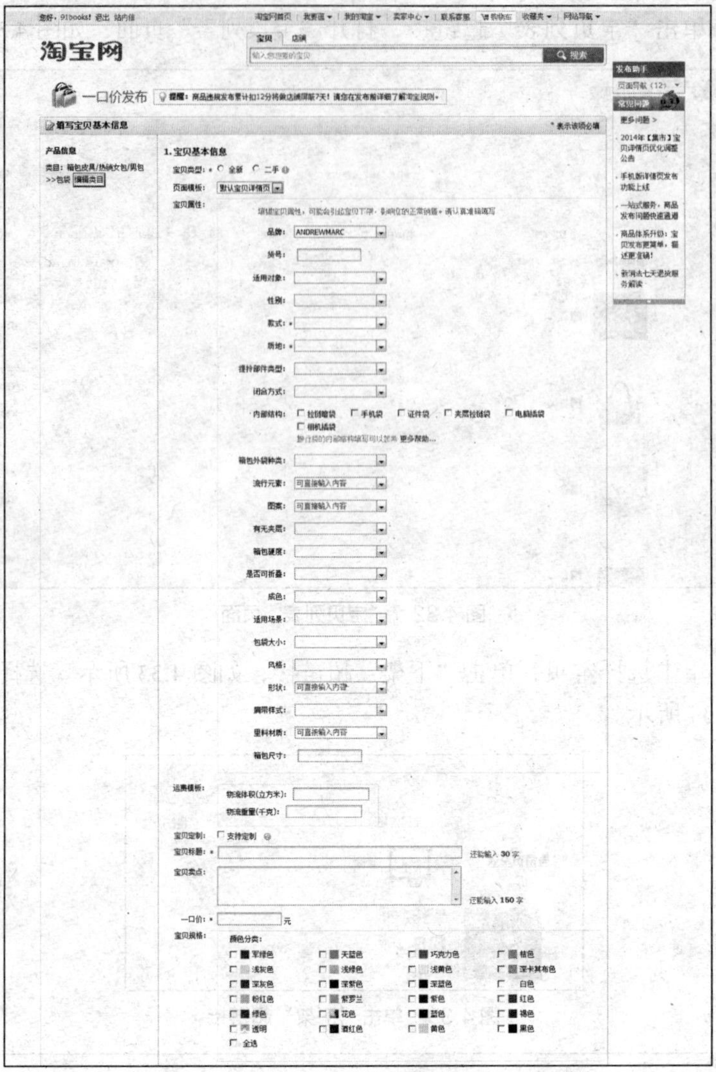

图 4.35　宝贝编辑

图 4.36　勾选“当前页全选”

**STEP 6** 单击“设为橱窗宝贝”超链接，即可成功设置橱窗推荐，如图 4.37 所示。

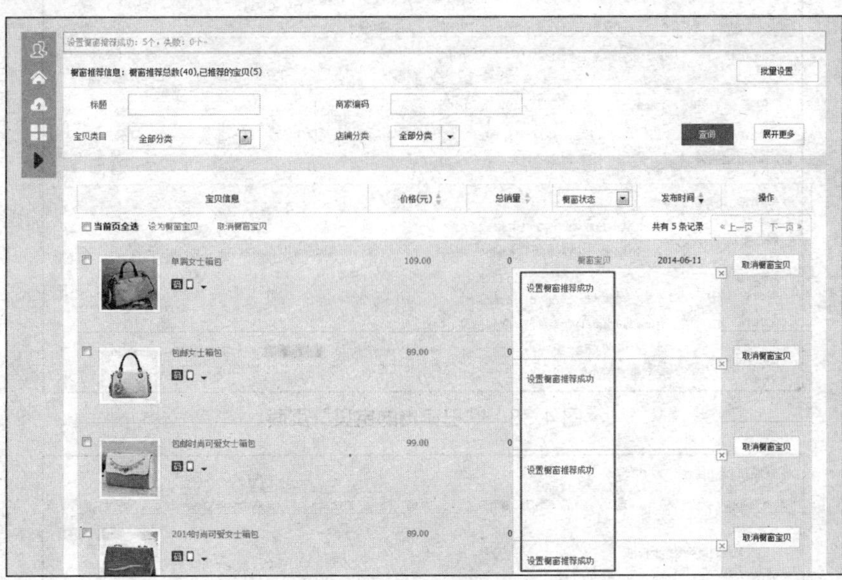


图 4.37　设为橱窗推荐

## 4.4　网店日常管理

从商品上架到完成交易，收到货款，最后得到顾客的好评，这个过程中要做很多重复、单调的工作，不管这些管理工作多么枯燥无味，每一个店主都必须认真、负责地去做。否则顾客的好评就无法及时反馈，销售级别无法提升，成就感和满足感也就无从说起了。

### 4.4.1　修改商品价格

**【知识要点】**

在达成购买意愿之前，买家通常会讨价还价，要求价格便宜一些，这时就需要卖家修改最初所定的一口价，从而完成宝贝的交易过程。可以直接在“涨价或折扣”栏中填写相关的折扣或优惠的金额（负数代表优惠折扣），同时也可以在“邮费”栏中直接添加需要修改的邮费金额，填写完成后单击“确定”即可。如果卖家包邮，也可以直接单击“免运费”，即邮费金额为 0 元。

**【操作步骤】**

对于等待买家付款的订单，卖家可以修改订单的价格，具体操作步骤如下。

**STEP 1** 登录淘宝，选择“我的淘宝”|“我是卖家”下的“已卖出的宝贝”超链接，打开“已卖出的宝贝”页面，如图 4.38 所示。

**STEP 2** 选择需要修改的交易，单击“修改价格”超链接，在打开的网页中，在“邮费”或“涨价或折扣”中输入相应的价格，如图 4.39 所示。

**STEP 3** 单击“确定”按钮，返回“已卖出的宝贝”页面，可以看到修改价格后的信息，如图 4.40 所示。

**STEP 4** 等待买家付款，付款后会显示如图 4.41 所示的页面。

**STEP 5** 在要发货的商品后面单击“发货”按钮，进入发货页面，确认收货地址及交易信息，如图 4.42 所示。

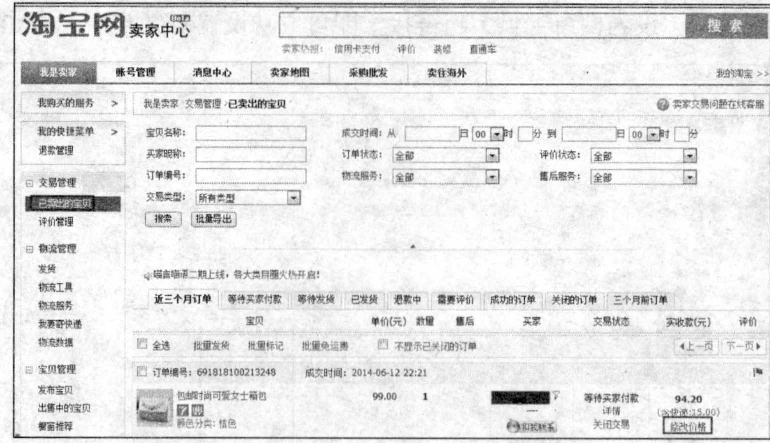


图 4.38 “已卖出的宝贝”页面

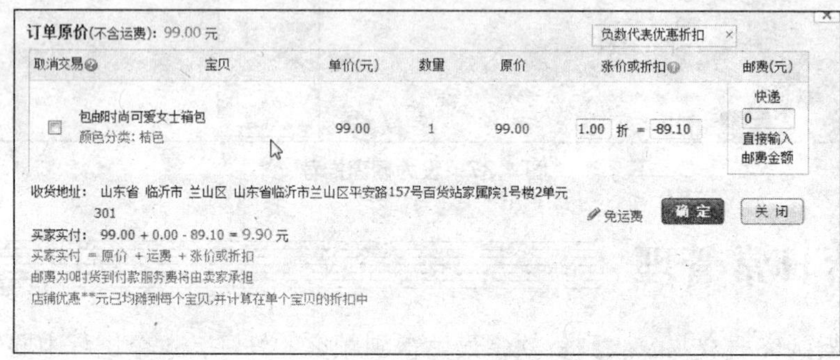


图 4.39 修改价格

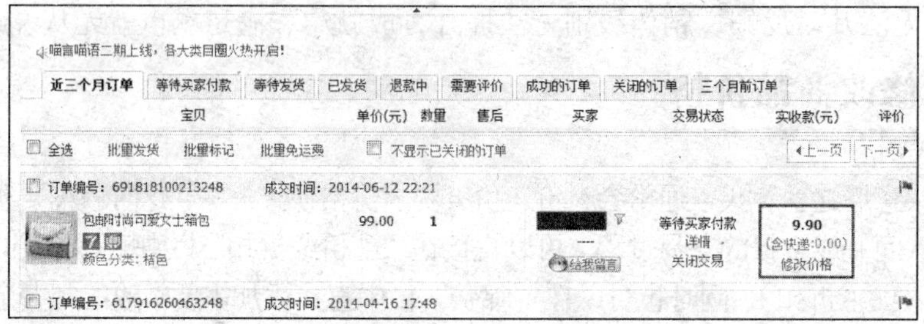


图 4.40 修改价格后

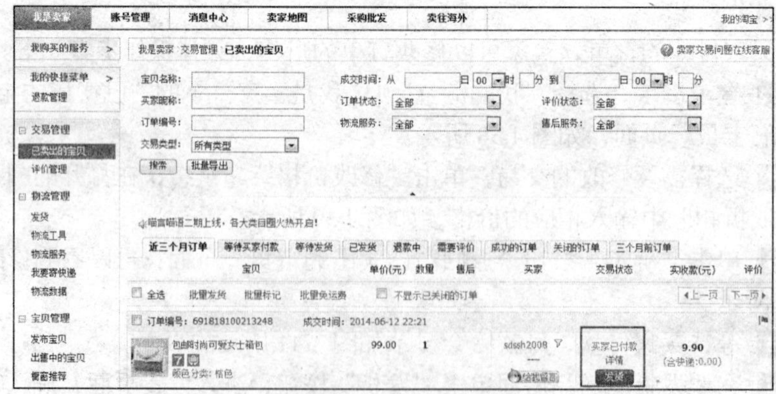


图 4.41 买家付款后

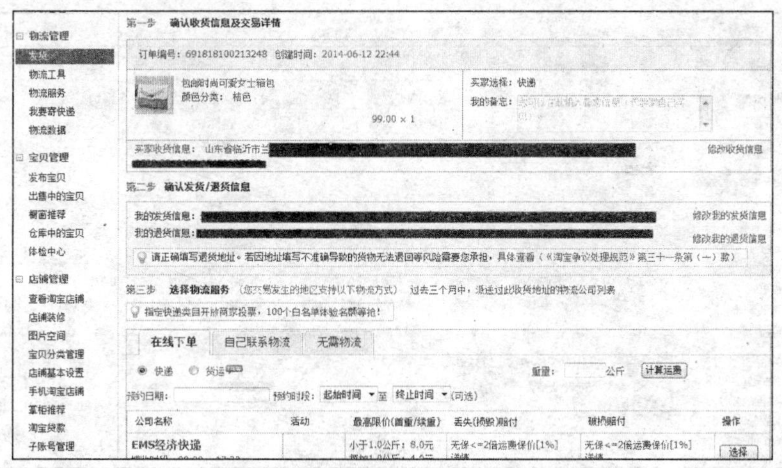

图 4.42　确认收货地址及交易信息

**STEP 6** 可以选择自己联系物流方式，确认取货时间和地点，使用网上下单服务，还可以预约物流公司工作人员，确定上门取件时间，单击“确定”按钮，即可操作成功，如图 4.43 所示。

图 4.43　选择物流

### 4.4.2　卖出商品对买家评价

【知识要点】

在淘宝网交易平台使用支付宝成功完成每一笔交易后，双方均有权对对方交易的情况做一个评价，这个评价称为信用评价。买家收到货将货款支付给卖家后，卖家应及时对买家做出评价。只要交易顺利，就不妨多做“好评”给买家，买卖双方互给好评，“好评”要日积月累，网店才能越做越大。卖家要遵循“顾客就是上帝”的原则，细心周到地处理好每一笔交易。

【操作步骤】

卖家给买家做出评价的具体操作步骤如下。

**STEP 1** 登录淘宝，在“我是卖家”|“已卖出的宝贝”中单击“评价”超链接，可以看到需要评价的商品，如图 4.44 所示。

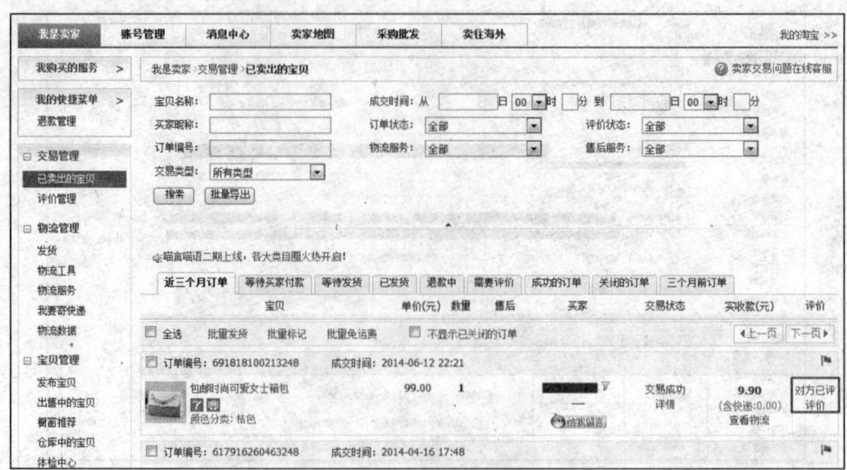

图 4.44 需要评价的商品

STEP 2 进入“评价买家”页面，如图 4.45 所示。在“评价”栏中根据实际情况选择相应的评价，若有要补充的内容，可在“评论”文本框中输入补充的内容，最后单击“提交评论”按钮，成功发布评论，如图 4.46 所示。

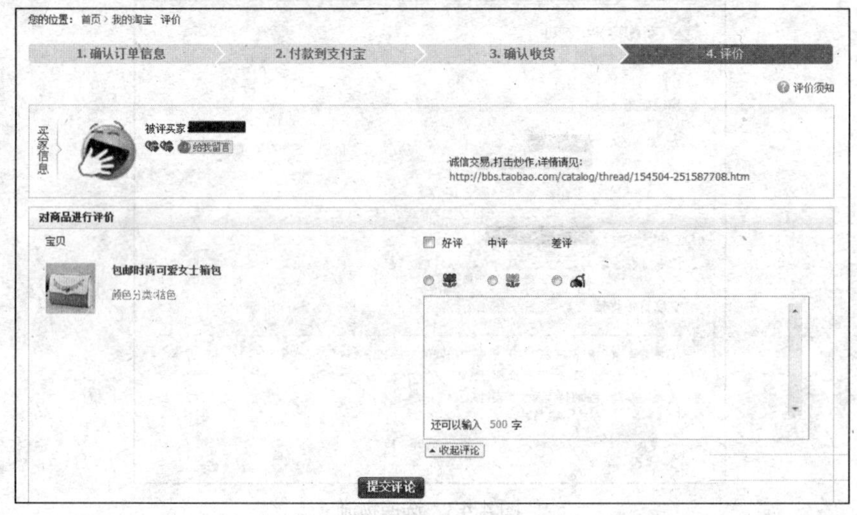

图 4.45 评价

图 4.46 成功发布评论

### 4.4.3 纠纷管理

当交易出现纠纷，采取积极主动地方法来处理问题往往可以息事宁人，并且还可能获得买家的赞誉。而加入到消费者保障计划的卖家需要更加重视这一点，如果没有很好地处理交易纠纷，淘宝网可能会使用冻结的保证金对买家进行先行赔付。

容易退货是对顾客购买动机影响力最大的因素，甚至超过了服务和商品选择。因此卖家应该清楚明白地告诉消费者，什么样的条件下可以退货，往返运输费用由谁来承担，否则顾客会因为不清楚退换货的条件而犹豫是否购买。

买家要求退货，通常有 3 种情况：一是商品有缺陷，存在质量问题；二是商品本身质量完好，但是商品过时、技术落伍，顾客后来反悔了，特别是衣服类的商品，常常是买家收到之后以“我不喜欢，款式不是图片上的”等理由要求退货；三是在质量保证期或维修期内被退回，要求更换或者维修。

退货是每个商家必须面对的一个重要问题。那么商家应该如何预防退货，使得退货损失最小化呢？

**1．制定合理的退货政策**

对于退货条件、退货手续、退货价格、退货比率、退货费用分摊、退货货款回收等方面以及违约责任应制定一系列标准，利用一系列约束条件平衡由此产生的成本和收益。

**2．加强验货**

在进货等各个环节要加强验货，以确保尽可能在商品未发给买家前发现商品上的诸多缺陷。

**3．引入信息化管理系统**

现代管理基本上依靠手工和大脑，无法准确、实时地把握商品管理的每个细节。在淘宝网，专业化或者说皇冠以上的卖家都引进了客户管理系统，只要买家报上其名字或者会员名，就可以查看具体的消费情况。其现在很多皇冠级卖家都有自己的自动化退换货系统。

**4．采取“少进勤添”的进货方式，提高进货质量并把握好进货种类**

加强每日销量的预测，不要一次进太多的产品，合理高效地安排供应货，少进勤添，以减少盲目进货，千万不要贪图进货量大就可以得到便宜的价格，如果销售不出去，资金就周转不了，那就更加困难了。

## 4.5 网络安全常识

网络的安全是指通过采用各种技术和管理措施，使网络系统正常运行，从而确保网络数据的可用性、完整性和保密性。网络安全的具体含义会随着“角度”的变化而变化。

### 4.5.1 交易安全

对广大淘宝用户来说，碰上账号和密码被盗是一件最头痛的事情，而在平时的操作中，账号和密码安全问题又是最容易被人忽视的，很多人总以为自己不会那么倒霉，到被盗时才悔恨。

**1．密码安全莫忽视**

淘宝账号密码设置原则：安全+容易记忆。使用英文字母和数字及特殊符号的组合，如WsdeDone889@%。

千万不要这样做。

（1）密码和会员登录名完全一致。

（2）密码和联系方式“电话”、“传真”、“手机”、“邮编”、“邮箱”的任何一个一致。

（3）密码用连续数字或字母，密码用同一个字母或者数字、简单有规律的数字或者字母排列。

（4）密码用姓名、生日、单位名称或其他任何可轻易获得的信息 。

（5）有些卖家总是嫌麻烦，把账号和密码保存在一个 txt 文档里，每次登录的时候直接复制登录，这样很容易导致木马的盗号行为。

**2. 防止密码被盗**

下面是防止密码被盗的注意事项。

（1）设置安全密码，尽量设置长密码。设置便于记忆的长密码，可以使用完整的短语，而非单个的单词或数字作为密码，因为密码越长，被破解的可能性就越小。

（2）输入密码时建议用复制＋粘贴的方式，这样可以防止被记录击键木马程序跟踪。

（3）定期更改密码，并做好书面记录，以免自己忘记。

（4）不同账户设置不同的密码，以免一个账户被盗造成其他账户同时被盗。

（5）不要轻易将身份证、营业执照及其复印件、公章等相关证明材料提供给他人。

（6）通过软键盘输入密码。软键盘也叫虚拟键盘，用户在输入密码时，先打开软键盘，然后用鼠标选择相应的字母输入，这样就可以避免木马记录击键。

## 4.5.2 防骗知识

随着网络开店交易的迅猛发展，网络诈骗也越来越普及。下面总结了网上常见的具有代表性的诈骗形式，提醒卖家谨防上当受骗。

**1. 不要进入不安全的网址，防止账号被盗**

不要进入不安全的网址，更不要输入任何账号和密码。一般骗子用“我想买你的东西，你的这个商品链接怎么打不开？”，然后发过来一个和淘宝链接类似的网址。如图 4.47 所示，注意看这个链接的最前面，在旺旺窗口里会有个橙黄色的“？”，这就表示不安全的链接。

当把光标移动到这个链接上面时，有个明显的警告提醒“阿里旺旺无法确定该链接的安全性”，如图 4.48 所示。

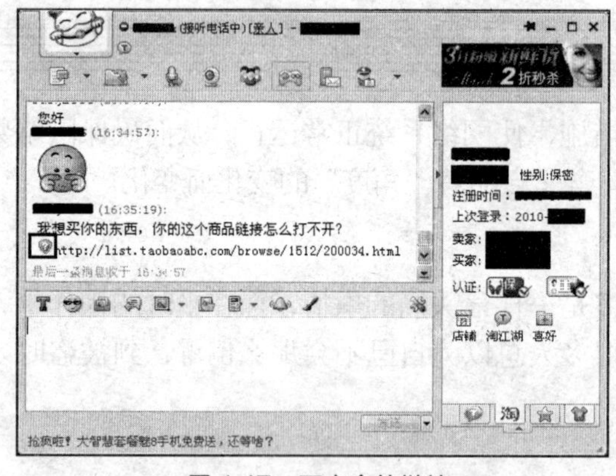


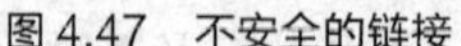
图 4.47 不安全的链接

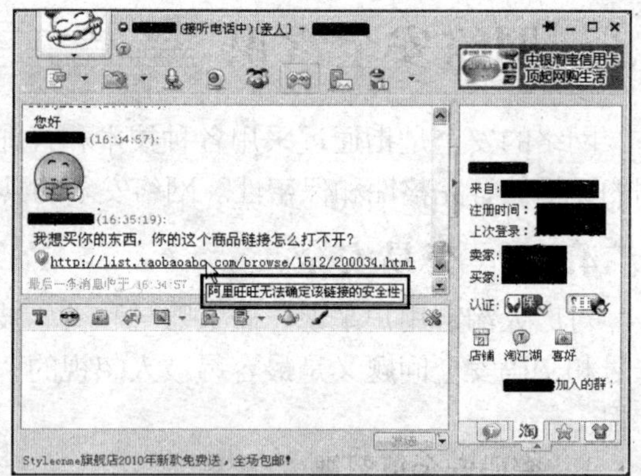


图 4.48 警告提醒

如果单击这个链接，会再次弹出一个警告对话框，提醒是否要打开，如图 4.49 所示。很多新手根本不看这个警告，照样打开。

单击“打开链接”后，进入一个淘宝会员登录的页面，如图 4.50 所示，这个链接根本不是淘宝：这里才是骗子的目的，骗取卖家的淘宝登录密码。千万不要在这个页面输入账户名和密码，避免账号密码被盗取。

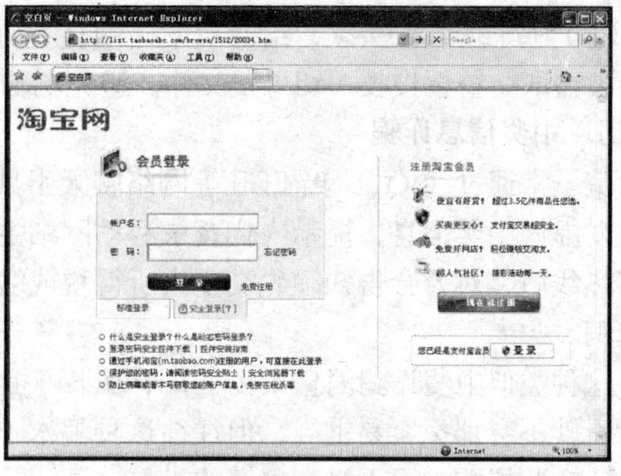


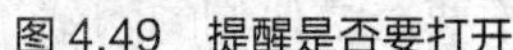
图 4.49　提醒是否要打开

图 4.50　不是淘宝官方网址

**2．金蝉脱壳——发货在先陷阱多**

卖家在交易时，切不可着急发货。有的买家谎称自己不会使用支付宝，收到货后用银行汇款，只要货一发出，买家就人间蒸发。卖家一定要支持支付宝，货款到后发货。

谎称付款：卖家切记在发货前要查看交易状态，确认买家已付款。有些买家在旺旺上留言谎称已付款，有些粗心的卖家不看交易状态就轻易相信，造成损失。

真传假汇：有买家把银行的汇款单传真过来，卖家要在查清汇款是否到账后再发货，因为有些传真的汇款单是假的。

**3．瞒天过海——同城交易有猫腻**

有的买家与卖家同城交易后申请支付宝退款，理由是“没有收到货”，卖家自然是无法提交发货凭证的，只好吃哑巴亏。

提醒卖家：为了杜绝任何受骗的可能，同城交易时最好让对方写下收据，并防止假钞。

**4．移花接木——退货之后藏隐患**

如果买家要求退货，一定要在收到货后再退款。如先退款，可能再也见不到货了。一定要严格按流程走，收到退货后再退款或换货，为了防止买家在货物上做手脚，一定要当着快递员的面拆开，确认货物没问题后再签字。

**5．借刀杀人——木马钓鱼网站搞破坏**

“钓鱼网站”是一种网络欺诈行为，不法分子利用各种手段，仿冒真实网站的 URL 地址以及页面内容，或者利用真实网站服务器程序上的漏洞在站点的某些网页中插入危险的 HTML 代码，以此来骗取用户银行或信用卡账号、密码等私人资料。在淘宝中用钓鱼网站的骗术有以下几种。

（1）骗子购买商品后，会说买家需要在另外一个网站提交一份订单才会给其发货。一定要长个心眼，去他的网站下了这样的订单就等于把自己的账号和密码告诉骗子。

（2）骗子拍下卖家的商品，借口说没有支付宝，不放心和卖家交易，需要卖家在另外一个担保网站下个担保，否则就不予交易。这是骗子盗取账号密码的伎俩。不要轻易在其他网站提交自己的淘宝账户和银行账户的任何信息。

（3）邮件欺诈：骗子买下宝贝，申明已经付款，让卖家查收邮件看是否已经付款。一旦店主单击了邮件中的链接，输入账号密码，账号立刻泄露。

（4）骗子声称已用网上银行转账付款成功，且信誓旦旦让卖家查询是否到款。注意提防骗子伪造银行页面进行盗号。一定要熟悉各类银行网址，谨防被骗。

（5）骗子伪装成买家，给会员发送带有木马病毒的文件。如果点击了，很可能账号密码就会被盗取。警惕接收一切可疑文件，避免电脑被木马、病毒侵袭。

**6. 中奖信息诈骗**

骗子常通过 QQ、淘宝旺旺等网络聊天工具以及网络在线游戏、电子邮件等途径，向网友群发虚假中奖信息，提示人们登录活动网站主页或拨打咨询热线及时领取奖金。而当拨打领奖热线后，对方会告知须先交个人所得税或缴纳邮寄费用等款项，致使一些不明真相的网友受骗。

这种类似中奖诈骗消息太多了，千万不可相信。对于此种类型的无故中奖，只要多想想、多看看就不会那么容易上当，但往往这种骗术不管是在现实中还是在网络中，被骗的却比比皆是，在此提醒：天下没有免费的午餐。请记住这句话，不要登录他们的网站，更不要透露个人资料。

### 4.5.3 识骗能力

随着网络技术的普及，越来越多的普通百姓开始利用网上银行处理个人资产，查询、转账、支付或交易。但是，网络安全性又成了不少人的担忧。

为尽可能地保障资金安全，避免不必要的损失，下面总结了一些防范招式，希望能对广大网银用户在进行风险防范时有所帮助。

**1. 核对网址**

开通网上银行功能，通常事先要与银行签订协议。进行网上购物或进入网上银行交易时，应留意核对所登录的网址与协议书中的网址是否相符，不要从来历不明的网页链接访问银行网站。谨防假网站索要账号、密码、支付密码等敏感信息，银行在任何时候都不会通过电子邮件、短信、信函等方式要求客户提供账号、密码、支付密码等信息。

**2. 妥善选择和保管密码**

密码应避免与个人资料有关系，不要选用如身份证号码、生日、电话号码等作为密码。建议选用字母、数字混合的方式，以提高密码破解难度。密码应妥善保管，账号和密码是私人所有，不要轻易告诉别人。尽量避免在不同的系统使用同一密码，否则密码一旦遗失，后果将不堪设想。

**3. 管好数字证书**

不管是网上银行还是支付宝账号，都有推出安全性能极高的数字证书，这是目前保障账号安全最有力的方式之一。目前银行的数字证书一般需要花钱购买，支付宝的数字证书只要通过实名认证就可以免费申请。

**4. 交易明细定期查**

应对网上银行办理的转账和支付等业务做好记录，定期查看“历史交易明细”，定期打印网上银行业务对账单。这样能做到尽早发现问题，解决问题。

**5. 及时确认异常状况**

如果在陌生的网址上不小心输入了银行卡号和密码，并遇到类似“系统维护”的提示，应当立即拨打相关银行的客户服务热线进行确认。万一资料被盗，应立即进行银行卡挂失和修改相关交易密码。

**6. 运用各项网上银行增值服务**

如可以申请开通银行的短信服务，无论存取款、转账、刷卡消费，还是投资理财，只要账户资金发生变动，第一时间就能收到手机短信提醒，以实现对个人账户资金的实时监控。如发现异常，应立即与银行联系，避免损失。

**7．坚持“四不”原则，提高防范意识**

一是不轻信。一般政府机关、银行或公共事业单位不会直接致电持卡人交谈涉及费用的问题，更不会直接“遥控指挥”持卡人去ATM机等没有银行工作人员在场的地方进行转账。

二是不回应。对可疑的电话或短信不要回应，应直接致电相关公共事业单位或发卡银行客服热线询问。

三是不泄露。注意保护身份资料、账户信息，而且任何情况下，也不要泄露银行卡密码。

四是不转账。为了确保银行卡资金安全，对陌生人“指导”进行ATM或网上银行转账要谨慎，谨防上当受骗。

**【技能训练】**

在淘宝店铺中，需要创建多个商品分类，并且每个分类下还可以嵌套多个子类别。下面在后台给商品分类，类别分别为“学生包”、“钱包”、“电脑包”、“手提包”、“女生精品包”，如图4.51所示。

提示步骤如下。

登录淘宝卖家中心，单击“店铺管理”|“宝贝分类管理”超链接，如图4.52所示。进入“商品管理”页面，单击“添加手工分类”按钮，可以根据需要给商品分类。

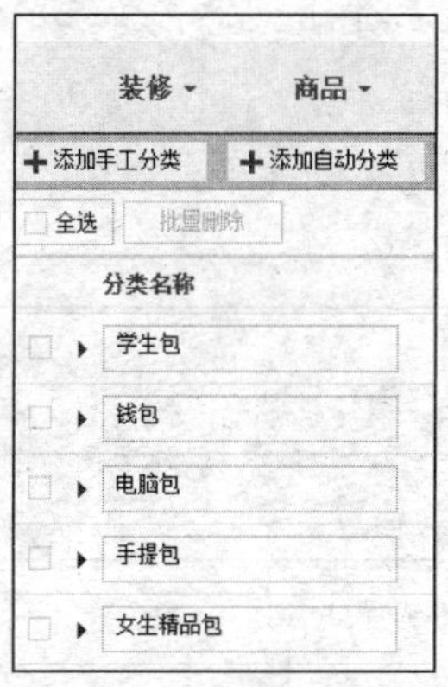

图4.51　给商品分类

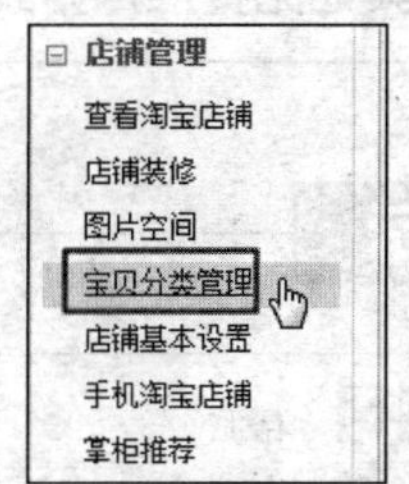

图4.52　单击“宝贝分类管理”

# PART 5 第 5 章 在淘宝网免费推广网店

## 情景导入

目前网络上有各种各样的免费推广网店的方法，如登录搜索引擎、登录导航网站、聊天交互式工具、互换友情链接、BBS 论坛宣传、信用评价、电子邮件广告推广、淘帮派推广等，本章就来详细介绍这些推广方式。

## 知识要点

- 在论坛写出精华帖。
- 添加友情链接。
- 淘帮派推广。
- 其他免费推广方式。

## 课堂案例展示

淘帮派推广

## 5.1 精华帖的编写

很多店主都知道在论坛发帖可以为自己的店铺带来很多流量，有了流量后会带来不少的成交量。可为什么别人写的帖子可以带来那么多的流量，而自己的却没有呢？那是因为很多人写的是普通帖子，能带来的流量也是很少；而别人写的却是精华帖，能带来成千上万的流量。

### 5.1.1 标题的设置

帖子标题是能吸引众多用户去浏览内容的关键所在，拥有一个“亮眼”的标题，绝对能使帖子流量暴涨，达到事半功倍的效果。

在淘宝的论坛首页中，页面上主要是社区论坛内部的热帖，这是一些无论是阅读量还是回帖量都很突出的帖子，可以学习这些热帖的标题，如图 5.1 所示。

为了方便找到最好的帖子做参考，也可以直接进入社区的单个版面，单击社区板块上方的“精华帖”按钮，可以看到所有的精华帖子的标题，如图 5.2 所示。

图 5.1 淘宝论坛首页热帖

图 5.2 淘宝论坛精华帖

当今很多人喜欢写帖子，但是往往费了很多时间写，并且帖子题材和内容都不错，可是别说回帖率让人失望，就连点击率也少得可怜，到底怎么回事呢？这是因为没有写好帖子的标题。下面是精华帖标题的一些基本特征。

（1）在淘宝论坛里一页有几十条帖子，要让潜在顾客把注意力集中在某个帖子上，就需要在帖子标题中加一些显眼的符号。

（2）抓住人性的弱点，制造不断争论的话题，当潜在顾客注意到某个帖子之后，还需要根据人的好利、好名、好奇心理，使用吸引顾客眼球的引爆点，如“最牛★★★”“惊爆胖妞 3 个月减 30 斤……”，还要多用一些吸引人的词语，比如“秘密”“竟然”“惊爆”“绝对”“100%”“意外”等，套上这些词语的帖子标题都能够大幅提高点击率。

（3）揭密很多人都不知道的东西，人们对秘密的东西总是比较感兴趣，如“揭密金冠卖家月入 300 万”“你不知道的直通车秘笈”“店铺营销密码”。

（4）题目可长可短，根据文章的需要。题目最好不要太长，不要超过人的视觉接受能力。

### 5.1.2 精华帖的编写原则

写帖也是卖家推广的一种方法，那怎么才能写好帖子，写出精华帖的秘诀是什么呢？

**1. 标题新颖**

人们看帖的时候都是从标题进入的，如果标题很平常、没有吸引力，那肯定没有多少人点击进入看。标题在符合内容的情况下越新颖越好，但是切不可夸大事实，否则很难被加精，还会被人说“标题党”。另外标题里不要含有一些黑体的特殊符号。

**2. 内容要新颖**

可以从不同的角度分析问题，内容要有主有次，尽量细分，重点内容详细写。有的帖子很长，讲了很多方面，这些大道理网上都有，还能成为精华帖吗？

**3. 发帖的质量要有保证**

发帖的质量要有保证，不要只追求数量而忽视了质量。帖子内容本身不宜过长或过频。如果一篇帖子过长，就很难让人从头看到尾。如果短时间内同时发表许多帖子，就算这些帖子再好，管理员也只会在其中选一加精，因此一天发一篇就行了。

**4. 合理排版，版面整洁**

有的掌柜写帖子时总是喜欢用不同的字体、颜色、背景色，但是这样不会突出其与众不同，反而会让看客产生视觉疲劳不愿意再看下去。所以发帖的时候就要排好版，一定要看着舒服。段落清晰，尽量多分一些段落。字体要合适，尽量使用大一点的字体。

**5. 图文并茂**

图文并茂更容易“加精”，如果放上搭配的图片就更好些。

**6. 必须原创**

精华帖大部分是原创的，非常具有可读性。没有付出努力，直接粘贴别人的帖子，当然不会获得别人的认可。

**7. 正确选择版面**

帖子内容是哪方面的，就发到哪个板块，这样更有机会被加精。

**8. 要学会做“标题党”**

现在每天淘宝论坛更新非常多的帖子，人们在浏览的时候基本是根据标题来选择是否阅读，所以一个相当有诱惑力的标题会使推广工作事半功倍。

**9. 植入式软广告**

如果帖子写得很好，吸引了很多人浏览，但是却很少有人去店铺，带来实际的流量也是徒劳的。而淘宝论坛又严令禁止发广告帖，所以要对帖子进行一些植入式的软广告的操作。

所谓植入式广告，就是在帖子里以非常隐蔽的方式暗示潜在客户，让他们自动点开店铺，但是他们却感觉不出来这是个广告。一般那些写自已的淘宝故事的帖子都属于植入式广告，他们会假装“无意中”在故事里透露自已店铺的一些经营情况。

**10. 熟悉论坛规则**

最后要熟悉论坛内部制度，以保证自已的帖子不会因违规被删除，甚至受到处罚。

### 5.1.3 发帖的技巧

**1. 回帖顶帖**

很多卖家都有发帖的经历，想让自己的帖子流量大增，但是很多辛辛苦苦发的帖子都石沉大海没有了消息。大部分人写过的帖子都基本没有管理，这样的帖子怎么能吸引人呢？发了帖子以后，还需要不断回帖顶帖，不然就会真的石沉大海了。

有时候可以用自己发帖的账号去回帖，但是多了就不行了，还需要注册一两个备用的号，专门用来回帖顶帖。

可以先用这些备用的账号去顶帖，再用发主帖的那个账号去回复，时间需要有一定的间隔。那些上万点击量的帖子都是不断地被顶帖，不断地在首页显示才获得的。一般这样的持续顶帖一个星期左右就差不多了，因为论坛中对这个帖子感兴趣的人大部分都已经看过了，他们不会再继续重复看帖子。所以这时就应该重新发另外一个类型的帖子，又吸引一批人，再次刺激他们的欲望。

**2. 在论坛高效发帖**

论坛是一个热闹的地方，人流量大，也是一个很好的免费推广的场所。在发帖之前先去帮助中心看看社区规则，对什么能发、什么不能发，做到心中有数。

首先在发表帖子的时候要找对版面，只有选择了正确的发表版面才能让潜在客户更准确地找到自己所关注的帖子。如果选择的版面不对，帖子不但不会被加精，流量也会非常少，如图 5.3 所示。

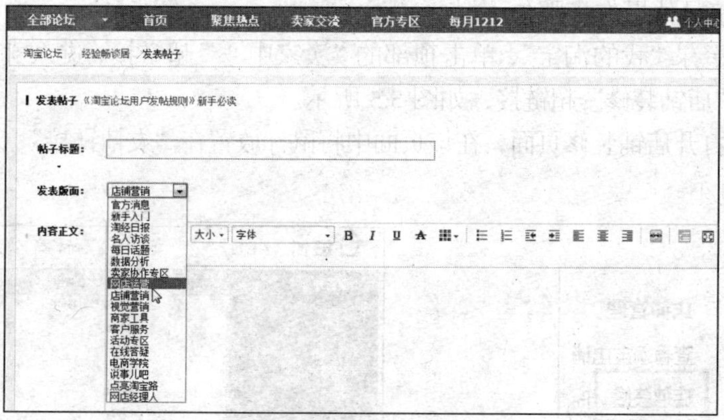

图 5.3 选对版面

和网站的版主管理员搞好关系。如果感觉自己的帖子很好，可以直接推荐给版主。版主的旺旺显示在社区板块的右上方，用户随时都可以把帖子发给他们，让他们帮着看看这个帖子是否有资格获得加精甚至置顶的机会，如图 5.4 所示。

图 5.4 和网站的版主管理员搞好关系

也可以自己申请当管理员，可以享受丰厚的待遇，拥有更多网店运营培训的机会。

在最好的时间段发帖。一天中最好的发帖时间有两个：第一个是在中午的 11 时至 14 时之间，第二个是晚上 19 时至 22 时之间。因为这些时候论坛的流量最高，这时发帖的回帖率一般都比较高。在时间上，还可以特别注意在节假日发帖。

## 5.2 添加友情链接

【知识要点】

友情链接是具有一定互补优势的网店之间的简单合作形式，即分别在自己的网店上放置对方网店的店标或名称并设置对方网店的超链接，达到互相推广的目的。交换链接的作用主要表现在几个方面：获得访问量、增加用户浏览时的印象、在搜索引擎排名中增加优势、通过合作网店的推荐增加访问者的可信度等。特别是一些交易量比较大、信誉度比较高的卖家交换友情链接。通过交换店铺链接，形成一个互助网络，增进彼此的影响力。在其他卖家的店铺首页，买家只要单击友情链接，就可以直接访问相应的友情店铺。

【操作步骤】

添加友情链接具体操作步骤如下。

**STEP 1** 登录“我的淘宝”，单击顶部的“卖家中心”超链接，进入卖家中心，单击“店铺管理”下面的“店铺装修”超链接，如图 5.5 所示。

**STEP 2** 打开店铺装修页面，在该页面中将鼠标放置在“友情链接”上面，单击“编辑”按钮，如图 5.6 所示。

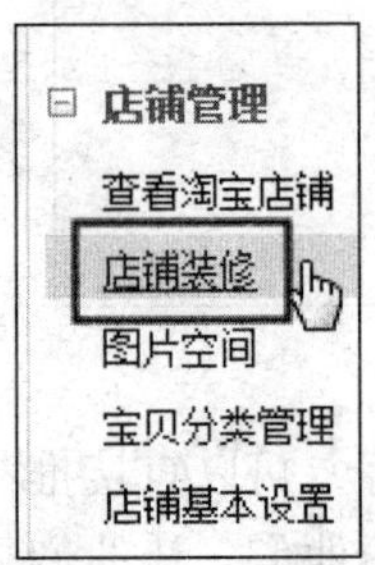


图 5.5 单击“店铺装修”

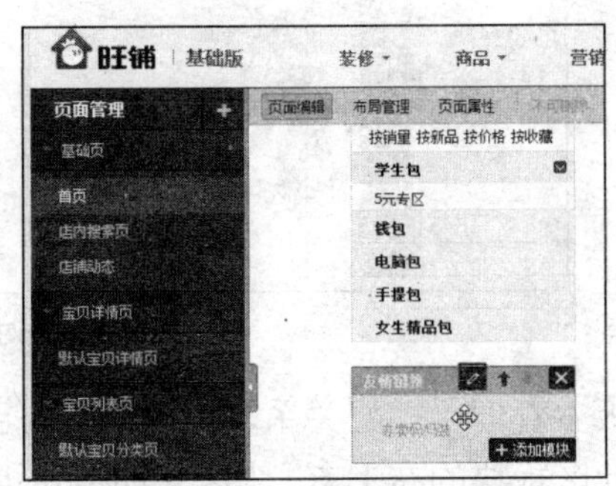


图 5.6 单击“编辑”按钮

**STEP 3** 打开“友情链接”对话列表框，单击底部的“添加”按钮，如图 5.7 所示。

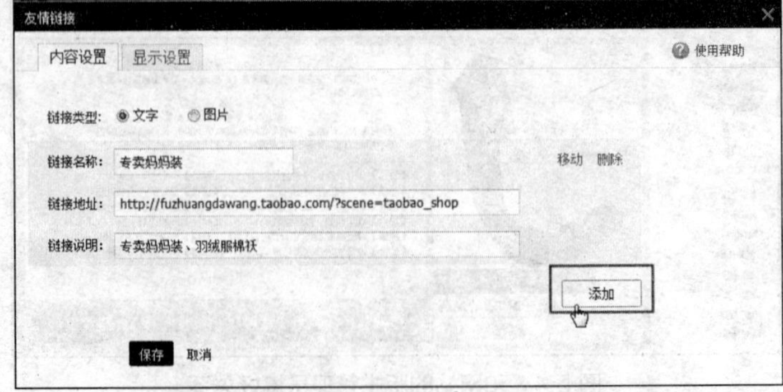


图 5.7 单击“添加”按钮

**STEP 4** 弹出链接文本框，输入链接名称、链接地址和链接说明，如图 5.8 所示。

图 5.8 输入链接信息

**STEP 5** 单击“保存”按钮，即可成功添加友情链接，如图 5.9 所示。

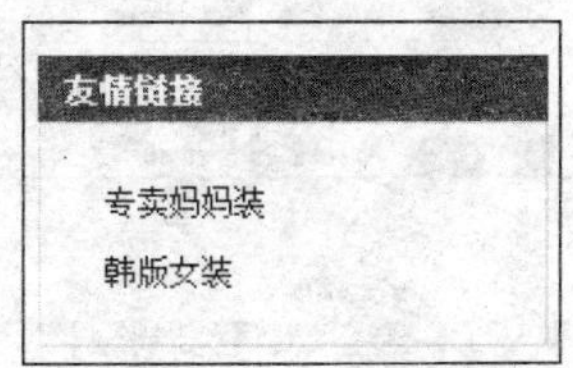


图 5.9 成功添加友情链接

## 5.3 淘帮派推广

许多人都知道加入淘帮派，可以自己发帖，也可以学习别人的经验，还可以交朋友。作为卖家，如果淘帮派浏览量高，可以带动店铺的人气。有时候淘帮派也有很多秒杀、折扣优惠等活动。

### 5.3.1 创建自己的帮派

【知识要点】

有些刚进入淘宝店铺的人知道淘帮派，可是却不知道淘帮派有什么作用，也不知道该怎么创建店铺帮派。自己创建淘帮派的话，对推广自己的淘宝网店来说是非常好的机会。如果自己建立的帮派人气很足，而且自己又可以随意操作，想做广告就做广告，那么宣传效果肯定比加入别人的帮派强得多。

想要为帮派聚拢到大量人气的话，需要帮主花大量的时间去管理和宣传帮派。如果没有做任何管理宣传，帮众肯定寥寥无几，就与无人问津的店铺差不多，这样的帮派形同虚设，还不如加入那些人气足的大帮派。

【操作步骤】

本小节讲述如何创建帮派，具体操作步骤如下。

**STEP 1** 登录“我的淘宝”，单击顶部的“卖家中心”超链接，进入卖家中心，单击“卖家地图”超链接，如图 5.10 所示。

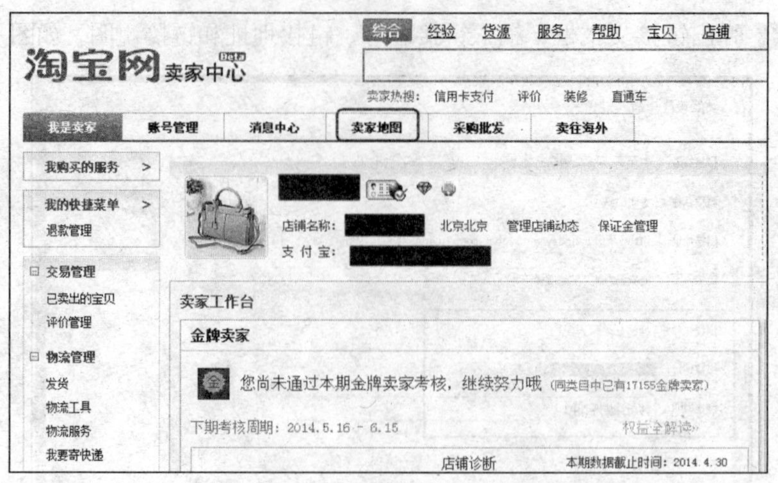


图 5.10　单击“卖家地图”超链接

**STEP 2** 打开卖家地图页面，单击“卖家资讯”下面的“我的帮派”超链接，如图 5.11 所示。

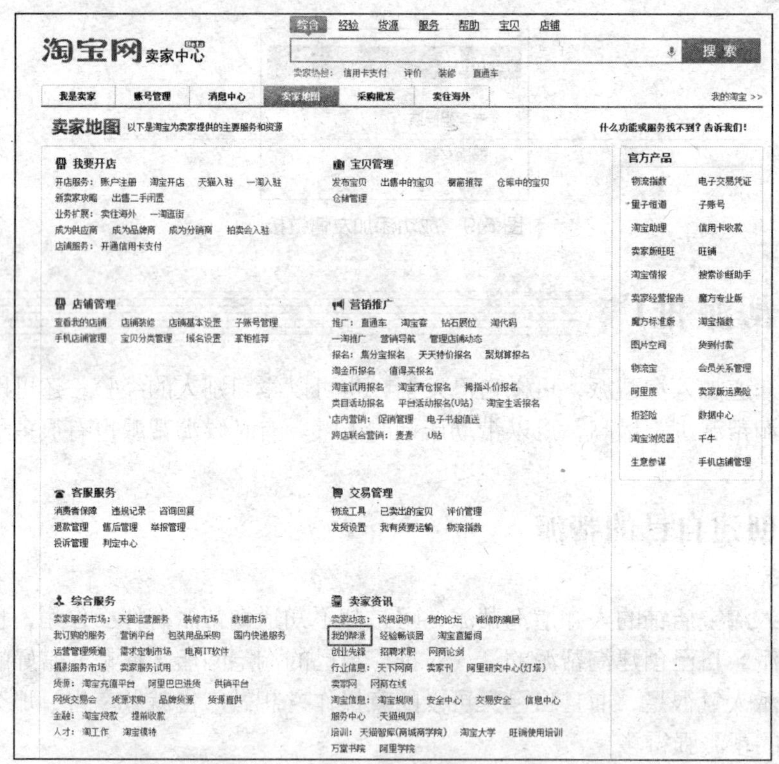


图 5.11　单击“我的帮派”超链接

**STEP 3** 进入“我的帮派”，单击“创建帮派”按钮，如图 5.12 所示。

**STEP 4** 进入“填写帮派资料”页面，选择帮派类目和填写帮派基本资料，如图 5.13 所示。

**STEP 5** 弹出确认创建帮派信息，单击“确认”按钮，如图 5.14 所示。

**STEP 6** 进入“上传帮徽”页面，单击“浏览”按钮，如图 5.15 所示。

图 5.12 单击“创建帮派”按钮

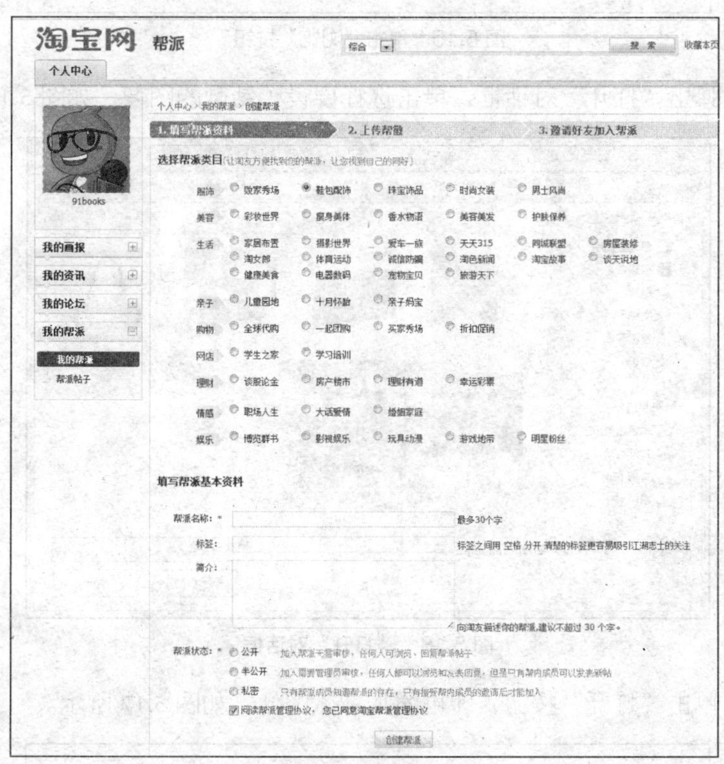


图 5.13 填写帮派基本资料

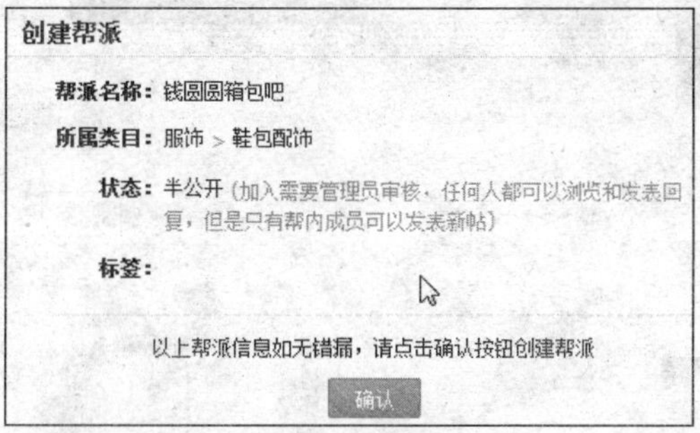

**创建帮派**

**帮派名称：** 钱圆圆箱包吧

**所属类目：** 服饰 > 鞋包配饰

**状态：** 半公开（加入需要管理员审核，任何人都可以浏览和发表回复，但是只有帮内成员可以发表新帖）

**标签：**

以上帮派信息如无错漏，请点击确认按钮创建帮派

确认

图 5.14 确认创建帮派信息

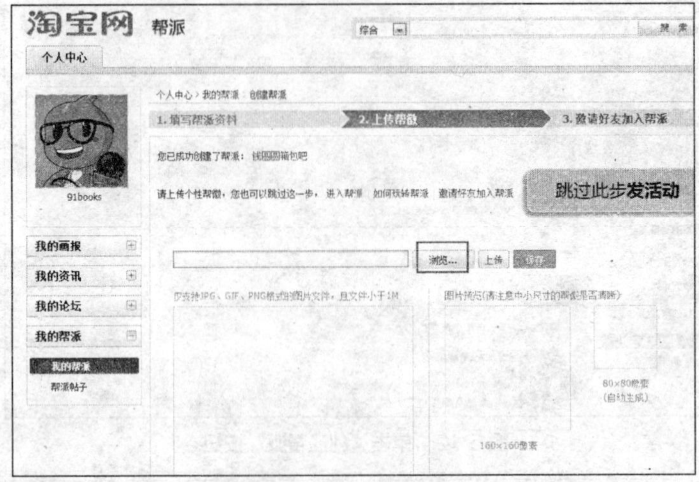


图 5.15　单击“浏览”按钮

**STEP 7** 弹出“打开”对话框，单击选择要设置帮徽的图像，如图 5.16 所示。

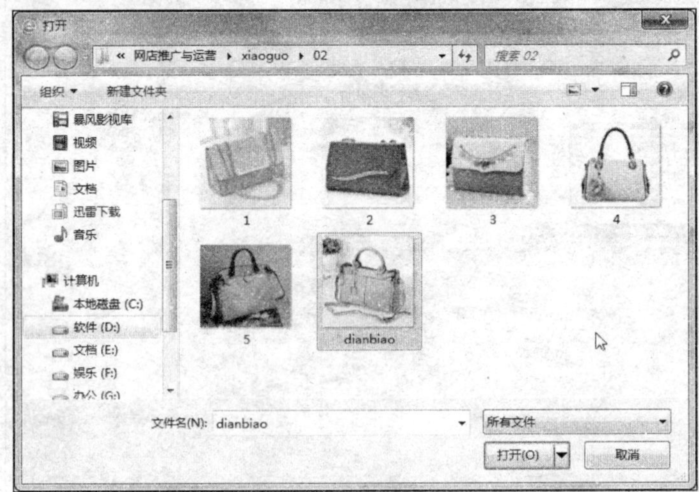


图 5.16　“打开”对话框

**STEP 8** 单击“打开”按钮，即可添加帮徽图像，如图 5.17 所示。

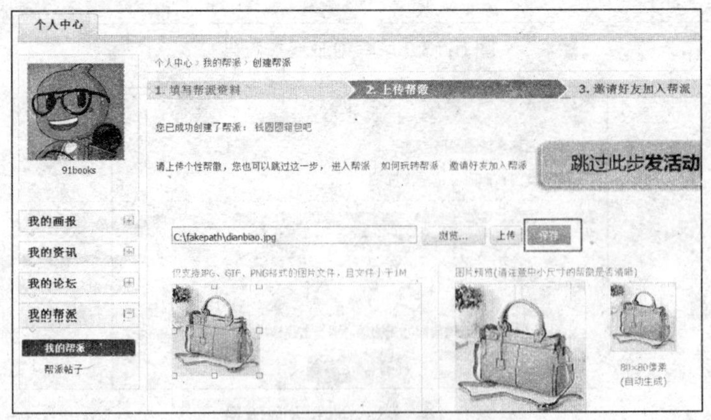


图 5.17　添加帮徽

**STEP 9** 单击“保存”按钮，成功添加帮徽图像，即可成功创建帮派，如图 5.18 所示。

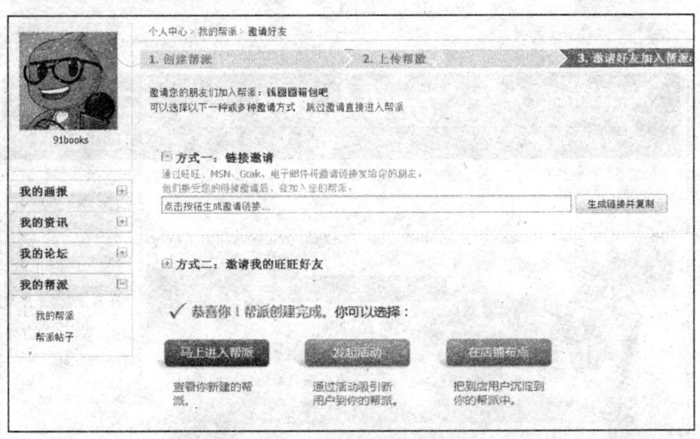


图 5.18 成功创建帮派

## 5.3.2 加入服饰帮派

【知识要点】

作为新手，要选择什么样的帮派进入呢？

（1）人气较旺的帮派。但是对于新手来说，有很大的弊端。新手进入帮派之后往往不知道该看什么、该做什么，更不知道秒杀活动甚至更多优惠活动如何参加、如何活动。

（2）人气一般的帮派。这样的帮派，如果说直接加进去，倒不如不加。学不到相应的知识，只是随大流，这对新手来说是致命的缺点。

（3）比较新一点的帮派。对于新手来说，这里是一个交流的平台，如果太大，学不到东西。如果把淘宝当作事业来做，那么建议从小帮派入手，去了解帮派、管理帮派。

【操作步骤】

下面讲述如何加入帮派，具体操作步骤如下。

**STEP 1** 登录我的帮派，单击“服饰”超链接，可以看见关于服饰的帮派，如图 5.19 所示。

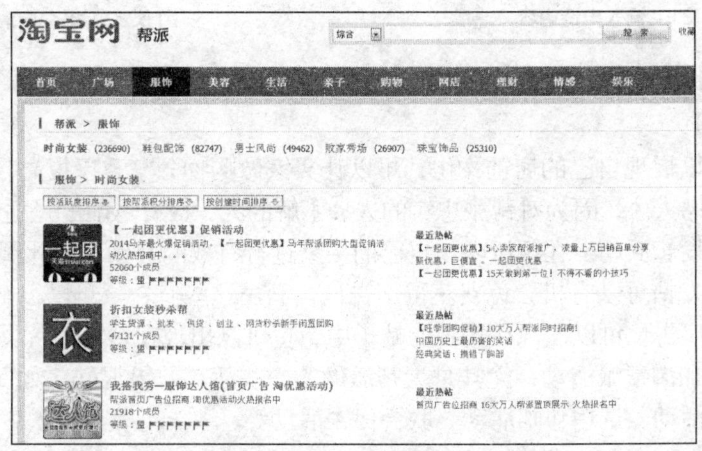


图 5.19 服饰帮派

**STEP 2** 单击“一起团，更优惠”活动链接，进入一起团更优惠页面，单击右边的“加入这个帮派”按钮，如图 5.20 所示。

图 5.20 单击“加入这个帮派”图标

**STEP 3** 弹出“加入需该帮派审核，请提交申请”的页面，输入申请内容，如图 5.21 所示。

**STEP 4** 单击“确定”按钮，成功提交申请，等待审核，如图 5.22 所示。

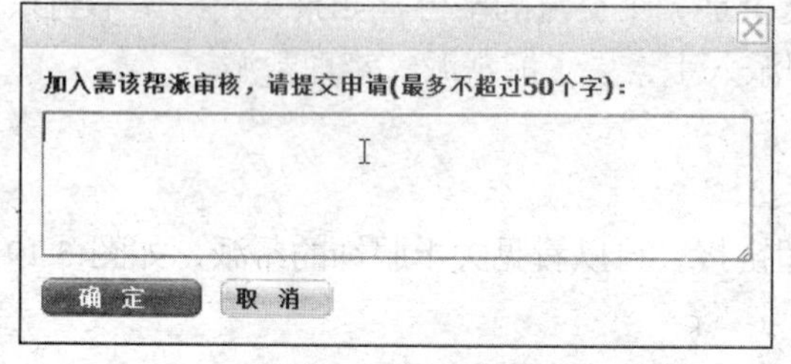


图 5.21 输入申请内容

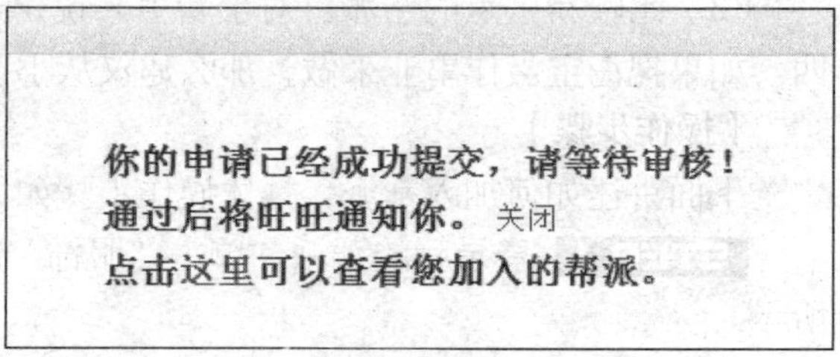

你的申请已经成功提交，请等待审核！
通过后将旺旺通知你。关闭
点击这里可以查看您加入的帮派。

图 5.22 提交申请

### 5.3.3 利用“淘帮派”卖疯主打产品

**【知识要点】**

在帮派内可以展现自己的店铺文化，可以让买家做购物分享，以提高自己商品的口碑。可以通过帮派招聘人才，因为对帮派忠实的人、了解的人，极有可能就是适合自己店铺的人，还可以通过帮派发起活动，在帮派内与自己的买家进行有效的互动，以此圈住用户。

在淘帮派中发帖可以有机会免费获得广告位，利用这些广告位可以很轻松地促销自己的主打产品。这些广告位可以出现在置顶的帖子中，也可以出现在帮派的首页顶部。

可以积极参加淘帮派活动，尤其是大帮派做的一些活动效果很好，如促销的互刷收藏的活动、一元秒杀活动、试用包邮活动、联合促销活动等。

**【操作步骤】**

本小节讲述利用帮派卖自己的主打产品，具体操作步骤如下。

**STEP 1** 登录我的帮派，单击底部的“发帖”按钮，如图 5.23 所示。

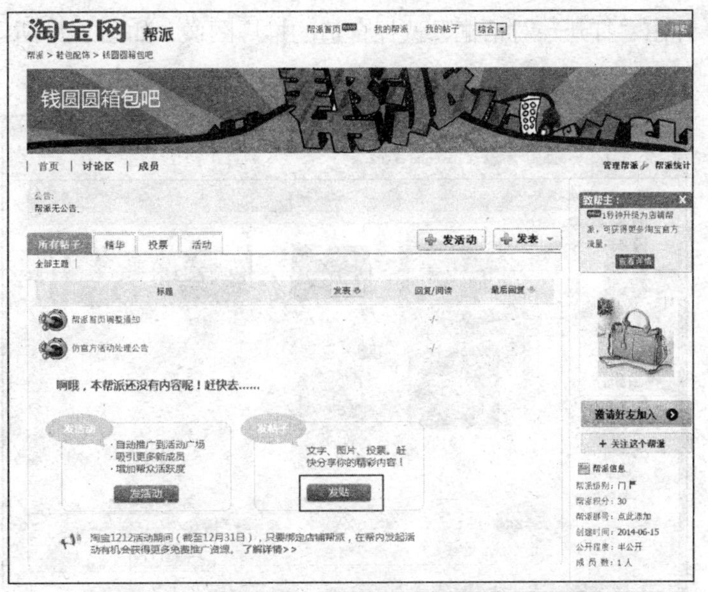


图 5.23　单击“发帖”按钮

**STEP 2** 打开“发表帖子”页面，单击“插入图片”图标，如图 5.24 所示。

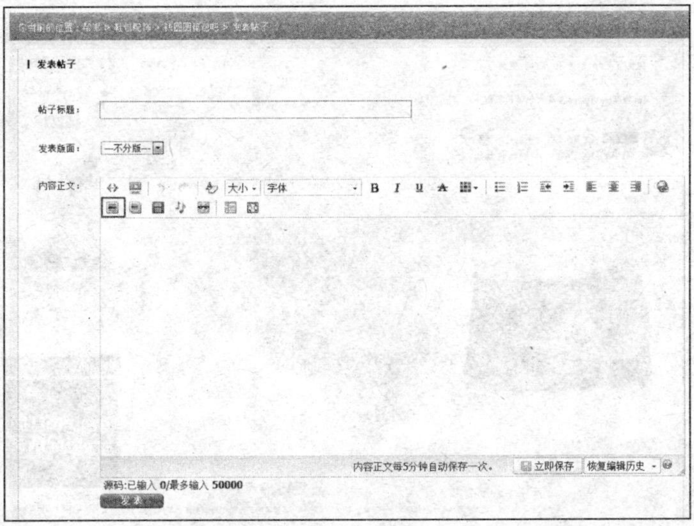

图 5.24　单击“插入图片”图标

**STEP 3** 打开“图片”对话框，单击“浏览”按钮，如图 5.25 所示。

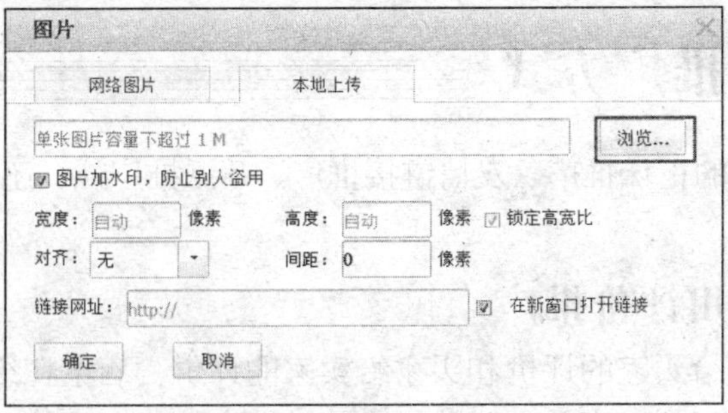

图 5.25　“图片”对话框

STEP 4 弹出“打开”对话框，选择合适的推广图像，如图 5.26 所示。也可以多添加几张图像。

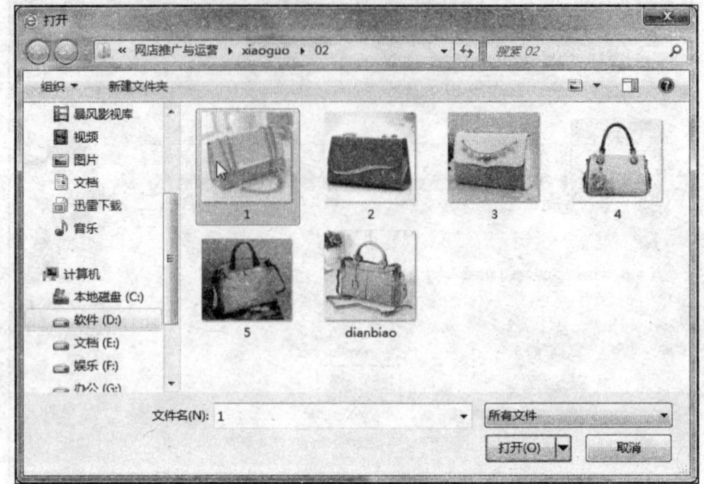


图 5.26 “打开”对话框

STEP 5 单击“确定”按钮，即可成功发帖，如图 5.27 所示。

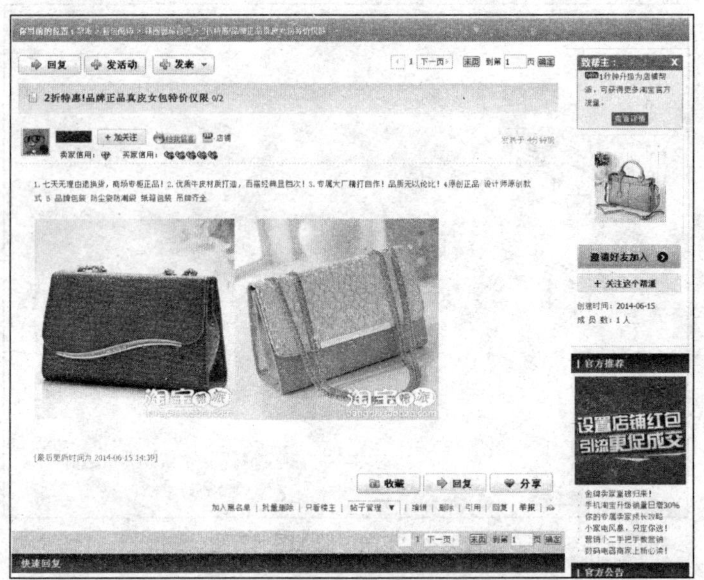


图 5.27 成功发帖

## 5.4 其他免费推广方式

除了可以使用前面的论坛推广、友情链接推广、帮派推广外，还有其他免费的推广方式，下面就一一讲述。

### 5.4.1 运用信用评价推广

评价管理包括卖家给买家的评价和买家给卖家的评价。店主在给买家评价的时候，可以适当打一下小广告，能起到一定的宣传效果。同时买家给店主评价以后，可以充分利用解释的地方做宣传广告，并不是只有中评、差评的时候才需要解释，好评的时候更应该好好利用这个机会进行宣传，因为许多聪明的买家在买东西之前都会看一下店铺的评价，这里如果有广告信息的话，效果非常好。图 5.28 所示为在评价中利用解释添加了店铺的广告。

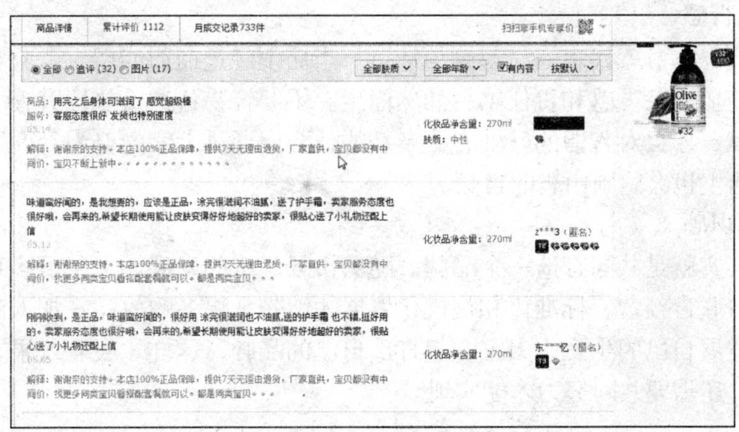


图 5-28　评价中添加了店铺的广告

## 5.4.2　加入网商联盟推广

淘宝上的商盟就像现实中的各大商会一样，基本上每个区域都有自己的商盟。加入商盟能提高顾客对卖家的信任，有利于生意，还能宣传店铺。

下面就来介绍加入商盟的一些好处。

### 1．提高知名度

如果一个商盟发展良好，其知名度肯定会不错，这样作为商盟的内部成员，自己的知名度也不会太差。

### 2．广交朋友，开阔眼界

商盟成员通过网上畅谈或网下聚会活动，可以直接获取更多有用的信息资源。无论是技巧技术上的，还是经营管理方面的，其中的商机、窍门、经验都会让店主受益匪浅。商盟经常举办各种活动，有利于认识结交一些不同的朋友，多个朋友多条路。

### 3．提高店铺的诚信度

提升自己店铺的诚信度，店铺 Logo、论坛头像旁边的商盟标志等于给店铺挂了一个“信得过”的牌子。通过这个小小的标志，顾客会感受到店铺的诚信度。久而久之，店铺也会被烙上一个“实力卖家”的标记。

### 4．盟内带来生意

商盟中的卖家基本上都是本地区的人，有共同的地域文化、接近的价值观、良好的认同感，而且由于地域邻近，可省下不少物流费。所以商盟成员之间更容易产生合作愿望，达成交易过程更顺畅。如果店主在商盟内部活跃度高（常聊天、常发帖子、多交朋友）的话，他在商盟内部的曝光率也是很不错的，当然也会带来更多的生意。

### 5．盟员优待感

商盟有时可起到免费帮店主宣传的作用。商盟有专门的首页推荐位，加入商盟成为正式会员，可以在首页上推荐店主的宝贝，而商盟成员中也会加上店主的店铺，这两者都可以直接或者间接给店主的店铺增加一定的浏览量。另外，通过商盟不定期在淘宝网上举行的各类买卖活动，商盟的会员才可以参加。

**6. 消费实惠**

盟友间购物，往往直接拿到了折扣价和贴心服务，大家一起在淘宝团购东西，价格也会便宜很多。

**7. 商盟荣誉感**

能加入商盟，本身就代表一份荣耀与认可。当店主经过商盟的层层考验和各种规则的约束，最终加入商盟，荣誉感和责任感会油然而生。不要轻易让这份热忱磨灭了，常想想能为商盟做什么贡献，才会对入盟的好处有更亲切的体会。通过大家的努力，商盟知名度和销售排名上去了，店主也会感到由衷的自豪。

**8. 品牌意识感**

加入商盟其实就是共同打造一个品牌。随着市场经济的发展，总结很多真实的例子的经验和教训，只有联合经营、标准化和规模化发展才能带来更多的效益。加入商盟就是为了借用团体的力量发展自已的生意，大家一起打造自己的品牌，这样才会有效果，并不是加入了就会带来效益，还需要共同努力才能实现。

### 5.4.3 设置 VIP 会员卡推广

**【知识要点】**

许多持卡会员已形成使用卡的习惯，在看中一件商品后，会搜索是否有支持 VIP 卡的同样商品。面对数百万的持卡会员，更容易成交。促销频道、周末疯狂购等活动只针对设置 VIP 卡功能的商品开放。

设置 VIP 卡的好处如下。

- 提高商品的曝光率。
- 吸引使用 VIP 卡购物的部分买家。
- 丰富店铺的宣传和营销手段。
- 让买家能够通过各种不同的途径看到和买到自己的商品。淘宝首页有专门的 VIP 卡搜索通道，让买家更好地找到店主，买家搜索的时候可以勾选“VIP 搜索”复选框。
- 增加客户体验。VIP 买家购买店里的东西，如果商品设置了 VIP，就会令买家感觉自己很尊贵。

**【操作步骤】**

卖家设置 VIP 卡的具体操作步骤如下。

**STEP 1** 登录“我的淘宝”，在“出售中的宝贝”中，单击“淘宝 VIP 宝贝”按钮，如图 5.29 所示。

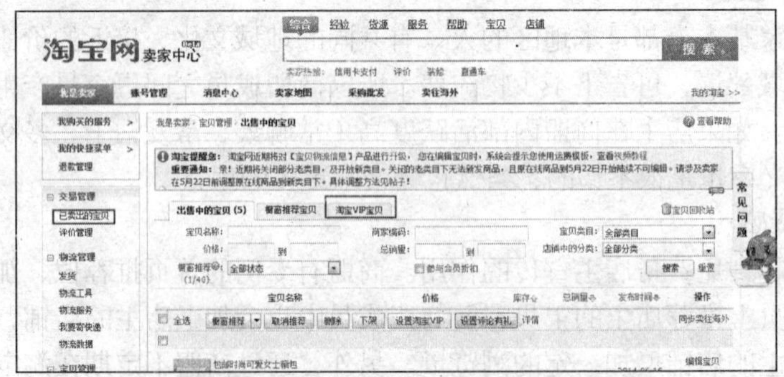

图 5.29 单击“淘宝 VIP 宝贝”按钮

**STEP 2** 在页面中对每个宝贝进行不同级别的折扣设置，如图5.30所示。

**STEP 3** 单击“参加”按钮，设置成功，如图5.31所示。

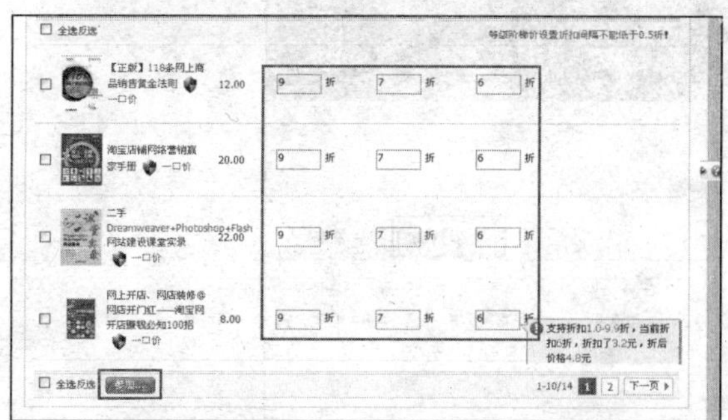

图5.30　对宝贝进行不同级别的折扣设置

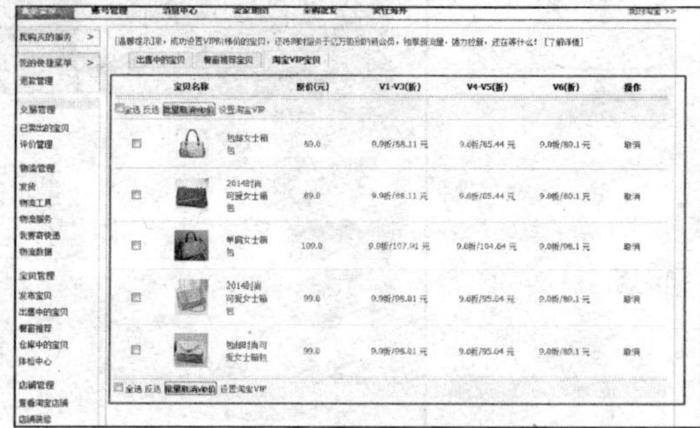

图5.31　VIP促销设置成功

【技能训练】

下面在淘帮派发布活动，要求活动中发布一些图片和文字信息，如图5.32所示。

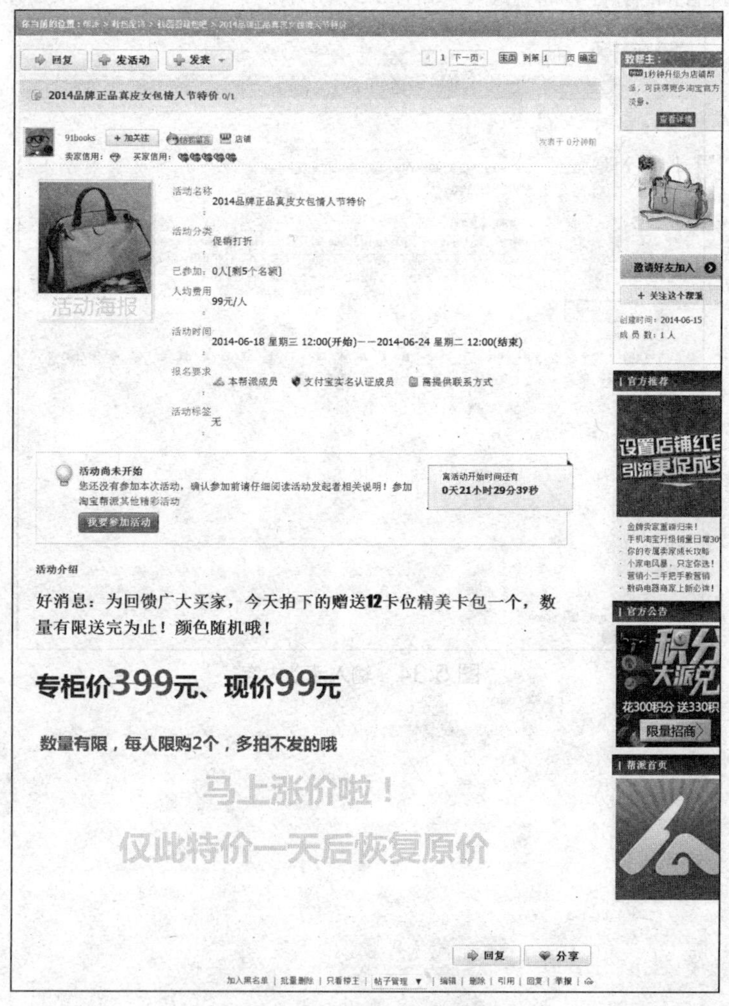


图5.32　淘帮派发布活动

**STEP 1** 打开淘宝网，登录淘帮派，单击“发活动”按钮，如图5.33所示。

图 5.33 登录淘帮派

**STEP 2** 打开“发表活动”页面，单击“上传活动海报”按钮，添加海报图像文件，输入详细的活动名称、内容和时间等，如图 5.34 所示。

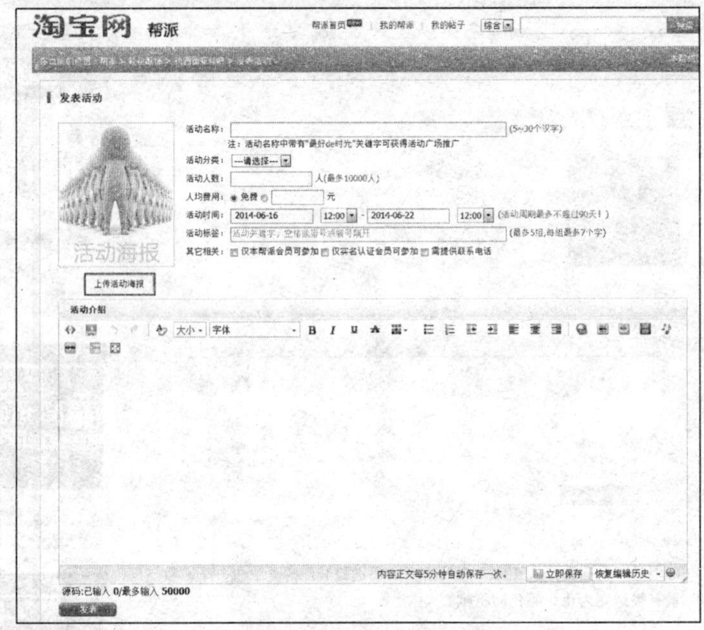


图 5.34 输入活动内容

PART 6

# 第6章 利用淘宝客推广产品

## 情景导入

淘宝客的推广是一种按成交计费的推广模式。淘宝客只要从淘宝客推广专区获取商品代码，任何买家经过其推广（链接、个人网站、博客或者社区发的帖子）进入淘宝卖家店铺完成购买后，淘宝客就可得到由卖家支付的佣金。简单地说，淘宝客就是指帮助卖家推广商品并获取佣金的人。

## 知识要点

- 什么是淘宝客推广。
- 淘宝客的优势。
- 设置淘宝客推广。
- 做好淘宝客推广的黄金法则。

## 课堂案例展示

## 6.1 淘宝客推广概述

淘宝客推广已经成为继直通车、钻石展位、品牌广告之后，淘宝掌柜的又一营销利器。与其他广告形式相比，淘宝客推广具有很高的投入产出比，不成交不付费，真正实现了少花钱、多办事。

### 6.1.1 什么是淘宝客推广

淘宝客就是推广淘宝商品拿佣金的一些人。淘宝客的工作平台是淘宝联盟（http://www.alimama.com）。帮助淘宝卖家推广商品并按照成交效果获得佣金的人，之前叫淘宝客，自2009年1月12日起，正式更名为淘宝客。只要获取淘宝商品的推广链接，让买家通过淘宝客的推广链接进入淘宝店铺购买商品并确认付款，淘宝客就能赚取由卖家支付的佣金，无须投入成本，无须承担风险，最高佣金达商品成交额的50%。图6.1所示为淘宝客推广平台。

图6.1　淘宝客推广平台

作为淘宝网推出的网络营销推广平台，任何网民都可以帮助淘宝掌柜销售商品，从中赚取佣金。在未来一两年内，网上的“营销大军”预计将超过百万，至少将为国内提供几十万个直接就业机会，淘宝客将一跃成为很大的网络职业人群。很多人关注淘宝客，依托淘宝联盟平台，越来越多的个人加入淘宝客推广，一些淘宝客的收入也很可观。图6.2所示为淘宝客收入排行榜。

淘宝客挑选好自己认可的商品后，就需要借助一定的平台将信息推广出去，目前最基础的方式就是利用网络个人传播媒介，如即时通信工具、个人博客、个人空间、SNS 交友社区、微信等，这是典型的人际传播。其次就是利用大众传播媒介，如门户网站的社区、贴吧、信息发布平台等。

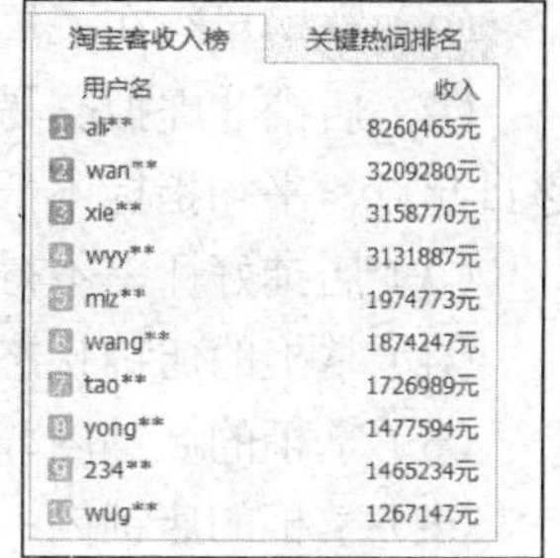

图 6.2　淘宝客收入排行榜

### 6.1.2　淘宝客的优势

淘宝客推广是一种按成交计费的推广模式，其优势如下。

（1）低投入高回报，按成交效果付费，广告展示及点击都不计费。

（2）省时，只需要把佣金比例调整好，等着淘宝客来推广就可以了。

（3）拥有互联网上更多流量、更多人群帮助推广销售，使买家无处不在。

（4）推广精准到店铺和商品，直击用户需求。

（5）推广内容和推广途径完全自定义，灵活多样。

（6）推广流程简单，加入即可获得站外优质流量投放推广。

（7）佣金设置灵活，可具体到单品及流量来源渠道，针对性强，满足店铺个性化推广需求。

### 6.1.3　关于佣金

设置佣金时，不要一味追求高佣金而忽视了本身的售价，要在商品单价和佣金之间找到好的平衡点，价格不太高、又有可观佣金的商品必然会带来质的提升。卖家应该在自己能接受的范围内，给予淘宝客更多的佣金，只有这样才能激发淘宝客为自己推销商品的热情。

下面首先介绍关于佣金的几个概念。

（1）佣金比率：是指淘宝卖家愿意为推广商品而付出的商品单价的百分之几。

（2）个性化佣金比率：淘宝卖家加入淘宝客推广后，可以在自己的店铺中最多挑选 20 件商品作为推广展示商品，并按照各自的情况设定不同的佣金比率，这些商品的佣金比率称为个性化佣金比率。

（3）店铺佣金比率：淘宝卖家加入淘宝客推广后，除了设定个性化佣金比率外，还需要为店铺中其他商品另外设定一个统一的佣金比率，用来支付由推广展示商品带到店铺的其他商品成交的佣金。

（4）佣金：指的是商品的单价 × 佣金比率，是淘宝卖家愿意为推广商品而付出的推广费，尚未扣除阿里妈妈服务费。当淘宝客推广的交易真正通过支付宝成交后，除去阿里妈妈服务费，就是淘宝客的收入。

## 6.2　设置淘宝客推广

知道了淘宝客推广的基本知识，那么怎样设置淘宝客推广呢？

### 6.2.1　淘宝掌柜参加淘宝客推广的条件

淘宝客推广是淘宝联盟里面的一个效果非常好的推广方式。对于掌柜来说，淘宝客推广能在节省精力和时间的基础上增加店铺和商品的曝光度，让卖家坐拥收入。

以下 6 个条件必须同时满足的卖家才能加入淘宝客推广。

（1）掌柜星级在一星以上或参加消费者保障计划。

（2）店铺非虚拟交易近半年的 DSR 评分三项指标不得低于 6.5（开店不足半年的从开店之日起算，平均指标不低于 6.5）。

（3）店铺好评率不得低于 97.5%。

（4）掌柜的店铺状态是正常的。

（5）掌柜的店铺内，有一口价的商品（大于等于 10 件），拍卖的不能参加推广。

（6）掌柜的店铺内，商品状态正常，并且结束时间比当前系统时间晚。

### 6.2.2 制订合理的佣金计划

买家通过支付宝交易并确认收货时，系统会自动将应付的佣金从卖家收入中扣除并计入淘宝客的预期收入账户。每个月的 20 日都会做一个整月的月结，月结时将收取佣金的 10%作为技术服务费，结算之后正式转入淘宝客的收入账户。淘宝客需要在淘宝联盟账户绑定通过实名认证的支付宝账号，才可以提现到该支付宝。

（1）卖家可以在佣金范围内直接调高佣金比率。

（2）卖家不能直接调低佣金比率，但可以通过先删除推广计划，再新建推广计划的方法调低佣金比率。

（3）卖家可以在佣金范围内直接调整店铺统一佣金比率。

（4）买家从淘宝客推广链接进入当天没有购买的，此后 15 天内完成的购买均有效，淘宝客都可得到由卖家支付的佣金。如果掌柜退出淘宝客推广，在掌柜退出前，用户点击过的推广链接对该用户在 15 天内继续有效，在点击后 15 天内拍下商品后仍旧计算佣金。

（5）如果实际交易金额减去邮费大于等于拍下时的商品单价，则按实际交易金额减去邮费后乘以佣金比率进行计算。

（6）如果实际交易金额减去邮费小于拍下时的商品单价，则按商品单价乘以佣金比率进行计算。

（7）如果买家通过淘宝客推广链接直接购买了这件商品，按照该商品对应的佣金比率结算佣金。

（8）如果买家通过淘宝客推广链接购买了店铺内其他展示商品中的某一件商品，按照该商品对应的佣金比率结算佣金给淘宝客。

（9）如果买家通过淘宝客推广链接购买了店铺内非展示商品中的其他商品，按照店铺统一佣金比率结算佣金给淘宝客。

### 6.2.3 加入淘宝客推广的步骤

**【知识要点】**

淘宝客推广是一种按成交计费的推广模式，淘宝客提供单个商品和店铺的推广链接，可以指定推广某个商品或店铺。

如何选择合适的主推商品？

主推商品相当于店铺展现在淘宝客面前的门面，选择合适的主推商品将对店铺推广起到至关重要的作用。

**1．选择店铺热卖商品**

淘宝客推广绝对不应该成为滞销品的仓库，只有诱人的销售纪录才能带给淘宝客和买家信心。选择店铺中最热卖的商品作为主推商品，将买家引入店铺后才能进一步带动其他商品的销售。

**2．选择有一定利润空间的商品**

要想吸引更多淘宝客来推广商品，主推商品的佣金比率一定不能太低，不然商品再好也可能会被淹没。因此尽量选择有一定利润空间的商品，在能接受的范围内，将更多的佣金回馈给淘宝客。

**3．选择当季、合适的商品**

春天都到了，还在推广厚厚的冬装？无论宝贝多吸引人，也是卖不出去的！将淘宝客推广当作第二家店铺，而且是一家面向全互联网的店铺，常换常新，根据效果来调整商品和设置，才是好销量的保证。

**【操作步骤】**

本小节讲解使用淘宝客推广的方法，具体操作步骤如下。

**STEP 1** 登录“我的淘宝”，单击“营销中心”｜“我要推广”超链接，如图6.3所示。

**STEP 2** 进入我要推广页面，单击“淘宝客推广”图标，如图6.4所示。

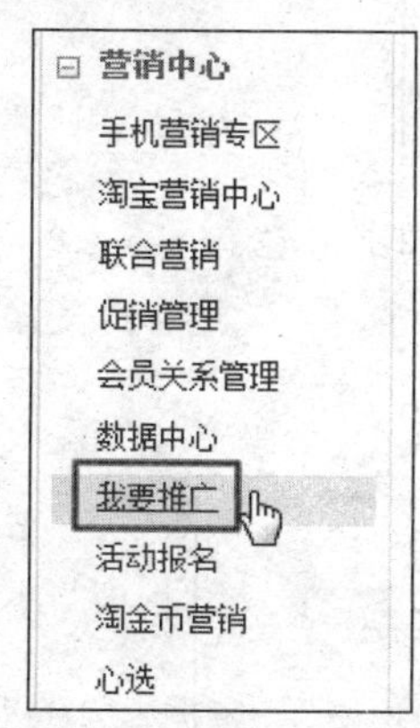


图6.3　单击“我要推广”

图6.4　单击“淘宝客推广”

**STEP 3** 进入“淘宝联盟”页面，单击“新建自选淘宝客计划”按钮，如图6.5所示。

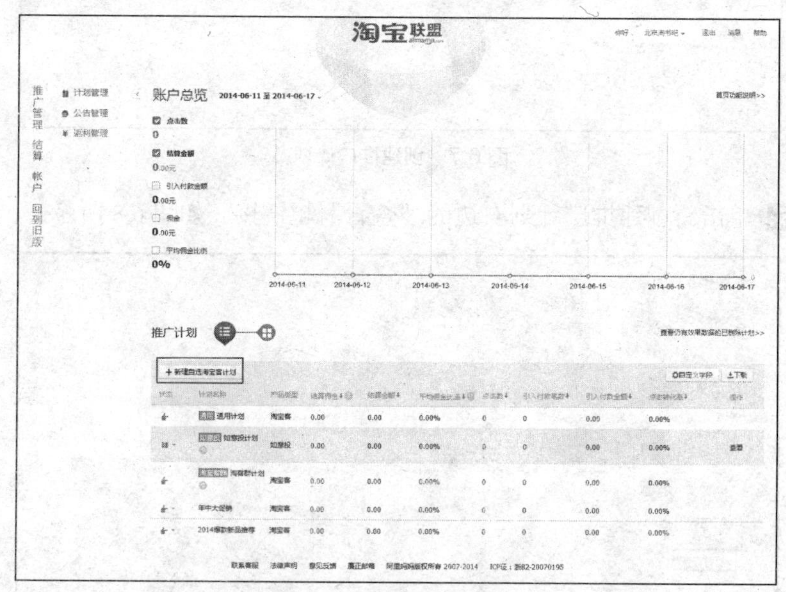


图6.5　“淘宝联盟”页面

**STEP 4** 弹出“新建推广计划”页面，设置计划名称、是否公开、类目佣金、起始日期和结束日期，如图 6.6 所示。

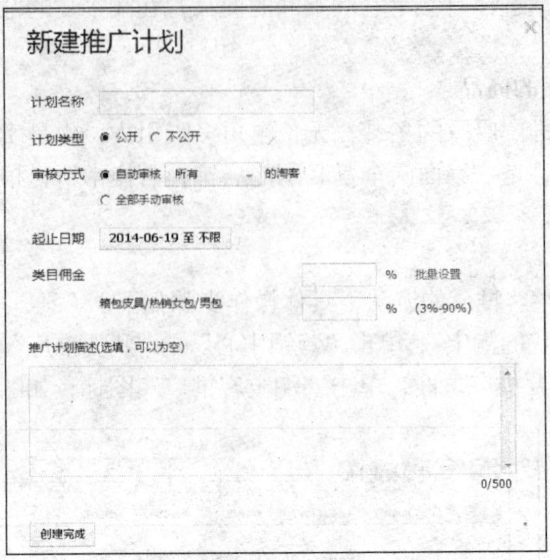

新建推广计划

计划名称

计划类型 ◉ 公开 ○ 不公开

审核方式 ◉ 自动审核 所有 的淘客

○ 全部手动审核

起止日期 2014-06-19 至 不限

类目佣金 % 批量设置

箱包皮具/热销女包/男包 % (3%-90%)

推广计划描述(选填，可以为空)

0/500

创建完成

图 6.6 “新建推广计划”页面

**STEP 5** 单击“创建完成”按钮，即可创建推广计划，如图 6.7 所示。

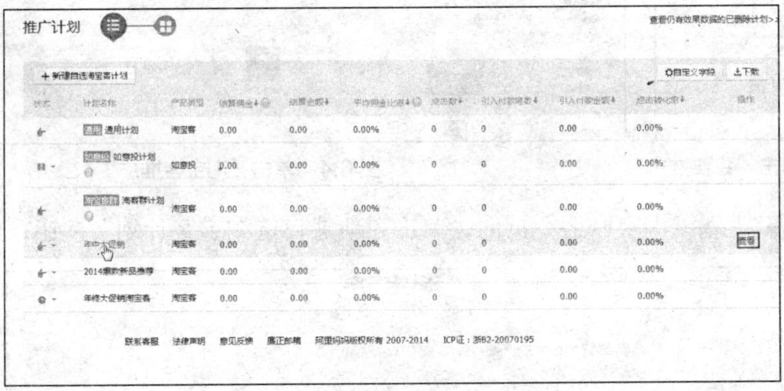

推广计划

查看仍有效果数据的已删除计划>

+新建自选淘宝客计划 自定义字段 下载

| 状态 | 计划名称 | 产品类型 | 结算佣金 | 结算金额 | 平均佣金比率 | 点击数 | 引入付款笔数 | 引入付款金额 | 点击转化率 | 操作 |
| --- | --- | --- | --- | --- | --- | --- | --- | --- | --- | --- |
| | 通用 通用计划 | 淘宝客 | 0.00 | 0.00 | 0.00% | 0 | 0 | 0.00 | 0.00% | |
| | 如意投 如意投计划 | 如意投 | 0.00 | 0.00 | 0.00% | 0 | 0 | 0.00 | 0.00% | |
| | 淘客群计划 | 淘宝客 | 0.00 | 0.00 | 0.00% | 0 | 0 | 0.00 | 0.00% | |
| | 年中大促销 | 淘宝客 | 0.00 | 0.00 | 0.00% | 0 | 0 | 0.00 | 0.00% | 查看 |
| | 2014爆款新品推荐 | 淘宝客 | 0.00 | 0.00 | 0.00% | 0 | 0 | 0.00 | 0.00% | |
| | 年终大促销淘宝客 | 淘宝客 | 0.00 | 0.00 | 0.00% | 0 | 0 | 0.00 | 0.00% | |

联系客服 法律声明 意见反馈 廉正邮箱 阿里妈妈版权所有 2007-2014 ICP证：浙B2-20070195

图 6.7 创建推广计划

**STEP 6** 单击新创建推广计划右边的“查看”超链接，如图 6.8 所示。

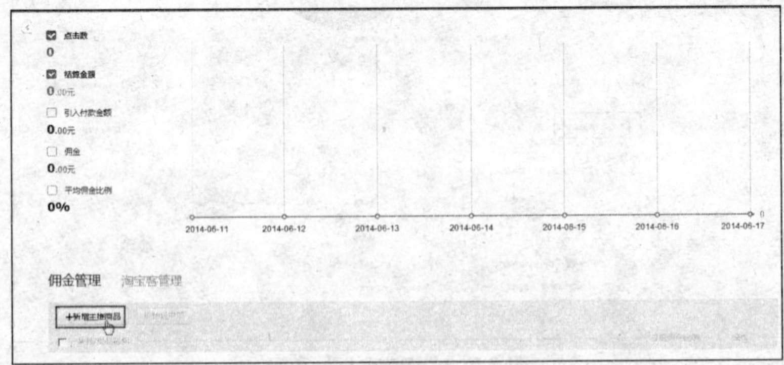


图 6.8 单击“查看”超链接

**STEP 7** 弹出“选择主推商品”对话框，单击选择要设置的主推商品，在“批量设置默认佣金”文本框中输入 5%，如图 6.9 所示。

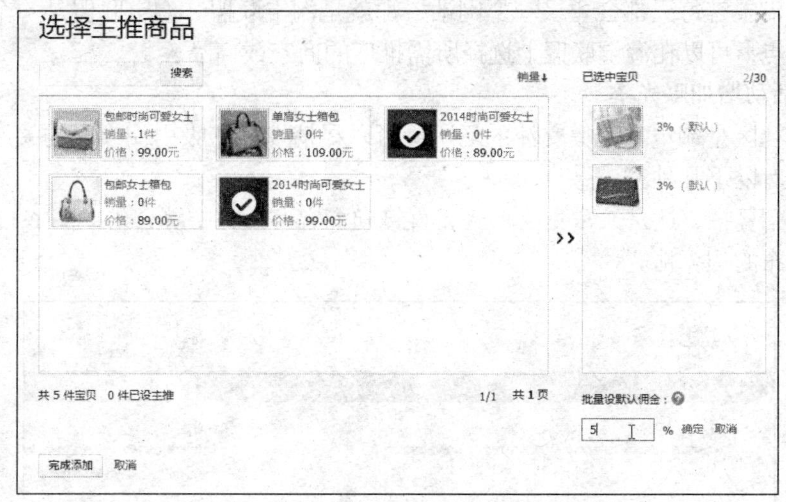


图 6.9 “选择主推商品”对话框

**STEP 8** 单击“完成添加”按钮，即可成功设置淘宝客推广，如图 6.10 所示。

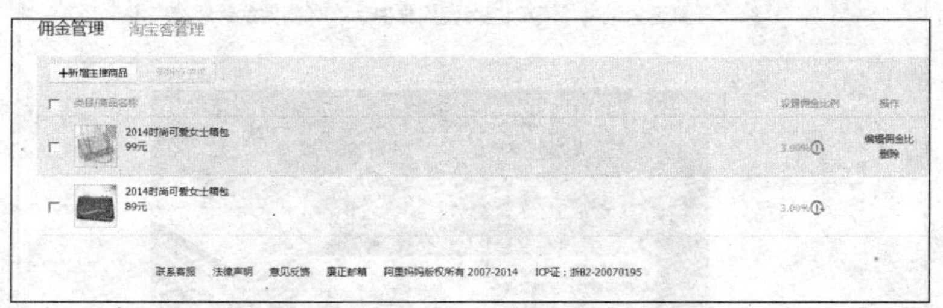


图 6.10 成功设置淘宝客推广

## 6.3 淘宝客推广的黄金法则

虽然淘宝客推广看起来很简单，寥寥几步就能够设置完成。但是，如果想要更好地利用淘宝客来为自己的店铺创造更高的效益的话，那么在推广过程中还要了解推广的法则。

调整好心态，定期及时优化，尽量给淘宝客以最大的利益。要看到，淘宝客带来的绝不仅仅是一个买家，而是更多的买家。推广是一项长期的工作，淘宝客推广也不例外。只有长期用心学习总结，吸取他人好的经验，找到最适合自己的推广方法才是最有效的。

新手开始时可以将自己的宝贝佣金设置高些，自己赚取的利润低点，这样才会吸引淘宝客为自己宣传，淘宝客宣传的渠道很广，他们有很多宣传的手段和方法。慢慢地，当店铺有销量了，自然就会提升流量。当每天都有销量时，可以适当降低淘宝客佣金，给自己多留些利润。

### 6.3.1 如何找淘宝客

淘宝客分为两类：个人（博客主、论坛会员、聊天工具使用者、个人站长），网站（博客、门户、资讯、购物比价、购物搜索等网站）。

下面介绍如何寻找淘宝客进行推广。

### 1. 在淘宝联盟吸引买家主动上门

目前有数十万的淘宝客活跃在各个推广领域，与其盲目四处寻找，不如让淘宝客自己找上门。大部分淘宝客每天都会登录一个网站，那就是淘宝联盟。淘宝联盟是一个淘宝客挑选推广对象的站点，可以在淘宝联盟上选择所需推广的商家或商品。

### 2. 社区活动增加曝光率

淘宝联盟社区是淘宝客聚集交流的场所，可以尽情发挥，吸引淘宝客的关注。在社区活动常见的方式有以下几种。

（1）发布招募帖，这是最常见的形式，直接向淘宝客发布招募公告。图 6.11 所示为在淘宝联盟社区发布的招募帖。

图 6.11　在淘宝联盟社区发布的招募帖

（2）利用签名档，将签名档设置为店铺招募的宣传语，引导至自己的招募帖，并且积极参与社区中的讨论，热心回答会员的问题，在互动的同时也起到了宣传的作用。

（3）事件营销，社区宣传不一定是广告，有意地策划一些事件，短期内可以迅速积累大量的人气。

（4）主动出击，在社区中有许多乐于分享的淘宝客，这些人往往具有丰富的推广经验和资源，多关注一些经验分享帖的淘宝客，通过回复或站内信取得联系。

（5）参与社区活动，小二或社区版主会不定期组织一些社区活动，如征文、访谈等活动，如图 6.12 所示。

阿里妈妈社区 > 联盟通告 > 淘宝旅行喊你来领钱啦，全年扶持外加百万奖励，双重惊喜拿不停！

27836 阅读 295 回复

淘宝旅行喊你来领钱啦，全年扶持外加百万奖励，双重惊喜拿不停！

联盟委员会

0 发表于: 05-29

— 本帖被 联盟委员会 执行加亮操作(2014-05-29) —

管理员
发帖 496
馒头 2291
包子 30
注册时间 2010-03-19
最后登录 2014-06-17



各位亲爱的淘宝客：

重大好消息。2014年,淘宝旅行（trip.taobao.com）将对淘宝客推广进行补贴，增加淘宝客们的
规模。6月初，更推出淘宝客奖励计划，双重优惠，惊喜多多！！！

**淘宝旅行旅游基金站长扶植计划：**

**补贴时间：**

2014年5月27至2015年3月31日

**补贴内容：**

补贴范围：淘宝旅行（trip.taobao.com）域名下下表类目中的商品：

| 补贴类目 | 补贴时间 | 基础补贴比例 | 高补贴门槛 | 高补贴比例 |
|---|---|---|---|---|
| 国内机票 | 2014年5月27日开始，至2015年3月31日结束 | 2.00% | 无 | 无 |
| 国际机票 | | 1.00% | | |
| 度假线路/签证送关/旅游服务 | | 1.00% | 1.50% | 2.00% |
| 景点门票/实景演出/主题乐园 | | 1.00% | 3.00% | 2.00% |
| 特价酒店/特色客栈/公寓旅馆 | | 1.00% | 5.00% | 2.00% |

1、基础补贴比例适用情形：
1）卖家未参加淘宝客推广；
2）卖家参加淘宝客推广，但设置的佣金比例小于上表各类目对应的高补贴门槛。
2、如卖家参加淘宝客推广，且设置的佣金比例大于等于上表各类目对应的高补贴门槛，则淘宝旅行将按高补贴比例给淘宝客补贴。

3、基础补贴与高补贴计算的基数：卖家商品被成功购买时的实际成交价（支付宝支付金额，不含运费、购买机票涉及的机场建设费、燃油附加费、航空意外险以及购买国际机票的其他税费）。
4、针对淘宝客推广并成功的订单，淘宝旅行将按基础补贴比例或高补贴比例给予淘宝客一定补贴，基础补贴比例与高补贴比例不重复适用。
5、补贴期间，淘宝旅行新增类目，不承诺参与该补贴计划；

图 6.12　社区活动

**3．从数据中挖掘淘宝客**

当很多人苦苦寻找新的淘宝客时，往往会忽略了已经在推广的人群，他们可能推广量不大，也许是不经意中推广了自己的商品，但他们已经具备了淘宝客的推广能力，如果稍加引导便可以为自己创造更多的推广量。可以通过“我的联盟”每日推广效果报表中的数据挖掘淘宝客，找出那些优质的推广者，然后与他们建立联系，进行更深入的合作。

**4．SNS 社会化媒体**

SNS 如人人网、淘江湖、开心网等活跃着众多的营销者，它们往往聚集了大量具有相同兴趣爱好的会员，如购物促销群、时尚群、亲子群等，具有非常精准的客户群，在淘宝客的推广中具有很高的转换率。同时，目前最火的微博也具有相同的属性，通过微博进行推广的淘宝客也越来越多，如图 6.13 所示。

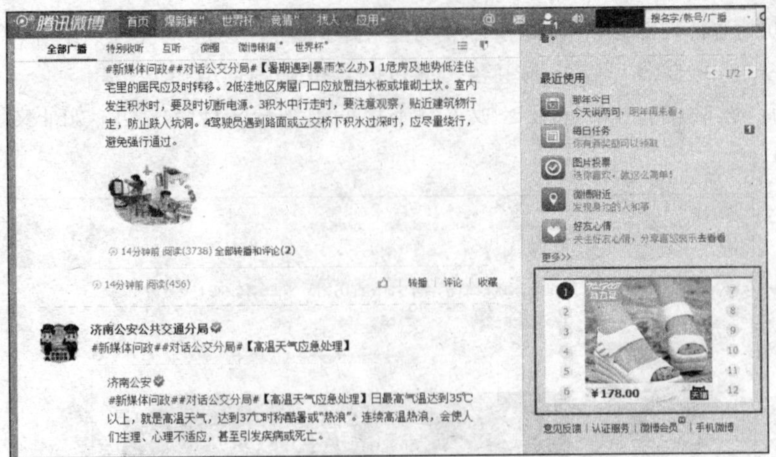


图 6.13 微博进行推广

5. 导购类站点

随着淘宝客的兴起，越来越多的站点加入淘宝导购的行列，团购类、比价类网站如雨后春笋般不断涌出，此类站点聚集了大量的购物人群，是掌柜推广不错的选择，如图 6.14 所示。

图 6.14 团购类站点

## 6.3.2 吸引更多淘宝客推广

怎么才能让自己推广的宝贝吸引更多的淘宝客来推广呢？

### 1．主推最好的商品打造爆款

不要推广那些滞销的产品，如果推广的产品一点销量都没有，即使设置更高的佣金也都是很难让人有兴趣推广的。热销的宝贝自然比无人问津的宝贝更容易卖出，推广那些热销品不但可以吸引更多的淘宝客推广自己的店铺，还有更重要的一点是可以积累销量。

质量好又热卖的商品，有利于招到淘宝客，也有利于培养忠实的淘宝客。有不少淘宝客把商品推荐给身边的亲朋好友，如果产品质量过硬，可增强他们推广的信心。

在商品的销售中，集中力量重点打造几款高人气的主推宝贝，俗称“爆款”，利用其高人气的特性，带动店内其他商品的销售，即单品制胜。同理，在淘宝客中也存在同样的现象，通过几款拥有大量淘宝客关注的主推商品，同样可以带动店内其他商品推广量的上升。图 6.15 所示为主推的爆款商品。

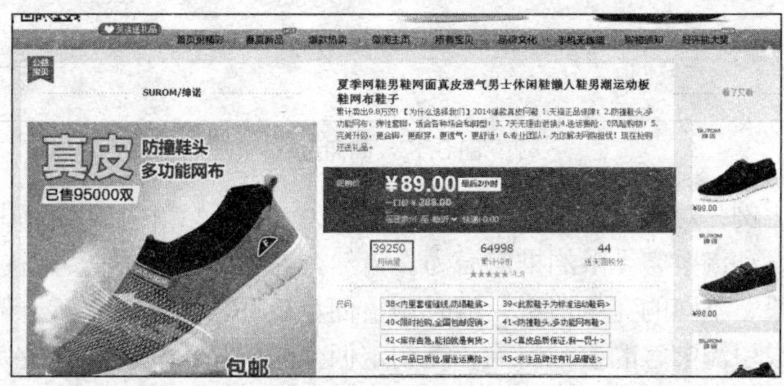


图 6.15　主推的爆款商品

### 2．商品图片美观

淘宝客推广，大多数选择图片推广，如果图片模糊，推广的效果肯定差。而且对于对自己网站质量要求高点的站长，不美观的商品图片会打破其站点的美观，他肯定不会推广。图 6.16 所示为商品美观图片。

图 6.16　商品美观图片

### 3．单价较低的商品

对于选择淘宝客推广的商品，要做好薄利多销的准备。众所周知，顾客买东西，肯定要货比三家，价比三家。在选择主推宝贝的时候，应当选择一些单价适当较低的商品，同时有的低价位商品也具有较高的利润率，可以为佣金比例的设定留有更大的灵活性。宝贝价格最好设置在大众能普遍接受的范围内，这样可以获得更高的关注度。

**4．佣金比例有竞争力**

对于淘宝客来说，高佣金才是硬道理。相同的推广成本，佣金越高，收益自然越好，淘宝客在挑选商品时往往会较多关注佣金比例，因此建议主推商品应当在低价的同时保持较高的佣金比例。如图 6.17 所示，佣金越高，推广人数越多。

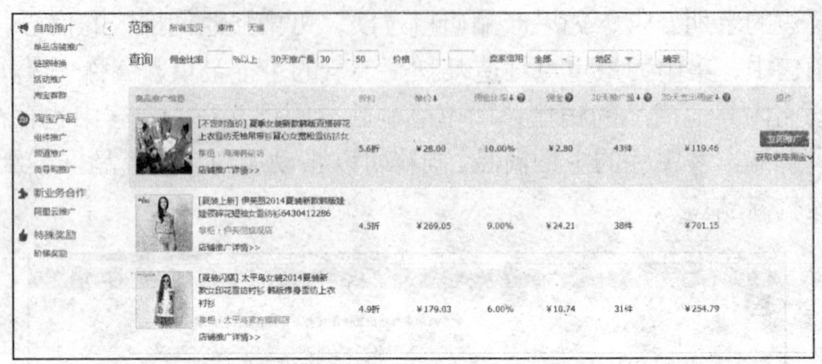


图 6.17　高佣金

较高的佣金比例，对淘宝客来说是非常有吸引力的。所以在能承受范围内，要尽量让利给淘宝客，才能发动淘宝客无限的推广潜力。当然，佣金比例并不是越高越好，而是适当根据不同的推广阶段、不同的竞争情况，随时调整佣金策略。比如一款新上架的商品正处于推广期，同时作为吸引淘宝客的主推商品，在制定佣金比例时，需要考虑最大程度地让利淘宝客，以获得更多的推广，此时应适当高佣金回报淘宝客；而处于成熟期的商品，可适当调低佣金比例，以保证足够的利润。

**5．销量和评价很高**

淘宝客作为推广者，同时也会作为消费者，当选择推广商品时，往往也会站在买家的角度去审视。如果所选商品具有良好的历史成交记录以及正面的评价，可以让淘宝客更有推广信心，如图 6.18 所示。

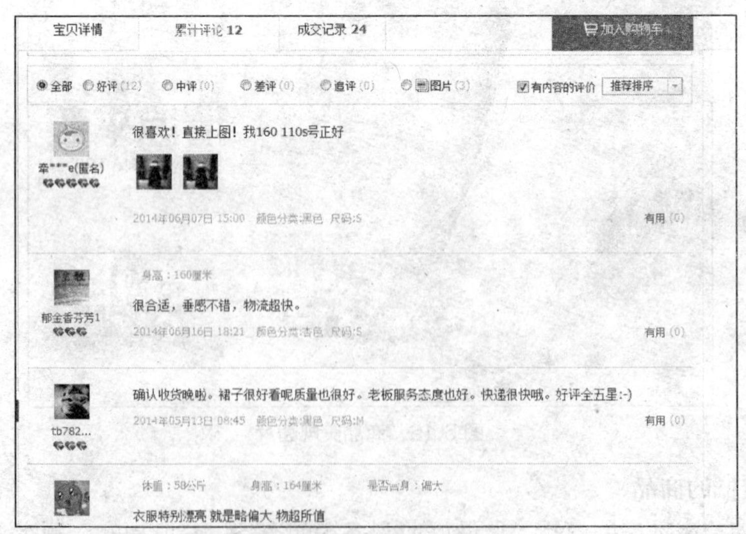


图 6.18　销量和评价很高

**6．经常更新主推商品**

对于一些季节性很强的商品来说，淘宝客主推商品的更新速度要跟得上店铺更新的速度，才能更加吸引新淘宝客和留住老淘宝客。

在一定的时间段内，可根据淘宝客成交的记录来对一些推广比较好的宝贝进行佣金调整，比如提高佣金，更能促进宝贝的推广；对于一些很久都无人推广的宝贝，则可以删除，另推其他商品。经常更新或根据效果来调整商品和设置，才是提高销量的保证。

**7．宣传淘宝客推广服务**

已经使用淘宝客推广的卖家非常多，产品如何在如此众多的推广宝贝中脱颖而出是非常重要的。当然，如果只是设置好推广的那几个产品就撒手不管的话，也多多少少会带来一些成交量，但是想要有更好的效果的话，还是需要多宣传自己。

**8．淘宝客沟通，建立旺旺群**

很多店长都已经意识到了要建立旺旺群，这样自己的商品下架可以第一时间告诉淘宝客，会让淘宝客感受到合作的诚意，他们会更加愿意帮店长推广，也更加放心帮其推广。而且店长可以将目前的推广动态信息第一时间传递给淘宝客。

**9．某一单品佣金高设置，吸引推广**

有的店长，比如卖手机的，可能利润不是很高，如何在众多的商品中脱颖而出呢？可以把其中一款设置超高佣金，全站设置一个合理的佣金，比如全站3%佣金，某一款手机的佣金高达30%，就当赔本赚人气。

**10．额外奖励刺激**

对于那些推广做得好的淘宝客们，还可以给他们制定一些额外的激励机制，让他们长期保持高昂的斗志，更加努力地为自己工作。比如本月推广前三，加奖1000元，在奖励之外还有奖励，对于一些刚做淘宝客是非常有吸引力的。

**【技能训练】**

新建自选淘宝客计划，设置计划名称“2014 年双十一促销”、类目佣金 10%、起始日期2014年11月1日和结束日期2014年11月11日，并从自己的出售商品中选择要推广的10件商品，如图6.19所示。

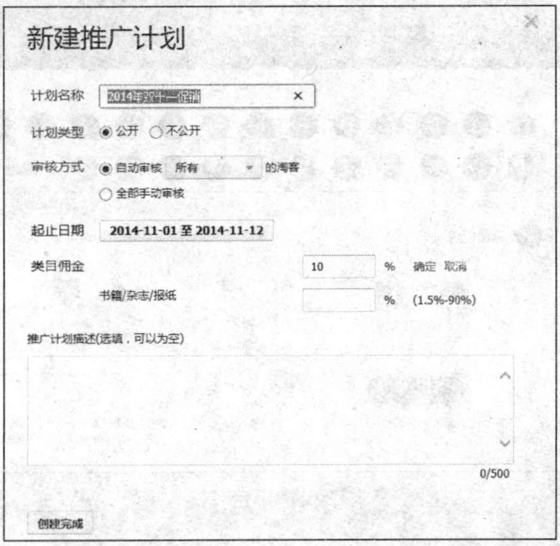

图6.19 新建自选淘宝客计划

# PART 7 第 7 章 有效利用供销平台

## 情景导入

淘宝供销平台是淘宝网专门为商家提供代销、批发的平台服务，帮助商家快速地找到分销商或成为供货商。这一平台是完全平等开放的，进入的门槛也不高，只要商家有淘宝网店或者天猫商城就可以了。

## 知识要点

- 加入供销平台的好处。
- 分销管理平台。
- 供应商如何入驻分销平台。
- 分销商如何寻找供应商。

## 课堂案例展示

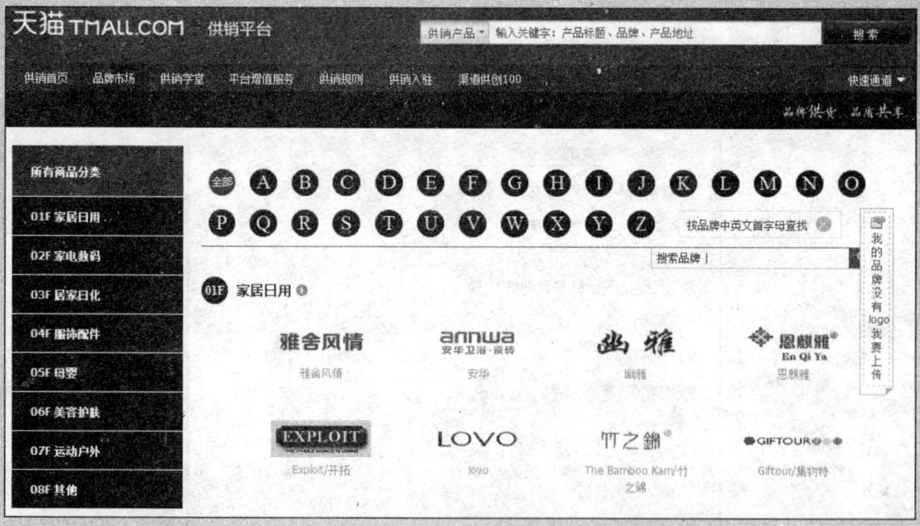


供销平台

## 7.1 供销平台的优点

淘宝供销是指由淘宝研发提供的供销平台，用于帮助供应商搭建、管理及运作其网络销售渠道，帮助分销商获取货源渠道的平台。供销平台的入口是 http://gongxiao.tmall.com/index.htm，如图 7.1 所示。

图 7.1　淘宝供销平台入口

供销平台对供应商和分销商的好处分别如下。

**1．对供应商**

（1）解决了推广销售难题，不必为商品找不到买家发愁了。供销平台的交易额每天都在不断攀升，不少供应商已经通过分销实现了销量的高速增长。如图 7.2 所示，参加分销的商品销售额大大增加。

（2）解决了对代销商的管理难题，也加强了对代销商的监控，库存、下单、打印发货都可以实现自动化，大大简化了流程。

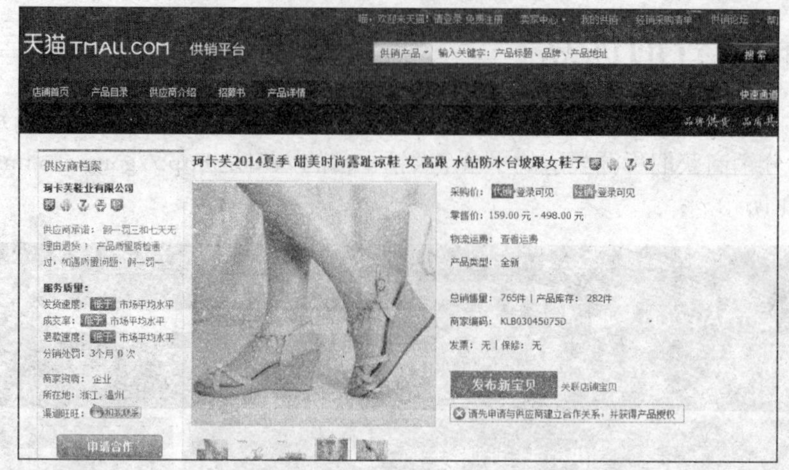


图 7.2　参加分销的商品销售额大大增加

## 2. 对分销商

（1）彻底解决了货源问题。淘宝网的供应商非常多，分销商现在不必担心找不到货，更不必担心找到的是赝品。分销商可以随便挑选商品，信息非常透明。图 7.3 所示为淘宝供销平台的供应商。

图 7.3　淘宝供销平台的供应商

（2）不必再查库存了，对商品的上架、下架、缺货、补货都变得非常容易了。

（3）分销商可以直接引用分销宝贝的图片及商品描述文字。一般情况下，淘宝掌柜在宝贝上架后都要对宝贝进行详细的分类，并将宝贝尽可能地进行细致的描述，以让自己的宝贝能被买家尽快找到，所以需要在编辑宝贝方面花大量的时间和精力。分销则避免了这方面的问题，一般供应商都有专业的团队来处理宝贝图片的拍摄、后期修改、商品描述等，分销商只需要将宝贝下载后在自己的仓库管理中选择对应的宝贝并上架即可销售了。

（4）省去了宝贝的发货设置及发货管理。由于分销宝贝的发货设置是上级设置成自动状态的，所以分销商上架宝贝的发货管理都是由上级直接控制和管理的。

（5）不用囤积货源，新开店无须担心资金压力及风险。卖家可别小看了货源这方面，宝贝少了品种不全，多了又担心资金投入太多，一时难以周转。而且刚刚开店很难准确判断哪些产品畅销，而网络分销不再担心商品质量、交易风险。

（6）不会再有为单一发件而产生快递费用过高的烦恼。在淘宝开店的人都知道，每天单量多自然有资本和快递公司洽谈运费，为自己争取到最大限度的优惠。一般新手开店，刚开始生意不会火爆，那么每天一两单，快递公司肯定不会让利太多。参加网络分销的供应商一般销售量都很大，能节省大量的快递费。

（7）分销商只需要做好服务、店铺的特色化和推广就行了。

## 7.2 分销管理平台

通过淘宝供销平台发展网络分销渠道，一方面，供应商能从淘宝几百万卖家中快速找到优质分销商，发展零售终端，实现网络销售渠道的快速搭建、管理及运作；另一方面，分销商利用淘宝供销平台能更便捷地寻找供应商并由此获得货源。在淘宝供销平台上，分销商有经销与代销区分。

### 7.2.1 网络分销适合的商品

网上开店的核心和前提是商品，不是什么商品都适合做分销。以下一些商品是适合网络分销渠道的。

**1. 品牌知名度较高的平民化商品**

因为知名度高，因为平民化，所以市场空间足够大。新品牌或不知名品牌不是不能做网络分销，只是做起来非常艰难。

**2. 标准化程度高的商品**

标准化程度高的商品就是可以实现工业化量产的商品。因为标准化程度高，所以渠道客户不需要深刻地了解商品，极大降低销售门槛。这点非常重要，因为渠道客户无法接触所有实物，所以对产品的了解就只能通过商品的标准化信息来传达。

**3. 有足够的商品库存**

库存宽度是指商品款、色、码的种数。库存厚度是指某一款、色、码的件数。如果库存宽度太少，那就对商品能否热卖的要求相当高；如果库存厚度不够深，那么当出现爆款的时候，损失的潜在收入就大了。库存厚度要视品牌商的实力和规模，还有库存情况。

**4. 单价不能太高也不能太低的商品**

目前国内网民对单价过高的商品还是心存疑虑，这是客观因素。如果单价太低，那么下游利润空间太小，渠道客户也不太会有动力去卖自己的商品。

**5. 绝对利润不是太低的商品**

一般情况下，绝对利润很低的商品基本可以不用考虑分销，除非可以销售出千万级别的量来。

### 7.2.2 扩大网络分销的方法

如何成为最受欢迎的供应商，利用分销迅速扩大自己的品牌知名度和市场占有率呢？经过对大量分销商的了解，总结出以下经验。

**1. 让利**

只有让分销商赚到钱，他们才会卖力地销售自己的产品。如果分销商的利润很低，就不敢轻易去做促销和推广。

**2. 货源稳定**

不能经常缺货断货。在淘宝上，人气分很重要，分销商好不容易打造出爆款，供应商那边却说断货了，这种打击对相当一部分分销商来说是致命的。

**3. 描述跟实物要相符**

可以追求图片的质量，但描述一定要足够真实，不然买家收货后发现实物和图片差别太大，最终还是找分销商的麻烦。随之而来的就是中差评和不良口碑，失去客户。大多数情况下，分销商看不到供应商的产品，只能通过描述来了解。

**4. 产品管理**

供应商的产品分类一定要清晰明确，做好商品编码，以便分销商查询。产品的类目和属性一定要正确、完整，这些是分销商无法修改的，一旦类目属性错误，分销商会失去很多淘宝搜索免费优质的流量，甚至被判违规处罚。

**5. 有诚意**

有些供应商在产品描述里，到处是供应商自己店铺的广告信息，让分销商给做广告；甚至会在宝贝描述里加入自己店铺的隐形链接；或者供应商在给买家发货时，把自己的店铺信息和联系方式给买家，买家下次购买时可能直接就找供应商了。

**6. 发货时间和发货速度**

供应商应该明确发货时间，如果供货商没有按自己定好的时间准时发货，产生的问题责任应该主动承担。一般在 24 小时之内发货，越快越好。大多数买家都很看重发货速度，速度跟不上，网购的快捷就失去了意义。

**7. 保证在线时间**

供应商在线时间不稳定，就直接导致有买家询问的时候分销商不知道有没有货。加上有的供应商库存信息更新跟不上，有时候买家拍下了又没有货。这会直接影响店铺服务质量，导致客户流失。

**8. 监督管理分销价格体系**

很多供应商的分销之路，毁于分销价格体系的混乱，造成内部分销商之间的自相残杀。

**9. 敢于承担责任**

供应商、分销商、买家之间，出现矛盾是不可避免的。问题出现了，不要相互埋怨和推卸责任，要及时沟通和积极解决问题，把争议和纠纷降低至最小化，力争做到让买家购物满意，让卖家轻松省心销售。供应商作为领头人，应该敢于主动承担。

## 7.3 供应商入驻分销平台

淘宝供销平台为企业的网络营销之路打开了另一扇门，它不仅让网络分销管理变得更为高效，而且为品牌快速搭建了网络分销渠道，从而帮助店铺更快更好地建立起自身的网络分销模式。

### 7.3.1 入驻条件

供应商入驻供销平台须至少同时具备以下条件。

（1）持有并提交最新有效年检的《企业法人营业执照》副本的原件扫描件，且拟在供销平台开展的经营活动不超过其《企业法人营业执照》核准的经营范围。

（2）持有并提交《组织机构代码证》、《税务登记证》的原件扫描件。

（3）须有已通过实名认证的企业支付宝账户，且该支付宝账户所载的企业名称与其《企业法人营业执照》、《组织机构代码证》、《税务登记证》上记载的公司名称一致。

（4）以自有品牌入驻的，须提供由国家商标总局颁发的商标注册证或商标注册申请受理通知书；以他人授权品牌入驻的，须提供他人品牌授权文件。

（5）至申请入驻时，会员无《天猫规则》或《淘宝规则》中规定的严重违规行为扣分及不当使用他人权利和恶意骚扰的扣分。

（6）签署《供销平台供应商入驻协议》。

（7）在绑定的支付宝账户中足额存入入驻保证金。

（8）仅品牌商和授权供应商才能发展天猫商家为该品牌的分销商，同时必须提交符合“天猫申请入驻行业资质标准”规定的相关资质，并在其绑定的支付宝账户中存入天猫分销保证金；供应商入驻保证金和天猫分销保证金累计最高不超过5万元。

（9）遵守供销平台其他关于行业的特殊要求。

（10）如同一公司主体拟开通多个供应商账号，应符合以下条件：已入驻的供应商已成功经营3个月及以上；多个供应商账号经营的品牌及产品不得重合。

## 7.3.2 成为分销商

【知识要点】

淘宝分销平台主要以代销为主。淘宝分销平台让许多没货源又想在淘宝上开店的朋友能轻松找到代销货源开网店，不仅有高额的提成，又可以免去收货发货的麻烦，只需要将订单发给供应商就可以。淘宝分销平台的推出，一方面降低了产品的价格，另一方面给厂家提供了一个平台，淘宝从进货渠道上进行引导和管理，从而从根源上杜绝假货。

【操作步骤】

分销平台建立了代销和经销的线上经营模式，入驻分销商的方法如下。

**STEP 1** 打开供销页面，登录天猫用户，单击“我要入驻供销平台”超链接，如图7.4所示。

图7.4 单击“我要入驻供销平台”超链接

**STEP 2** 进入供销入驻页面，单击“分销商入驻”按钮，如图7.5所示。

**STEP 3** 打开店铺基本信息页面，输入店铺的基本信息，如图7.6所示。

图 7.5　单击“分销商入驻”

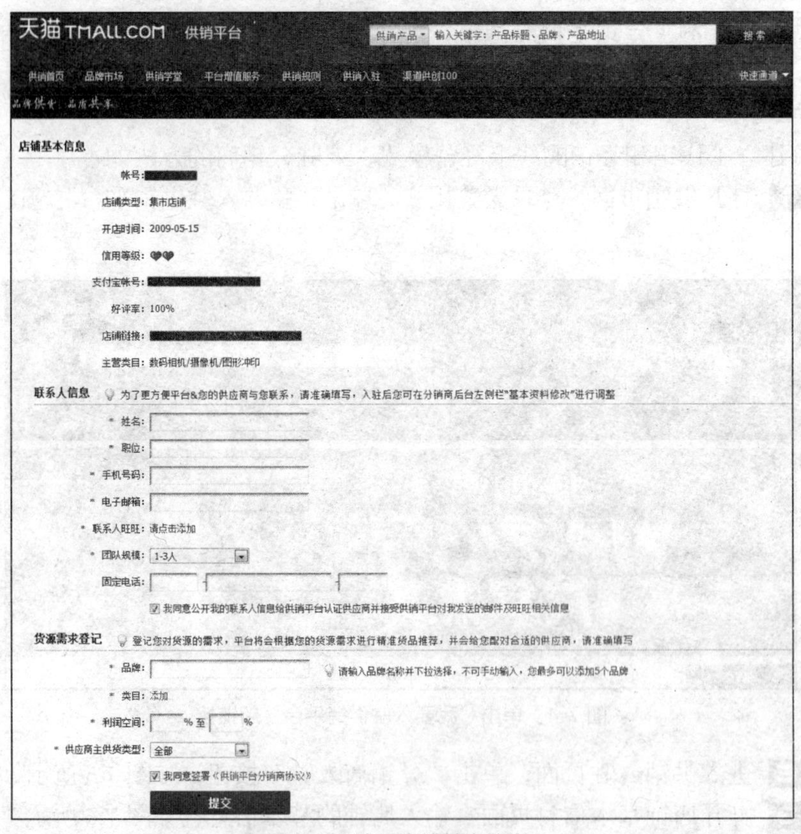

图 7.6　输入店铺基本信息

**STEP 4** 单击“联系人旺旺”右边的“请点击添加”，弹出“添加阿里旺旺”页面，在页面中输入阿里旺旺获取验证码，如图 7.7 所示。

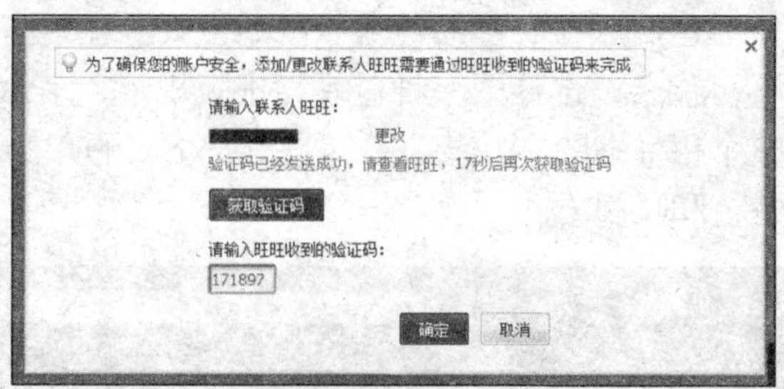


图 7.7　输入阿里旺旺

**STEP 5** 单击“确定”按钮，即可成功入驻供销平台成为分销商，如图 7.8 所示。

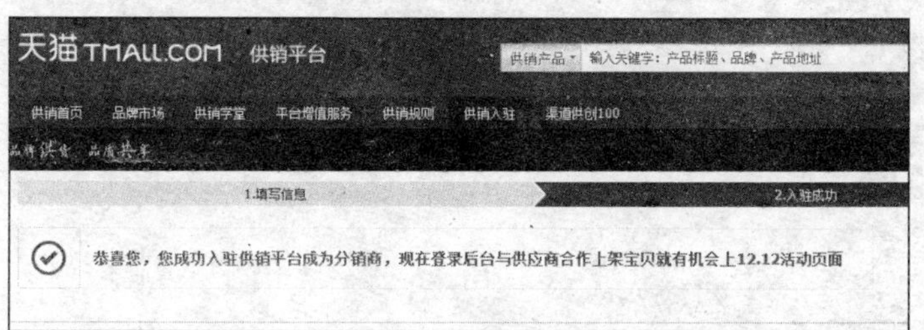


图 7.8　入驻成功

**STEP 6** 单击“登录后台”超链接，即可进入分销商页面，如图 7.9 所示。

图 7.9　分销商页面

### 7.3.3 招募书的编写

一份优秀的招募书必须有公司名称、品牌、自身优势、分销商申请条件、分销商激励政策、折扣措施、支持政策、售后服务、产品优势、联系方式。在这些条件都具备后再进行招募书的美化工作，色彩不可偏杂，选择同一种色系，排版规整，字体统一并有意识地突出重点，适当插入图片，让整个招募书图文并茂，给客户有看下去的想法。图 7.10 所示为是个优秀的招募书，有自己的特色和吸引力。

图 7.10 优秀的招募书有自己的特色和吸引力

# 7.4 分销商如何寻找供应商

【知识要点】

很多新加入的分销商在进入供销平台后，不知道如何找到代销的商品和供应商，导致进入供销平台后无所适从。新手做分销，眼睛要擦亮，找到一个好的供应商，分销之路就成功了一半。货再好卖，如果没有利润，也只能沦落到给供应商免费打工的局面。在确保服务和利润的条件下，找到一个实力强大的供应商，无疑令店铺在发展前期就会有优势。对于供应商的实力，首先需要考察产品在行业内的知名度。知名产品在推广的时候比不知名产品显然有更明显的优势，品牌影响力会对产品销售起到很大的作用。对于供应商的实力考察，还需要综合观察是否是生产商或大经销商。能找到一个直接拥有生产、销售的厂家是一种优势。

【操作步骤】

本小节讲述怎样找到供应商，具体操作步骤如下。

**STEP 1** 通过搜索查找，在供销平台首页的右上角，可以选择供销产品和供应商，如图 7.11 所示。

图 7.11 通过搜索查询

**STEP 2** 也可以通过首页左侧的商品分类，快速找到需要代销的商品类目，如图 7.12 所示。

图 7.12 通过商品分类寻找

**STEP 3** 通过上面的搜索和分类引导，可以快速看到符合要求的商品列表。可以单击商品后面的“申请合作”链接，也可以单击“招募书”链接，如图 7.13 所示。

**STEP 4** 直接进入申请加盟和协议勾选页面，单击“提交申请”按钮，如图 7.14 所示。弹出提交申请成功提示信息。单击“提交申请“按钮，即可成功申请。

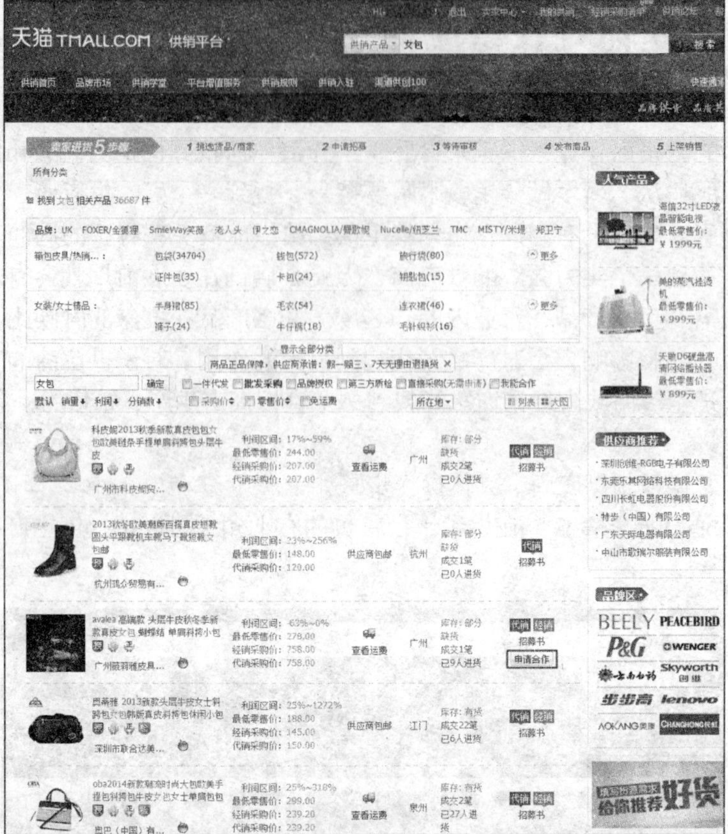


图 7.13 商品列表

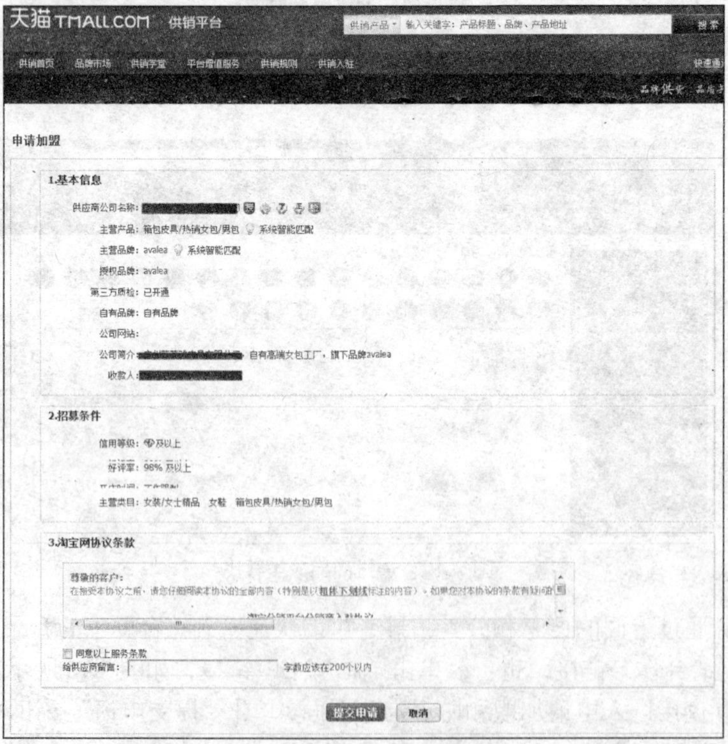

图 7.14 申请加盟页面

## 7.5 寻找供应商





对于初次接触淘宝网的新手卖家来说，选择做分销商无疑是最明智的选择，以最小的投资换取宝贵的淘宝经营经验。作为分销商，很有必要了解怎样选择适合自己的供应商。

**1. 行业类目**

作为淘宝店主，应有自己所擅长的主营行业，选择自己熟知的行业供应商是促进自身成长及提高店铺交易的必备条件。

**2. 考察优质供应商销量及分销商数量**

优质供应商的产品是比较具有竞争力的，销量和进货的人数通常也不会少，所以先按照销量降序排列，看看排名靠前的产品销量和进货人数怎样。平台会显示最近 30 天产品的分销销量，而进货人数是一直累积的。接下来对产品销量进行验证。在淘宝平台上搜索品牌名看看淘宝上分销商店铺有多少，销量大的分销商店铺销售情况如何，大致统计下相关产品的实际销量能否匹配这个数量。此外，供应商的产品数量不能太多，产品线太长，备货压力会非常大，库存保障很难实现。相对而言，小而美的供应商会更适合合作，供应链的反应相对也更快捷。

**3. 产品种类**

在供销平台上会看到很多不同产品的供应商，有专注某一个产品方向的供应商，也有产品较为全面的供应商。选择产品种类多的供货商，这样可选择的余地大很多，顾客的选择多了，成交的几率也就大。根据自己的发展需要，挑选与店内所售产品最匹配的代销产品。

但有一点必须注意，不要选很多不同类别的商品，这样店里什么都有，像个杂货店，选同类的商品，做专业化比较适合新手店铺。

**4. 是否有足够的利润空间**

当然，利润空间也是必须足够的。这点需要参考自己店铺日常运营费用，看供应商所提供的利润空间是否足以支付自己的运营费用，还有盈余。如果可以，那就加以关注并详细了解该供应商的招募书。

**5. 产品质量**

保障买家权益，保证产品质量，是分销商和供应商合作的前提。分销商务必就产品质量问题与供应商深度交流，避免后续时常出现纠纷等一系列恼人问题的产生。

可以向供应商先订购一件商品，这样就可以看到实物了。可以将实物和网上的商品照片对比，如果质量、款式等都很吻合，那么，这家供应商就是比较“安全”的，可以放心做代销。

**6. 产品库存充足**

产品的库存一定要充足且更新及时。对于分销商来说，把产品的人气做起来不容易，当刚刚有起色时，供应商缺货又无法补货时，无疑是件痛苦的事情。或者分销商好不容易接到单，到了供应商那里却因为库存更新不及时，已经缺货却得不到通知，同样无奈。所以在选择供应商的时候，一定要考察其实力是否足够雄厚以及库存更新是否专业。

**7. 商品描述**

有人说过，网络市场之所以能成功销售在于商品描述的好与坏。当买家看不到实物的时候，描述对销量的作用将发挥得淋漓尽致。要求供应商提供部分完整详细且富有细节图的同时，后期自身的描述修饰也非常有必要。

在平台下载完毕代理的产品，有时间的话最好自己给宝贝修改名字，可以在淘宝搜索看看最近同类型的哪些产品比较热卖，哪些字眼是买家在购物搜索时常常搜到的，给自己的宝贝加一个特别的名字，可以避免和其他分销商的产品同名，加上买家热门搜索的字眼进去，可以大幅度地提高宝贝被搜索到的概率。

**8. 关于招募书**

看供应商的招募书写得是否翔实。一般连招募书都没写的，或者写得非常简单的，这样的供应商要么很懒，要么没空写，基本上对分销不会太重视，或者根本就没时间去管理分销。此类供应商要谨慎选择。

**9. 供应商是否开启相关服务标记**

品牌授权、消费者保障、7天无理由退换货、正品保障、质检等标记开通得越多，相对越有保障。

**10. 供应商的服务质量**

供应商的服务质量在供销平台上都有展示，也是一个重要的参考依据，比如是否具有完善的分销商管理制度，供应商的活动支持力度、奖罚，配合提供装修素材等日常管理制度是否在招募书中有所体现。当然，这方面的东西，更多的是在日后合作中才能知道。

**11. 运费优势**

确保供应商的运费低于市场平均费用，为销售的畅通铺平道路。有些供应商的邮费比其他卖家的邮费要高，这样的不要选。

**12. 尽量选择在淘宝有店铺的卖家**

这样的卖家在线时间长，好沟通。有些大卖家经验很丰富，可以给自己不少的帮助。但也是相对的，因为作为淘宝的大卖家每天是很忙的，不能经常指望人家去教自己怎么做，还得靠自己主动去学去做。

**13. 研究条款**

需要仔细了解供应商的分销条款，看是否适合自己。选择好并提交代销申请以后，一定主动地联系供应商留下的客服旺旺，首先可以通过简单的聊天加深对方对自己的印象。主动出击的好处在于，申请的人很多，光看旺旺名称和简单的资料介绍，一不小心就被排除在审核名单之外。另外，如果对方的客服态度冷淡，对于自己的招呼和咨询爱理不理，还是早点选择放弃该供应商为好。

## 7.6 寻找分销商

近年来，随着电子商务的高速发展，网络分销被广泛看好。对于传统品牌厂商来说，渠道控制能力和品牌管理能力十分重要。他们希望能够实现网络有序的分销模式，在同行业内率先树立网络营销的标杆。一般情况下，在筛选分销商的时候需要综合参考下面几方面的信息。

（1）分销商店铺的所属类目：店内商品或品牌的主要方向。考察分销商与供应商的匹配程度是双方深入合作的前提。

（2）要确立规范的代理运作体系：如果没有一个正式的代理制度，不仅会增加供应商的工作量，也容易出现纠纷，从而影响双方的合作诚意。

（3）要规范市场价格：代销商大量涌入后，如果不规范价格，势必导致原有的价格体系变得混乱，因为他们没有风险，而且可能很多为了赚取信用就以低价出售，这样的话就会使品牌贬值，不利于品牌的健康发展。

（4）分销商成交量：通过信用评价来判断分销商每周、每月的成交量，可以看出卖家经营淘宝的经验和能力。虽不准确，但可作为大致的参考标准。对于部分店面经营时间不长、信用等级稍差但拥有很大潜力的店铺，此项是较佳的考察信息。图 7.15 所示为分销商最近一周的成交量，图 7.16 所示为最近一月的成交量。

| | 好评 | 中评 | 差评 |
|---|---|---|---|
| 总数 | 3304 | 22 | 10 |
| 服饰鞋包 | 3304 | 22 | 10 |
| 非主营行业 | 0 | 0 | 0 |

图 7.15 最近一周的成交量

| | 好评 | 中评 | 差评 |
|---|---|---|---|
| 总数 | 15670 | 163 | 95 |
| 服饰鞋包 | 15670 | 163 | 95 |
| 非主营行业 | 0 | 0 | 0 |

图 7.16 最近一月的成交量

（5）在线时间：卖家一天中旺旺在线时段及在线时间的长短、开通多少个子旺旺，反映了卖家对淘宝经营环境的方便性和重视程度。

（6）分销商店铺的信用等级：信用等级的高低代表分销商的经营能力以及对网络销售的了解程度，如果累积信用中包含实物与虚拟信用，实物交易的信用比例要占全部信用的 70% 以上，且还要了解卖家是否有炒作。

（7）不能盲目地发展代销：一是要审核他们的资质，看是否符合规定的要求。资质不仅仅要看店铺的信誉，也要看他们的销售管理能力。二是要与他们进行一定的沟通，了解分销商的品质等，因为他们一旦代销了自己的产品，即代表了商品品牌。

（8）收藏流量：卖家店铺现有收藏人数、每天的店铺流量，流量越高则商品曝光力度越大，收藏越多，黏度越高。

（9）买家评价：买家对分销商的评价，顾客对卖家的服务评价内容、服务态度，好评率要求达到 98%。好评率对成交业绩非常重要，同时也会影响到店铺和品牌形象，也反映了卖家的用心程度。

（10）装修风格：从侧面反映了卖家对淘宝的操作能力及重视程度、淘宝打理知识和基本技能。

（11）销售技巧：店铺内的促销手段，满就送、限时折扣、推广技巧、直通车、淘宝客，淘宝社区中发帖数量和频率，加入了哪些帮派。

（12）注册时间：这并不是决定性的因素，但结合等级、好评率，就可以大致判断出掌柜的能力和用心程度。

（13）行业知识：对行业的熟悉程度，对产品的了解程度，通过分销商之前对此行业的销售经验积累，考察分销商对业内主流产品的知识，方便双方的交流与沟通，节约与分销商对商品知识的沟通时间。

**【技能训练】**

淘宝商家加入供销平台，管理分销商品信息，如图 7.17 所示。

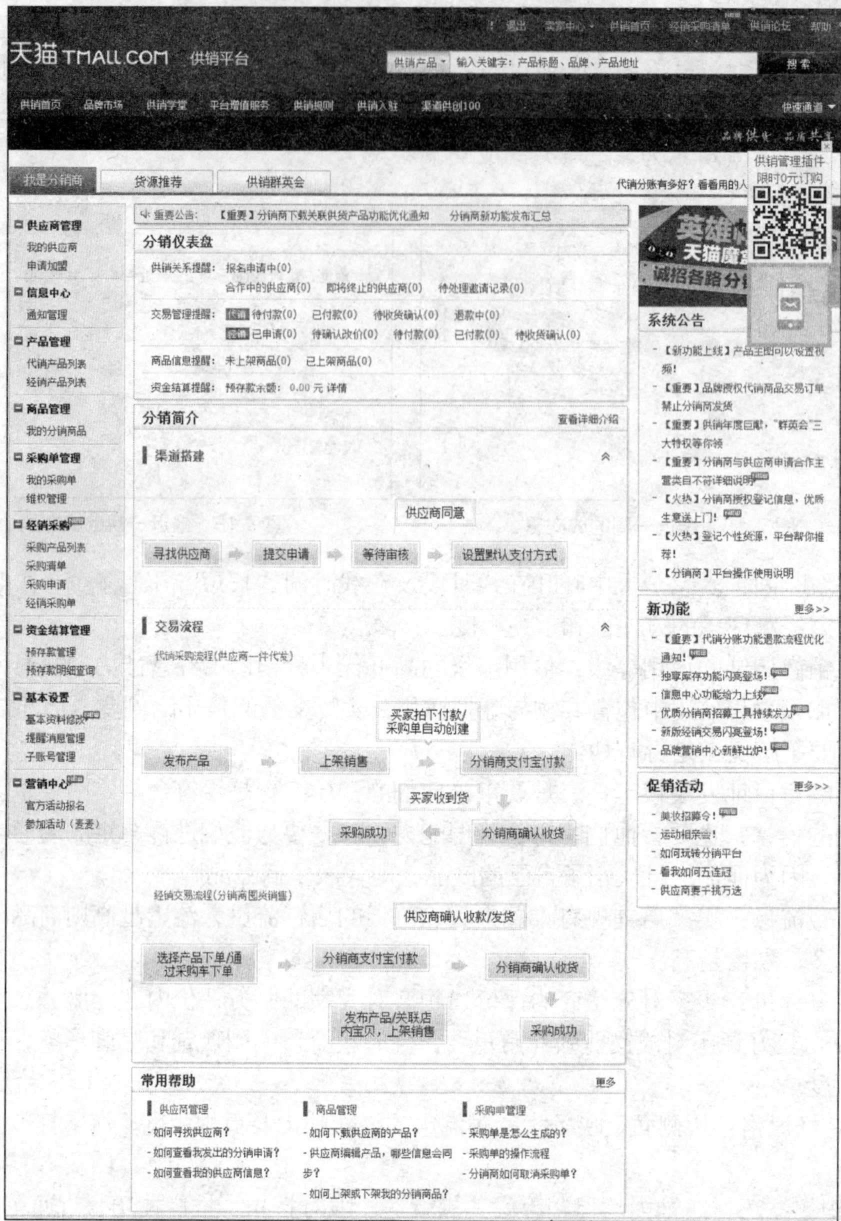


图 7.17　进入淘宝供销页面

PART 1

# 第8章 有效利用钻石展位

## 情景导入

钻石展位是淘宝网图片类广告位竞价投放平台，是为淘宝卖家提供的一种营销工具。钻石展位依靠图片创意吸引买家点击，获取巨大流量。钻石展位是按照流量竞价售卖的广告位。

## 知识要点

- 钻石展位概述。
- 购买钻石展位。
- 淘宝钻石展位投放实例。
- 决定钻石展位效果好坏的因素。
- 如何利用钻石展位提高流量。

## 课堂案例展示

钻石展位

# 8.1 钻石展位概述

“钻石展位”是淘宝图片类广告位自动竞价平台，是专为有更高信息发布需求的卖家量身定制的产品，精选了淘宝最优质的展示位置，通过竞价排序，按照展现计费，性价比高，更适合店铺、品牌及爆款的推广。

## 8.1.1 什么是钻石展位

钻石展位是按照流量竞价售卖广告位的，计费单位是“每千次浏览单价”，即广告所在的页面被打开 1000 次所需要收取的费用。钻石展位不仅适合发布宝贝信息，更适合发布店铺促销、店铺活动、店铺品牌的推广，可以为店铺带来强大流量，同时增加买家对店铺的好感，增强买家黏度。如图 8.1 所示，首页的大图广告就是钻石展位。

图 8.1 钻石展位

## 8.1.2 钻石展位的位置

钻石展位的主要优势在于它不仅可以推广单品，还可以推广整个店铺。钻石展位展现在哪里呢？

**1．淘宝首页**

首页流量巨大，对于资金雄厚的大卖家来说，放在首页可以带来巨大的流量，从而带来更多的顾客。图 8.2 所示为淘宝首页上的钻石展位。

**2．各频道焦点图和通栏**

钻石展位只要展示了就要收费，最好选择和自己的产品相匹配的垂直频道进行投放。图 8.3 所示为女包频道首页的钻石展位。

**3．特卖促销频道**

淘宝特卖、天天特价等促销频道也有钻石展位，如图 8.4 所示。

图 8.2　淘宝首页上的钻石展位

图 8.3　女包频道首页的钻石展位

图 8.4 特卖促销频道

## 4. 广告网站联盟

广告网站联盟，各大门户网址广告位置，图 8.5 所示为搜狐的广告位。

图 8.5 搜狐的广告位

## 8.2 购买钻石展位

【知识要点】

钻石展位是淘宝店铺一个效果显著的推广方式。当然，钻石展位也并非人人都能用好。聪明的卖家能在花费最少的情况下引入更多的流量，这就是成功的卖家。

【操作步骤】

本实例讲述如何购买钻石展位，具体操作步骤如下。

**STEP 1** 首先进入淘宝卖家中心，单击“营销中心” | “我要推广”超链接，如图 8.6 所示。在打开的营销中心页面中，单击“钻石展位”图标，如图 8.7 所示。

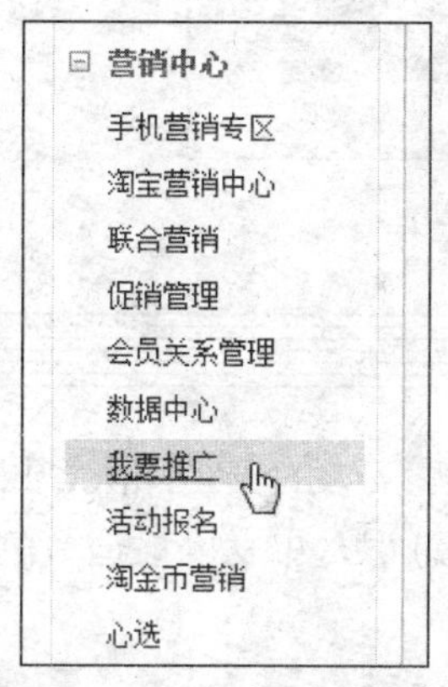


图 8.6 单击“我要推广”

图 8.7 单击“钻石展位”

**STEP 2** 进入钻石展位页面，单击“加入钻石展位”按钮，如图 8.8 所示。

图 8.8 单击“加入钻石展位”按钮

**STEP 3** 进入如图 8.9 所示的页面，在此页面中可以看到报名后，自学完钻石展位的课程后参加考试，成功后即可开通钻石展位。

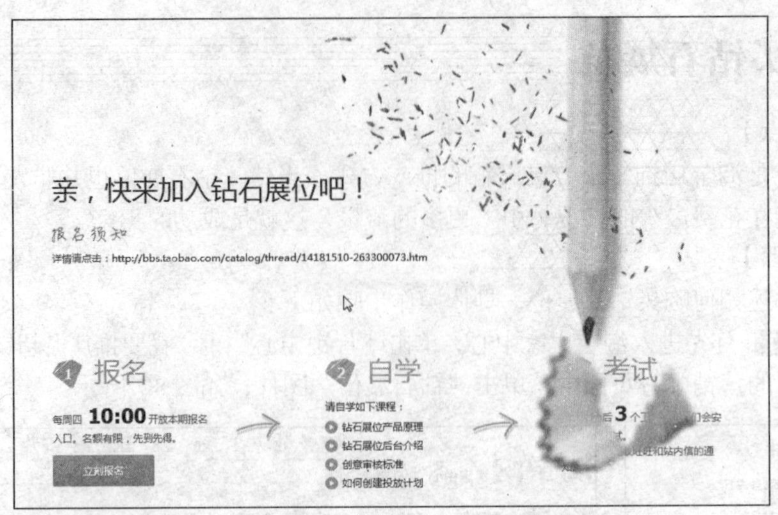


图 8.9　钻石展位报名页面

## 8.3　钻石展位广告投放模式

钻石展位适合在经营管理上比较成熟的卖家，需要卖家有雄厚实力的美工团队，可以做出效果佳的图片、Flash 等，其次要求卖家有活动、促销等的发布意识，可以以最适合的噱头推广最合适的产品。

### 8.3.1　爆款打造

通过良好的策划运营能力，以一款爆款产品带动整个店铺的销售。这种对爆款的打造和流量深入运作的方法是可以借鉴的。这种广告素材主要考虑一般为流量引入的精确性，所以在人群定位和店铺定位上应该足够精确。其选择的位置为首页流量较大的广告位，也可以分析出是为了保证足够大的流量基数，实现比较精准引流的目的。图 8.10 所示为在淘宝首页上利用钻石展位打造的爆款产品广告。

钻石展位的关键在于展示的图片效果是否吸引人。在这里，图片好坏导致销量的高低是显而易见的。如果促销活动、推广入口、推广产品等因素搭配得合理，将会连锁产生爆炸式的效果。

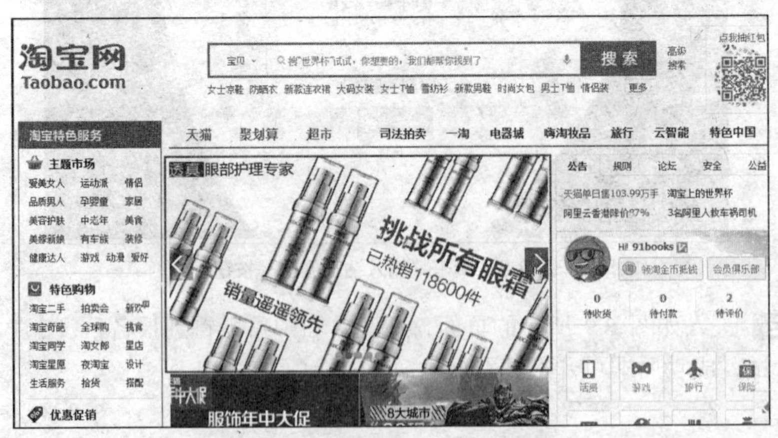


图 8.10　利用钻石展位打造的爆款

单击广告进入商品的详细页，可以看见该商品的月销量，如图 8.11 所示。

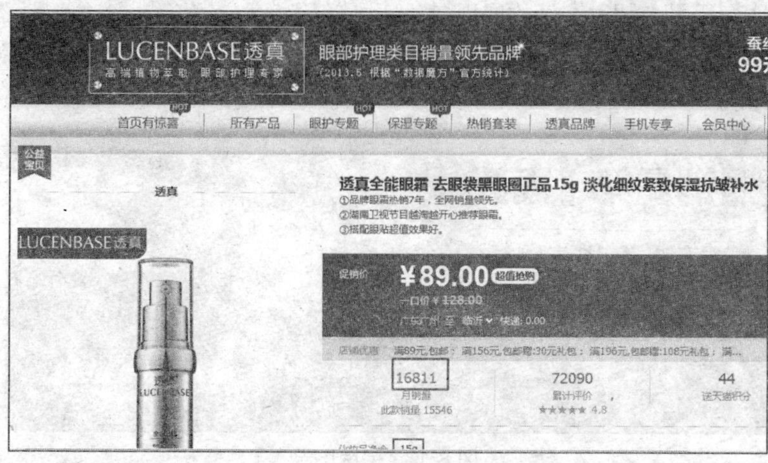


图 8.11　爆款产品的销售量

## 8.3.2　活动引流

钻石展位素材的引流一般是季节性的，以节日为促销折扣主题，整个店铺策划层层相扣的活动，同时利用焦点、大量引流。这种引流方法的特性是预算庞大，占据位置多，持续时间短，属于一种爆发性质的促销。

这类钻石展位的投放在短时间内引入巨大流量，带来巨大的销售额，实现当期盈利，但需要通过精密的策划来实现促销行为。如图 8.12 所示的店铺在淘宝各个栏目页面做了大量的活动，在该店铺首页也有很多的折扣活动。

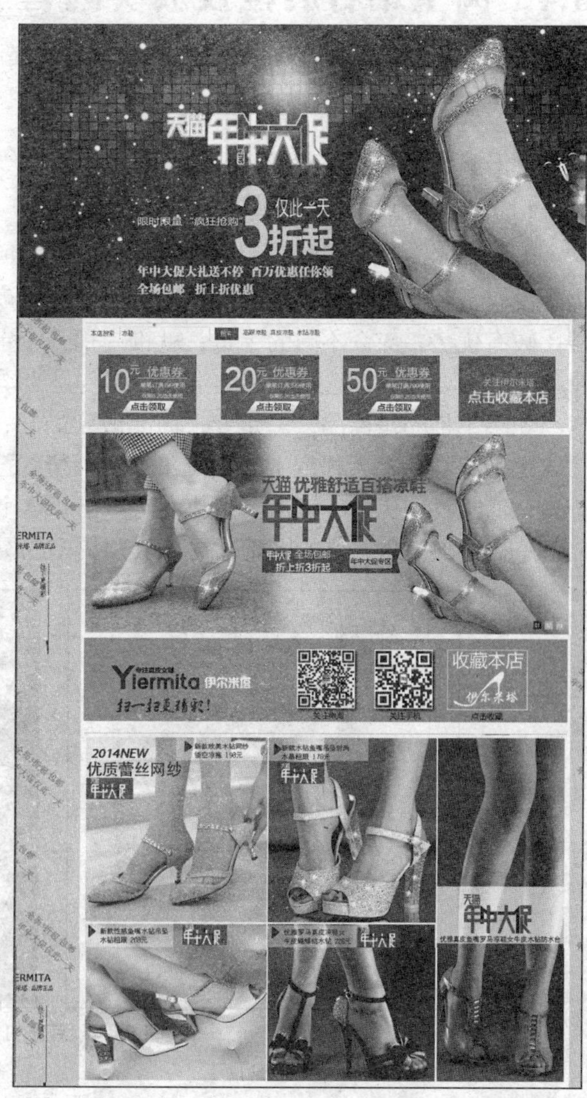


图 8.12　活动引流

## 8.3.3　品牌广告

品牌广告是以树立产品品牌形象、提高品牌的市场占有率为直接目的，突出传播品牌在消费者心目中确定的位置的一种方法广告，短期内提升销量和建立品牌的长期价值。这类钻石展位广告的持续投放，需要通篇的策划和良好的品牌形象定位。通过钻石展位这种广告形式投放，虽然前期成本较高，但从长远来看，意义是不可衡量的。

品牌展位版帮助卖家更清晰地选择优质展位，更高效地吸引网购流量，达到高曝光、高点击的传播效果。钻石展位为卖家提供 200 多个淘宝网内最优质展位，包括淘宝首页、内页频道页、门户、帮派、画报等多个淘宝站内广告位 ，每天拥有超过 8 亿的展现量，还可以帮助客户把广告投向站外，涵盖大型门户、垂直媒体、视频站、搜索引擎、中小媒体等各类媒体展位。图 8.13 所示为品牌广告。

图 8.13　品牌广告

## 8.4　淘宝钻石展位投放实例

钻石展位是比较高端的一种营销工具，其优势在于，除直接引入流量达成销售之外，还有一种广告理念的灌输。

### 8.4.1　推广的类型

**1．推广单品**

大中型卖家都很了解，想要全部推广自己的所有产品是不可能的，因为一般店主没有精力也没有资金去推广那么多的宝贝。所以要在推广之前分析自己店里的宝贝，选一件或者几件比较有优势、与众不同的宝贝，就推广那几个宝贝，通过单个的宝贝来提升店铺的整体销量。而且还要注意，选择推广的宝贝一定要是当季的热款，并且有一定的成交量。

如果主推的是商品，一定要把商品做到最好、最优，因为钻石展位是按照流量付费的，广告是否成功，很大程度上是用点击率来衡量的。商品有绝对优势和吸引力，才能吸引买家点击；商品没有优势，点击率少或没有点击，这个广告就是失败的。图 8.14 所示是豆浆机推广的一个经典案例，好的图片才可能吸引更多的买家点击购买。

图 8.14　豆浆机推广案例

**2. 推广店铺**

推广店铺的主要优势在于对整个店铺进行推广，对店铺整体销售额提升会有很大的作用。推广店铺是钻石展位广告中用得比较多的广告形式。成功的钻石展位推广往往能引爆店铺的销量，前提是先把店铺装修好，各种促销活动要吸引人，才能把引进的流量转化成成交量。否则流量暴涨却不能提升成交量，也是失败的广告。图 8.15 所示是整个店铺推广的一个典型案例。

图 8.15 整个店铺推广

**3. 推广店铺活动**

促销活动很容易抓住买家的眼球，尤其是一些优惠力度很大的活动。做钻石展位可以带来很大的流量，会给店铺带来好的收获；做活动也是一种营销，如图 8.16 所示。

图 8.16 推广店铺活动

### 8.4.2 投放的位置

一般来说，流量大的位置都是在淘宝首页、我的淘宝等地方，这些地方很适合投放热卖的单品、促销活动等方面的推广。但是广告素材一定要有鼓动消费性，这样投入产出比会高些。

如果广告位流量不稳定，最好不要作为日常的投放广告位，可以以自己能接受的价格来投放，如果价格太高就暂时不要投放。

**1. 和商品属性相匹配**

其他频道的内页广告位可以根据产品的类目和价格等方面进行挑选。在促销频道尽量推广价格比较低的商品，还要注意相关性，如化妆品不要放到数码频道去。

钻石展位是按 PV 收费的，精准投放更显得重要。钻石展位只要展示了就要收费，如果卖家选的广告位不是目标受众集中的页面，打开广告位所在的页面的什么人都有，那无疑是一种浪费。

比如卖家做的是女装，把这个广告投放在淘宝网首页和在“女装/”频道，哪个会更省钱、更有效果？首页流量巨大，但男女老幼都有，不管是不是受众，打开了首页就收钱。100 个人中或许只有 10 个人是想买女装的。而在“女装/”频道中，来浏览的人一般来说都是对这个商品有兴趣的，有可能打开网页的 100 个人中有 50 个是潜在买家，比投放在淘宝网首页划算。当然，对于资金雄厚的大卖家来说，那就另当别论了。

从广告费使用效果最大化的角度来考虑，最好选择和自己的产品相匹配的频道进行投放，如图 8.17 所示。

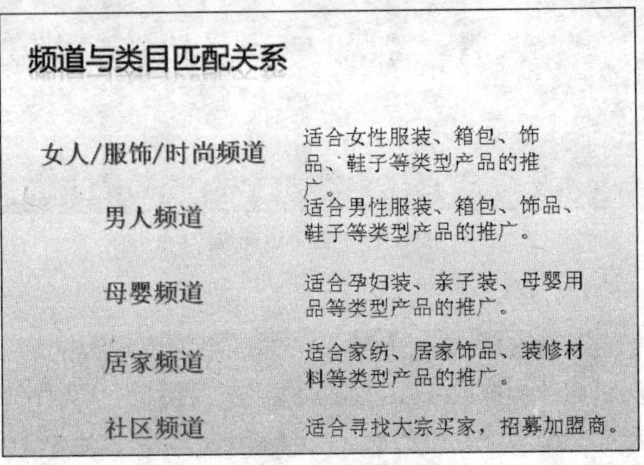


图 8.17　产品相匹配的频道

**2. 和广告预算相符**

广告投放在哪个位置，除了和商品类型有关外，还和广告预算密切相关。

每个展位都有最低日限额，如果预算低于这些广告位的最低预算，可以不用考虑。

对于展位的价值估算，有两种误区：一种是认为 CPM 越高，价格就越高，这个展位就越有价值；另一种误区是认为流量越高，CPM 越低，这个展位就越有价值。

**3. 和店铺经营状况相当**

除了预算，买什么位置，要多少流量，还和自己的店铺经营状况有密切关系。

即使资金充足，可以一天买进 10000 个点击量，但如果店铺做广告前只有几百个流量，而客服也只有一两个，对于这个流量店铺是承受不住的。因为一两个客服远远无法满足 10000 个流量下买家的咨询。建议每天由广告引进的流量比平时多 2 至 3 倍，这样还可以承受，再慢慢加大投入。

### 8.4.3 广告图片的选择

在计划推广商品前，首先要找到自己要推广的商品或店铺最吸引人的闪光点。然后用有冲击力的图片，把这个闪光点呈现在买家面前。如果图片普普通通，毫不起眼，很容易就被买家忽略；相反，如果它能一下就跳入买家的眼球，就有可能产生高的点击率。如图 8.18 所示的案例，图片很精美，但真正让人忍不住去点击的还是它的卖点，对此保温杯感兴趣的人很快就会被吸引点击了。

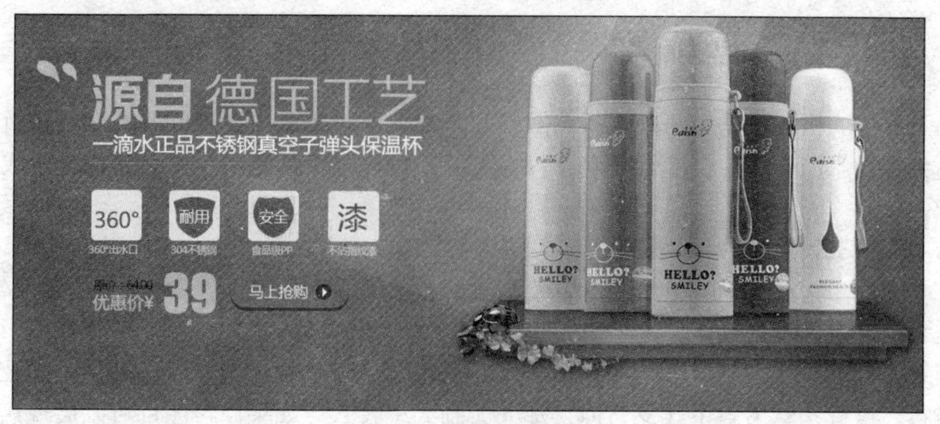


图 8.18　精美的广告图片

### 8.4.4　竞价的技巧

钻石展位是按展示收费的，只要有买家浏览页面，广告有展现就要收费。不过它是按每展示 1000 次收一次费用，而且不同的广告位收费也不一样。这是由于各个位置给出的图片尺寸等不一样，收费价格也会有差别。

**1．竞价一定要冷静**

找到最合适自己店铺的广告投放位置，并且根据利润及销售量计算出能够承受的价位。如果有较多的人抢到这个位置，能抢到固然好，但是超出预算的话可以看一看其他位置是否合适。

建议在开始竞价前先研究自己选中的广告位的特征，以及最近的出价数据，看准、算好了再出手，切忌不顾一切地去抢广告位，有时候一时冲动，有可能不小心抢到不合适自己商品的展位。

**2．科学出价**

不是出价越高越好，钻石展位和直通车的竞价是不一样的，直通车竞价是争抢商品排名，而钻石展位只是为了获得优先投放的权利。

这两种展位的区别很好理解，直通车展位是出价最高的广告排在最前面；而钻石展位出价最高的广告获得被优先投放的权利，也就是说出价最高的广告先被投放，投放完毕后才轮到出价在第二名的广告进行投放。至于广告展示多久，和广告竞价的高低无关，当然要看预算了，预算充足，能扛得住，就展示时间长一点。

在流量没有被购买完的情况下，竞价尽量低，才可以在相同的预算下拿到最多的流量。

当然，有些卖家是挑时间段的，比如一定要在上午 10:00–11:00 投放广告。一个比较短的时间段内的流量有限，那么取得优先权就很必要。

**3．快速竞价**

每天 15:00 之前几分钟是竞价最激烈的时候，很多卖家往往在前几秒出价或加价，所以创建投放计划后，可以利用创建快速竞价迅速抢位。

**4．什么时间最好**

选择白天还是晚上展示，不同时段流量也不一样。购物高峰期流量相当大，那些排在前面的预算可能很快就用完了，轮到后面的那些出价比较低的卖家展示，因此有个小技巧，做预算的时候可以选择流量比较大的时候，在这段时间内出价可以相对较低，但是预算要足，这样才能既出价比较低，又能买到大流量。

## 8.5 决定钻石展位效果好坏的因素

钻石展位的推广不是一两次就可以做好的，要在不断实践中发现问题，然后进行调整，使其达到最好。广告图片、广告文字、目标人群、投放时段都是决定钻石展位是否成功的重要因素。

**1. 广告图片**

广告图片常常被人们所忽略，但却极为重要。拥有一个适合自己、凸显主题的广告图片，才会给自己带来无限的收益。

很多人都没有意识到广告图片的重要性，觉得自己可以做，虽然做出来不是那么好看，能用就行。这样虽然节省了开支，但是却大大制约了收入。如果广告图片可以展现店铺所要表达的东西，那带来的收益会远远超过上千元，甚至几十万元。

**2. 广告文字**

图片的内容上要有卖点，毕竟卖家的最终目的并不是仅仅要求别人欣赏图片，而是要别人点击图片进店购买商品。图片广告上的文字内容和图片一样，也能决定广告的效果。同样的图片，上面的文字不同，广告所带来的效果也不同。

广告文字不能太乱，只要包含主题、价格、产品就可以了，也可以加上一个点击按钮，或者加上一个时间给客户造成紧迫感，以提高点击率。切记一定不要乱，站在客户的角度想想，要让客户一眼就能看明白。如图 8.19 所示的案例，图片很精美，但是真正吸引人忍不住去点击的还是它的广告文字。

图 8.19 广告文字

**3. 目标人群**

对于自己的产品，店主要了解其所对应的目标人群，再去选择自己所面向的人群来投放。这样可以有效提高广告所带来的流量的转化率。

还有一个因素就是按照地域投放。地域是最容易选择的，因为电商主要面对的群体以网络使用群体为主，所以可以直接选择网络比较发达以及消费水平相对较高的几个地域来投放。

**4．投放时段**

最后一个因素就是投放时段的选择，要选择转化率高和流量高峰时段来投放，让广告产生最大的效果。

建议从以下两方面来选取投放时段。

买家的作息时间：一般上午10—12时、下午15—17时、晚上19—22时是买家购物的高峰，选择这些时间段投放最好。

客服的作息时间：确保在广告投放时段内有客服在线，这样客户的购买率会上升，客户体验也会提高。

做好钻石展位的推广，一定要根据自己店铺的情况做出周密的计划，然后在实践中，根据反馈的信息及时做好调整的工作，这样才能以最少的钱做到最大的推广效果。

**【技能训练】**

在网店推广中，练习操作购买钻石展位，如图8.20所示。

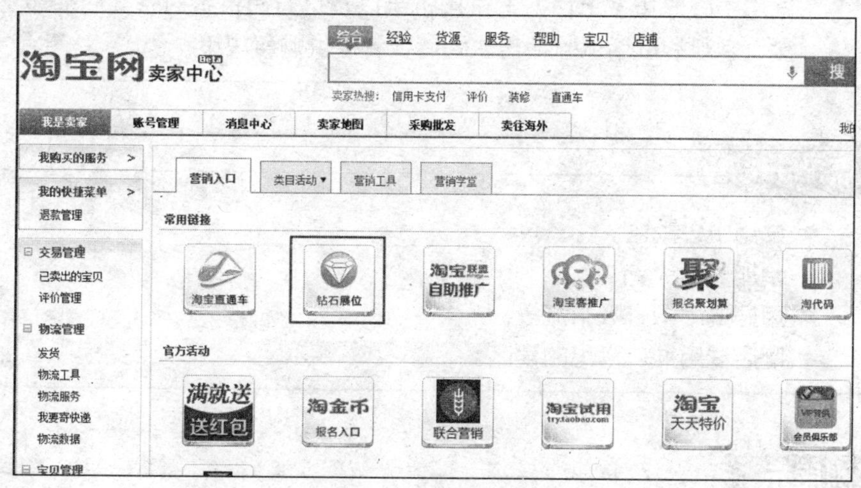


图8.20 购买钻石展位

# PART 9 第 9 章 试用中心的有效利用

## 情景导入

淘宝试用中心是全国最大的免费试用中心，最专业的试客分享平台。试用中心聚集了上百万份试用机会以及亿万消费者对各类商品最全面、真实、客观的试用体验报告，为消费者提供购买决策。

## 知识要点

- 试用中心概述。
- 参加试用。
- 用好试用中心吸引流量。
- 网店试用推广常见的误区。

## 课堂案例展示

免费试用

# 9.1 试用中心概述

试用中心作为集用户营销、活动营销、口碑营销、商品营销为一体的营销导购平台，为数百万商家提升了品牌价值与影响力。

## 9.1.1 试用中心分类

淘宝网的大量用户或新手用户，对一些陌生品牌或产品持怀疑态度。淘宝试用应运而生。与其东奔西走到处收集口碑评论来决定买什么商品，再小心翼翼地试水，不如亲自领取试用装更为划算和安心。

**1. 免费试用**

免费试用是试用中心推出的用户可以完全免费的获取试用品，商家限量免费赠送，通过试用报告分享试用感受，给商家的商品做出公正专业的描述，从而帮助其他消费者做出购物决策，找到真正适合自己的商品的平台，申请的试用品无需返还。图 9.1 所示为免费试用。

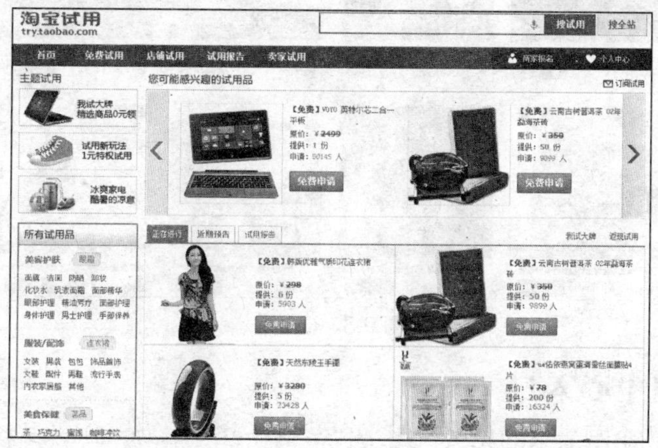


图 9.1 免费试用

**2. 店铺试用**

店铺试用是由淘宝试用中心官方提供的一款店铺营销工具，卖家可自主发起店内免费试用活动，自由设置买家领取条件，先到先得，领完即止。卖家按试用 0 元订单包邮发货，免费提供试用品给客户，产出试用报告，试用品无需返还。图 9.2 所示为店铺试用。

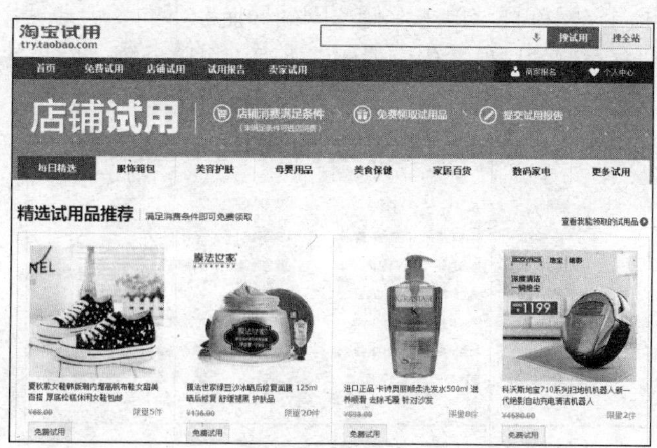


图 9.2 店铺试用

3．试样品

如图 9.3 所示，试样品是试用中心联合阿里巴巴样品中心，为淘宝卖家提供的一分钱拿样服务。规则是只需花一分钱，有机会免费获得样品。申请人须为有长期稳定批发采购需求的经营者，如淘宝店主、实体店主、经销商、生产商。申请样品时需提交真实的买家身份信息，如验证淘宝店铺地址或上传营业执照等。

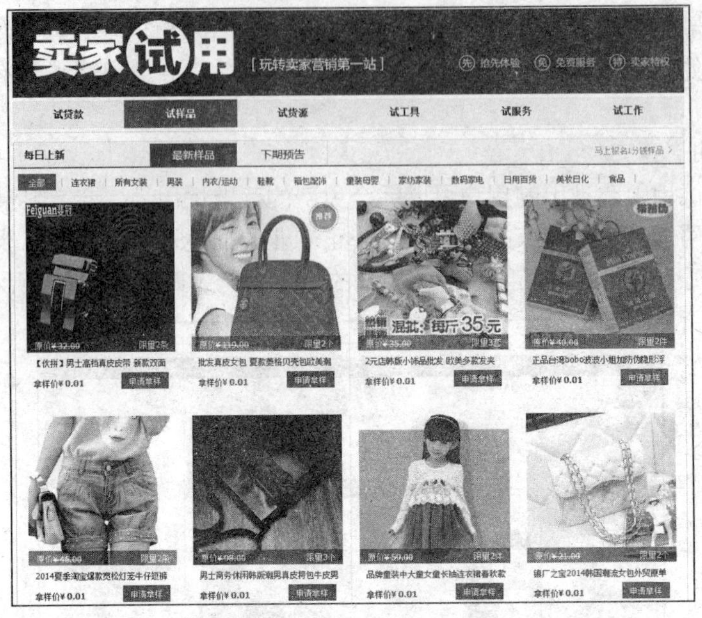


图 9.3　试样品

## 9.1.2　试用中心入口

淘宝试用中心为全国最大的免费试用平台，市场占有率为 83%，日均流量超千万，活跃用户超过 5000 万。试用中心覆盖美容、日化、家居、数码、服饰、食品、房产、汽车等超过 15 个类目。

免费试用能够给顾客带来一种安全感，人们往往喜欢免费的东西，也更喜欢试用后再买。越来越多的商家选择免费试用这种推广方式来树立店铺的品牌和形象。由于试用产品大多都是免费的，所以它被越来越多的买家所喜爱。有以下方法可以进入试用中心。

**STEP 1** 打开淘宝网首页，单击左侧“网站导航”下的“免费试用”，如图 9.4 所示。

**STEP 2** 在淘宝左侧的导航“优惠促销”下面，可以看到“免费试用”导航，如图 9.5 所示。

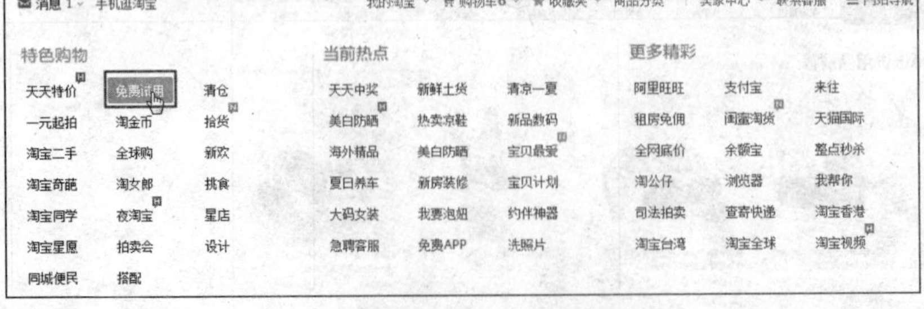

图 9.4　单击“免费试用”

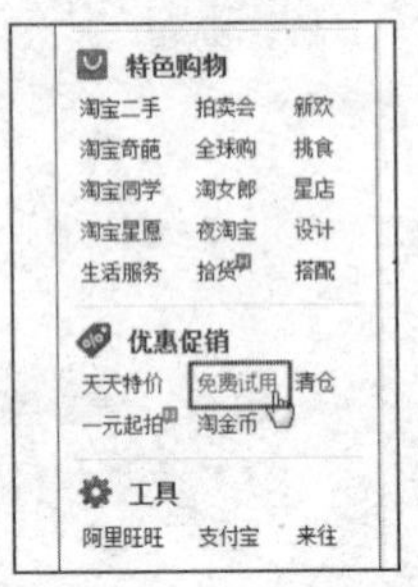


图 9.5　“免费试用”

**STEP 3** 在浏览器中直接输入地址 http://try.taobao.com/，如图 9.6 所示。

图 9.6　直接输入地址

## 9.2　试用中心的好处

在试用期间可以极大地增加店铺的曝光率和成交量，同时卖家还能得到宝贵的产品试用反馈。在赢得巨大流量和好评的同时，卖家也在淘宝树立了强大的品牌和店铺形象。

（1）网店试用推广赢好评。试用推广就是网店商家免费把商品发放给买家试用，通过买家试用影响买家购买商品。所谓吃人嘴软，商家用商品来赢得买家的好评，再把这些买家好评运用到店铺宝贝详情页面中，让其他买家可以看到这些好评，提高买家对商品的好感，进而促成买家成交。图 9.7 所示为通过试用获得好评。

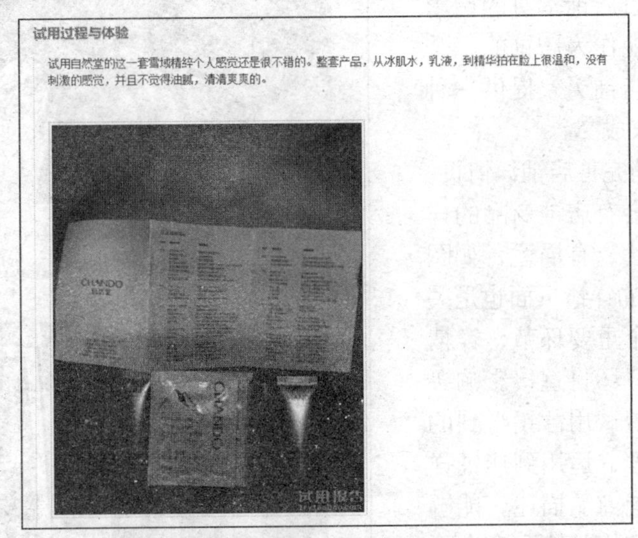


图 9.7　通过试用获得好评

（2）借试用营销提高店铺曝光率，扩大店铺知名度。大部分人买东西想要得到更优惠的价格，而如果能免费得到东西，就能调动参与活动的积极性，刺激人们想要得到这个免费东西的欲望。因此网店借试用营销，在试用推广平台发布免费试用活动，能快速吸引大量消费者的关注。如图 9.8 所示，344629 人已申请，可以获得更多的流量。当销量越大、评价越高、购买转化率越高，在淘宝关键字搜索时，该类商品拍卖就越靠前。

图 9.8　344629 人已申请

（3）借试用营销收集店铺宝贝图片。在网店进行试用营销过程中，得到试用资格的试客在拿到试用品之后，会提交一份图文结合的精美试用报告，收集这些试用报告里面关于店铺宝贝的图片，把这些图片展示于店铺中，一方面能节省店铺本身的摄影成本，另一方面也能作为店铺的一个销售见证，还能给店铺买家提供一种搭配建议，促进买家成交。

（4）借试用营销完善店铺详情页。试客的试用报告中会有店铺商品的详细体验过程，有图片、有描述，如图 9.9 所示。店铺商品的详情页面也是关乎店铺转化率的一个重要环节，详情页的描述与图片的好坏将直接影响买家购买。因此店铺借试用营销得到的试用报告，经过整理，运用到店铺详情页面中，完善店铺商品描述，能够尽量让店铺商品与实物相符，有助于提高店铺 DSR，有利于店铺搜索排名，给店铺引入更多流量。

（5）借试用营销，让买家帮助宣传

图 9.9　试用报告中会有图片和描述

店铺。在店铺发布试用活动之后，试客得到试用品，会帮助店铺把店铺商品及体验感受分享到新浪微博、腾讯微博、淘江湖等地方，如图 9.10 所示，以买家的身份帮助宣传店铺商品，让店铺获得更多买家的关注与信赖，给店铺带来一批试客粉丝跟随购买，提高店铺销量。

图 9.10 把店铺商品及体验感受分享到微博

（6）在试用推广中多跟买家交流，了解买家对店铺的服务及商品的满意度。试用推广就是一个提供商家与买家面对面互动交流的平台。在买家试用商品过程中，多与买家交流，了解买家对店铺不满意的地方并加以改善，完善店铺商品及服务，提高店铺信誉度，让其他买家放心购买店铺的商品，促进其他买家成交。

（7）商家每日通过试用中心直接或间接达成的交易量大大超过平时，新上线的试用折扣价将更大地促进商品成交。

（8）每个试用品每日都可获取数万流量，申请人数达几千人，并有独立的产品信息页，即使试用结束也长期保留。试用商品页直接链接到商家店铺及宝贝详情页。

网店巧借试用营销，让店铺得到大量的曝光，扩大了店铺的知名度，还帮助完善了店铺详情页面图片及描述，让买家自动帮助宣传店铺商品，让店铺推广范围更广、效果更好。

## 9.3 参加试用

淘宝试用中心针对快速消费品推出“只需支付邮费，即可免费领取”的超值购物模式，用户只需支付较低的邮费和扣除相应的淘金币即可立即成功申领试用品。

### 9.3.1 报名条件

报名试用品总价值（折扣价 × 数量）需不低于 1500 元，价格不得虚高。商品单价不得低于 30 元。报名试用中心卖家的要求如下。

（1）集市店铺：信用在 1 钻以上，加入消费者保障服务，店铺综合评分 4.6 分以上，90 天内没有因产品质量被投诉。

（2）商城店铺：店铺综合评分在 4.6 分以上。

（3）商家确保报名的所有试用产品必须为原厂商出产的合格、全新产品，在良好保质期内，谢绝分装、自制、无商标、无品牌商品。

（4）食品商家必须填写“食品生产许可证编号（QS 编号）”属性。

（5）美容、彩妆及日化洗护类商品必须有假一赔三资质或分销平台品牌授权标识。

### 9.3.2 卖家试用中心报名

**【知识要点】**

卖家报名付邮试用的宝贝价格必须在 10 元内并且包邮，一个月内销量在 10 个以上，800 件起（下午场 300 件起），好评数在 5 个以上，宝贝一个月内成交记录不得低于商品报名时原价的销售记录。

**【操作步骤】**

**STEP 1** 打开淘宝试用中心首页（http://try.taobao.com/），单击顶部的“商家报名”，在弹出的下拉菜单中选择“我要报名试用”，如图 9.11 所示。

图 9.11　选择“我要报名试用”

**STEP 2** 在打开的页面中，查看“商家利益”、“试用流程”、“报名条件”，单击“报名免费试用”按钮，如图 9.12 所示。

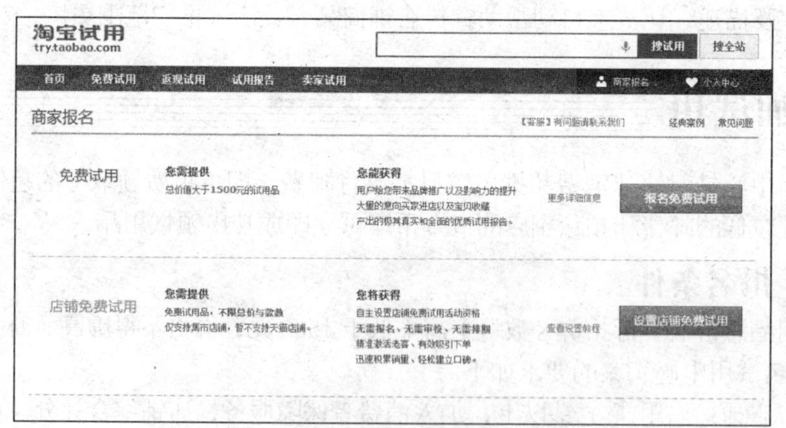


图 9.12　单击“报名免费试用”按钮

**STEP 3** 接下来选择排期，选择参加活动的日期，单击“我要报名”，如图 9.13 所示。

**STEP 4** 打开填写报名的信息页面，根据需要填写报名商品的信息，如图 9.14 所示。

图 9.13 选择日期

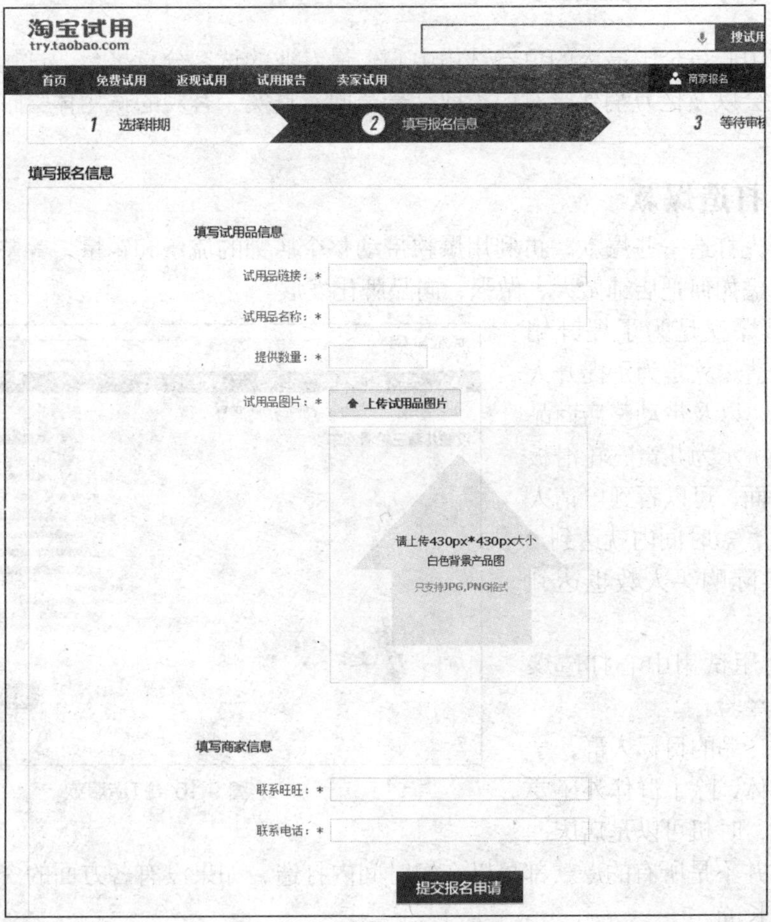

淘宝试用
try.taobao.com
搜试用
首页 免费试用 返现试用 试用报告 卖家试用 商家报名
1 选择排期 2 填写报名信息 3 等待审核
填写报名信息
填写试用品信息
试用品链接：*
试用品名称：*
提供数量：*
试用品图片：* 上传试用品图片
请上传430px*430px大小
白色背景产品图
只支持JPG,PNG格式
填写商家信息
联系旺旺：*
联系电话：*
提交报名申请

图 9.14 填写报名的信息

**STEP 5** 单击“提交报名申请”按钮，弹出“报名确认”信息，如图 9.15 所示。单击“确认提交”按钮，在试用商品提交成功后，小二会在一周内审核完成。

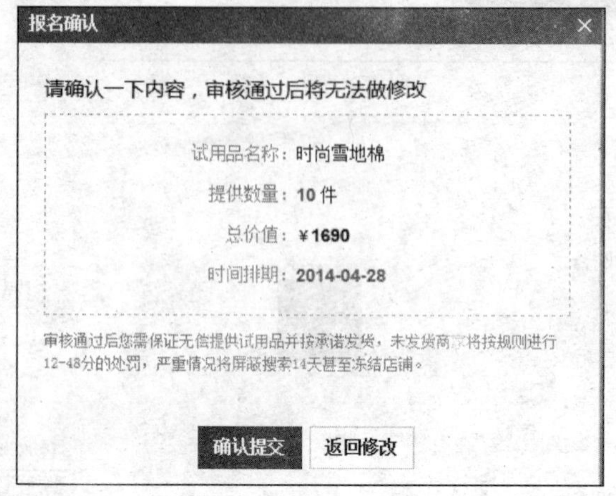


图 9.15　报名确认页面

## 9.4　试用中心的应用

淘宝试用中心是全国最大的免费试用中心，最专业的试客分享平台。试用中心聚集了上百万份试用机会以及亿万消费者对各类商品最全面、真实、客观的试用体验报告，为消费者提供购买决策。

### 9.4.1　打造爆款

在店铺中先打造一些爆款，再利用爆款带动整个店铺的流量和销量，等整个店铺健康运营时才需要考虑如何把店铺做大、做强，向品牌化发展。

首先打造爆款是为了提升销量。其次，打造爆款是为了提升人气，获得利润，以及带动整店商品销售。图 9.16 所示为儿童三轮滑板车免费试用页面，可以看到申请人数达 21297 人，短时间内就达到 2 万人申请，实际购买人数也达到 1688 人。

图 9.16　打造爆款

下面是利用试用中心打造爆款产品的一些经验。

（1）找对产品的目标人群，学会定位消费群体，除了群体外还要有适合的时机，时机可以是店庆、节日。然而，并不是所有的爆款都可以在短时间内打造，如果没有各方面的资源，打造爆款过程是相当漫长的。

（2）有一个明确的目的，在打造爆款的同时又规划店铺的发展，仔细地琢磨在打造爆款之后的店铺发展方向。

（3）顾客是成就爆款的衣食父母，任何一个爆款成就的过程中，失去了顾客的参与这个链条，就等于无源之水、无本之木。

（4）保证正品。在试用活动的爆款打造过程中，对品质的要求绝不能马虎，诚信是根本，注重品牌建设，对口碑更应重视。

（5）店内促销活动同步进行，赠品环节也要细心对待。赠品包装精致，保证品质，顾客才会感受到店主的细心。

## 9.4.2 关联销售

关联销售是试用活动效果的主要考核之一，这一块做好了才能减少参加试用中心的亏损。关联销售非常重要，要精挑细选出店内近一个月内热销、收藏量大的宝贝以及新品作为活动关联促销产品，在店铺页面用多种促销活动连带促销。图 9.17 所示为参加免费试用的店铺里的关联销售活动。

图 9.17 关联销售

在做好关联销售时要注意如下事项。

（1）页面做好相关产品的搭配套餐、限时打折，能包邮的尽量全场包邮。

（2）参加活动的款式备货充足，能完全满足活动需求，其重视商品质量，坚决不让不合格商品流入市场。

（3）活动宝贝及重点主推宝贝描述页要力求完善，图片力求完美，图文详细全面介绍活动宝贝的详情、特点，让买家全方位了解欲购宝贝，提高自主购买率。

（4）在活动详情页，针对客户可能提出的问题，先在商品描述里面说清楚，以减少客服的工件压力。

（5）做好客服工作，解决顾客疑问，客服的旺旺上都设置好快捷短语，介绍本次活动及店里其他活动，争取做到尽量让每个进入店铺的买家都满意。

（6）仓库预先做好全部包装准备，并严格审单。提前联系好物流公司，确保在规定时间内完成发货，让买到宝贝的买家少些等待。

## 9.4.3 口碑效应

淘宝卖家利用试用中心进行口碑营销，买家则利用试用中心进行免费使用，真可谓一举两得。试用推广得到的不仅是一大批潜在买家，更是一大批能够帮店铺宣传和推广的买家，并可以引导他们成为店铺长期的宣传推广员和忠实的买家。

向买家派发试用产品，从而获得大量买家真实使用过程中的感受和评价，从而分析出买家在产品使用过程的使用方式、使用态度、使用评价。买家对试用产品的感受和评价以及对品牌的认知广泛地传播着，影响着其他买家。图 9.18 所示为试用报告中口碑效应。

图 9.18　口碑效应

口碑很重要，买家试用了商品，卖家应该把质量过硬的商品给其试用，并且有良好的售后服务，把其当成朋友，这样才能让买家感觉到店铺不但商品质量好，服务态度不错，才能把卖家当成自己的朋友帮其宣传商品，或者说会再次购买其东西。一个好的买家不只带来一个好评，相信好的口碑能给店铺带来源源不断的客户，就等于卖家已经成功了一大半。

## 9.5　网店试用推广常见的误区

由于试用推广是一种新型的推广方式，很多商家对试用推广还不是很了解，在网店进行试用推广的过程中会经常出现一些问题，让试用推广的效果大打折扣。下面列举出网店进行试用推广常见的一些误区，帮助商家避免在试用推广中走入误区。

误区一：把试用推广平台作为刷销量的工具，进行试用推广纯粹只为销量。很多商家把试用推广平台作为刷销量的工具，在试用推广发布试用活动，只是为了提高店铺商品销量，却忽略了很多试用推广中的重要步骤，只想着花钱刷销量，虽然最后店铺的销量得到了提高，但是试用推广的其他效果却没有达到，如赚口碑、收集试用报告、买家分享等，这些会因为商家一味追求销量而被忽略掉。

误区二：觉得试用报告根本没用，从来不看试客提交的试用报告，也不审批。在试用推广中，得到试用品的买家会给商家提交一份详细的试用报告，以图文结合的形式展现买家的整个试用体验过程。但是很多商家在进行试用推广的时候，却很少去审批试客的试用报告，对收集来的试用报告也不重视，最终忽略了试用报告的重要作用，让试用推广效果大打折扣。

误区三：拿店铺的劣质商品用来发布试用活动。有部分商家因为觉得试用推广是把店铺商品免费发放给买家，觉得很亏本，所以为了节省成本，就拿出店铺的一些劣质商品发放给买家进行试用。这种方法是不可行的，首先商品进行试用推广所面向的试客都是一群热爱网购的潜在买家，如果他们得到的是劣质的商品，就会对店铺的评价不好，他们再把这些劣质商品及评价分享到微博、博客等平台，把店铺的劣质商品曝光出来，这对店铺的口碑及品牌都会有严重的影响，得不偿失。

以上 3 点误区是网店商家在进行试用推广中经常发生的，只有正确认识试用推广的作用，全面了解试用推广的整个流程，同时避免以上误区，才能使得试用推广的效果达到最优。

**【技能训练】**

练习参加淘宝试用活动，具体要求如下。

打开淘宝试用中心首页（http://try.taobao.com/），单击顶部的“商家报名”，选择“我要报名试用”，如图 9.19 所示。

图 9.19　选择“我要报名试用”

在打开的页面中，查看“商家利益”、“试用流程”、“报名条件”，单击“报名免费试用”按钮，如图 9.20 所示。

图 9.20　单击“报名免费试用”按钮

# PART 10 第 10 章 直通车技巧

## 情景导入

直通车是为淘宝卖家量身定制的，按点击付费的效果营销工具，实现宝贝的精准推广。淘宝直通车推广在给宝贝带来曝光量的同时，其精准的搜索匹配也给宝贝带来了精准的潜在买家。想引入精准流量，就要学习一定的直通车技巧。

## 知识要点

- 直通车推广方式。
- 使用直通车推广新宝贝。
- 选择好的关键词。
- 直通车优化。

## 课堂案例展示

直通车推广

## 10.1 直通车简介

淘宝直通车推广用一个点击让买家进入店铺，产生一次甚至多次的店铺内跳转流量，这种以点带面的关联效应可以降低整体推广的成本和提高整店的关联营销效果。同时，淘宝直通车还给用户提供了淘宝首页热卖单品活动和各个频道的热卖单品活动以及不定期的淘宝各类资源整合的直通车用户专享活动。

### 10.1.1 直通车推广原理

淘宝直通车是由阿里巴巴集团下的雅虎中国和淘宝网进行资源整合，推出的一种全新的搜索竞价模式。直通车竞价结果不仅可以在雅虎搜索引擎上显示，还可以在淘宝网以全新的图片+文字的形式展示。每件商品可以设置200个关键字，卖家可以针对每个竞价词自由定价，还可看到在雅虎和淘宝网上的排名位置，并按实际被点击次数付费。

淘宝直通车推广原理是根据宝贝设置的关键词进行排名展示，按点击扣费，具体如下。

（1）如果想推广某一个宝贝，首先为该宝贝设置相应的关键词及宝贝标题。

（2）当买家在淘宝网通过输入关键词搜索商品或按照宝贝分类进行搜索时，就会展现商家推广中的宝贝。

（3）如果买家通过关键词或宝贝分类搜索后，在直通车推广位点击商家的宝贝，系统就会根据商家设置的关键词或类目的出价来扣费。

直通车账户对于推广宝贝的数量没有限制，可以根据自身需求选择推广宝贝的数量，建议率先推广店铺中的优质宝贝，同一类型的宝贝尽量不要重复推广。

### 10.1.2 直通车商品展示位置

淘宝直通车是为淘宝卖家量身定制的推广工具，广告位极佳，在淘宝网多处位置显示广告，流量巨大。那么直通车商品具体展示在哪里呢？也就是人们常说的广告图片或者信息会在哪里被买家所看到？下面具体介绍宝贝的展现位置。

（1）打开淘宝网首页，输入购买的关键词，例如“男鞋”，或者直接点击页面的类目进行搜索，搜索结果页面右侧竖着的“掌柜热卖”展示位就是直通车的展示位，如图10.1所示。

图10.1 右侧展示位

（2）不但在搜索结果页面的右侧有广告展示，在搜索结果页面的下端也会相应出现 5 个直通车广告位。图 10.2 所示为搜索结果页面下方展示。

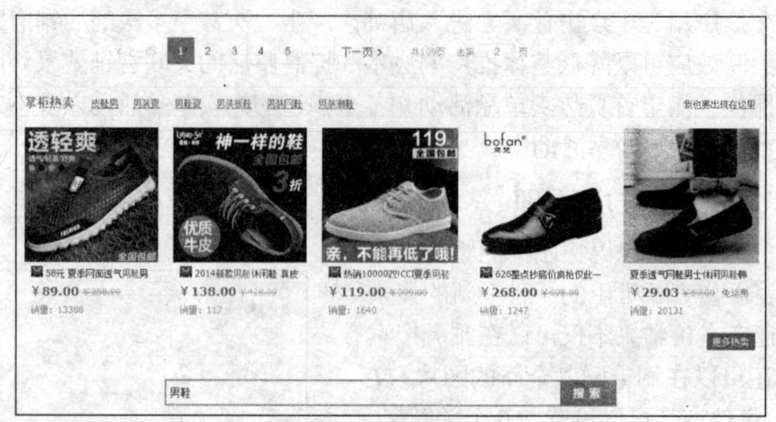

图 10.2　搜索结果页面下方展示

## 10.2　直通车推广方式

直通车搜索推广就是通过对标题关键词的优化等，让直通车推广宝贝获得一个好的排名，这是直通车推广中最基础、最常见也是最直接的推广形式。

### 10.2.1　定向推广

定向推广依靠淘宝网庞大的数据库，构建出买家的兴趣模型。它能从细分类目中抓取那些特征与买家兴趣点匹配的推广宝贝，展现在目标客户浏览的网页上，锁定潜在买家，实现精准营销。

除了淘宝网站内的热门页面外，淘宝直通车还整合了多家外部优质网站，帮助商家的推广宝贝覆盖更多目标客户。定向推广设置之后也可以自己取消，在直通车后台点击设置投放平台页面就可以选择投放或未投放。

**1．定向推广优势**

定位精准，转化率高：以宝贝找人，数十万个兴趣节点判断意向买家，转化率更高。

流量丰富，收藏量多：多个展示位，每天吸引 1.4 亿流量。

操作便捷，省时省力：选好位置，定好出价，设置人群，轻松获得精准流量。

**2．展示位置**

我的淘宝—已买到的宝贝—热卖单品、收藏夹页—热卖单品、订单详情—热卖单品等，淘宝站外的十多家优质的合作网站中也有定向推广的展现资源。图 10.3 所示为“我的淘宝” | “已买到的宝贝”最底部的热卖单品推广展示的商品，每天流量超 3000 万。图 10.4 所示为“订单详情” | “热卖单品”展示的商品，每天流量超 1000 万。

**3．展现规则**

宝贝出价、推广质量、宝贝属性和买家兴趣匹配等因素正面影响着定向推广的展现量。

宝贝出价：这里的出价指的是综合出价，是通投出价、单独位置出价、人群维度加价和分时折扣的综合结果。

推广质量：主要包含宝贝和类目相关性、宝贝点击率，以及宝贝点击转化率等其他反馈因素。

宝贝属性和买家兴趣匹配：优化宝贝标题和属性，使之能更好地匹配买家的需求。

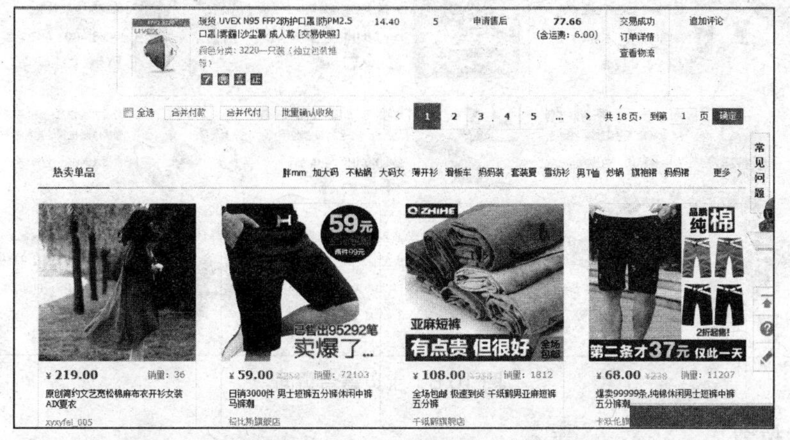


图 10.3 “我的淘宝”|“已买到的宝贝”|“热卖单品”

图 10.4 “订单详情”|“热卖单品展示的商品”

**4. 扣费方式**

按点击计费：开通直通车后，定向推广按点击扣费，根据为宝贝设置的定向推广出价，单次扣费不会大于出价。

## 10.2.2 店铺推广

店铺推广是基于搜索营销推出的一种新的通用推广，让卖家进行整店推广。它是淘宝直通车单品推广的一种补充形式，满足掌柜同时推广多个同类型宝贝、传递店铺独特品牌形象的需求，特别适合向带有较模糊购买意向的买家推荐店铺中的多个匹配宝贝。如买家搜索“连衣裙”，商家就可以通过淘宝店铺推广位展现店铺形象，并吸引买家进入自己店铺中所有连衣裙商品的集合页面。

**1. 店铺推广的优势**

营销活动好助手：满足年推广多个宝贝或者全店推广的需求，是单品推广的有效补充。

品牌打造新阵地：店铺推广大图展现，实现品牌传递与效果营销双丰收。

流量拓展新形势：每天 1.5 亿的流量，为商家拓展更多淘宝站内流量。

**2. 推广方式**

使用店铺推广，可以推广除单个宝贝详情页面外的店铺任意页面，包括分类页面（见图 10.5）、宝贝集合页面（见图 10.6）。可以通过为店

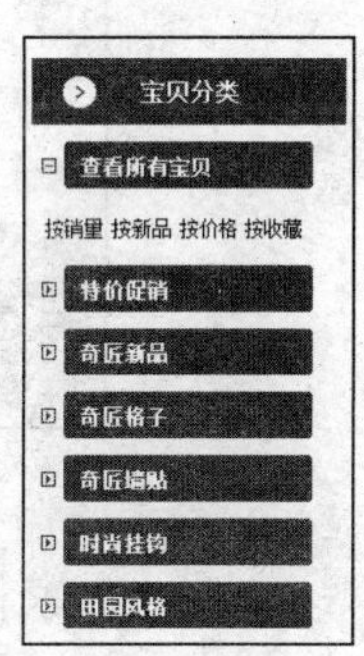


图 10.5 分类页面

铺推广页面设置关键词，为店铺带来更多的精准流量。

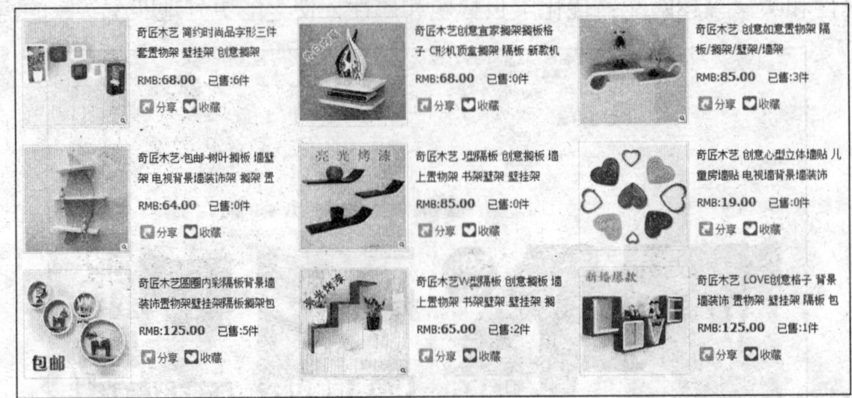


图 10.6 宝贝集合页面

### 3. 展现位置

店铺推广的展现位在哪里呢？参加了淘宝直通车店铺推广的页面即有可能出现在店家精选的展现位。店铺推广设置生效之后，展现在下面的位置。

（1）淘宝网关键词搜索结果右下侧“店家精选”区域，每页展现 3 个，第一页展示第 1 至 3 名，以此类推，如图 10.7 所示。

图 10.7 关键词搜索结果右下侧“店家精选”区域

（2）“店家精选更多热卖”引导至站内商搜店铺集合页面，如图 10.8 所示。

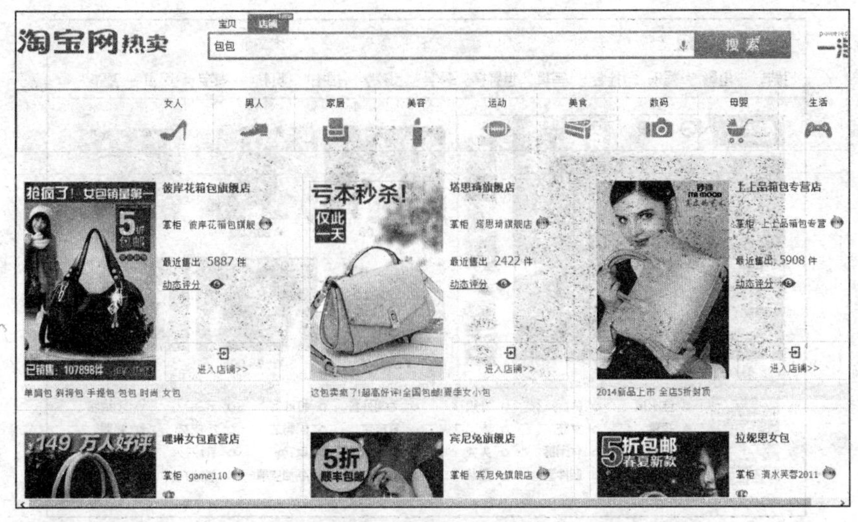


图 10.8　店家精选更多热卖

**4. 扣费规则**

按点击计费：同单品推广一致，展现不扣费，按照点击扣费，每次扣费金额取决于商家为关键词设定的出价、关键词的质量得分，最高不会超过关键词所设定的出价。可设置日限额、分时折扣和站外折扣，当日扣费金额不会超过日限额。

### 10.2.3　站外投放

直通车站外投放是站内推广资源的拓展和补充，把推广的商品投放在淘宝以外的网站上，以 Banner、文字链、搜索栏等形式展现，并根据对数据的分析锁定人群，匹配相应的宝贝，将外部消费者吸引到专门展现直通车宝贝的页面。

目前有多家知名网站正在与淘宝直通车展开流量合作，包括 youku 视频网、酷 6 视频网站、迅雷在线、土豆网、搜狗、红袖添香、天府热线、中彩网、美图、58 同城、泡泡网、星空宽频、中国经济网、虎扑网、中国教育在线、起点中文网、56.com、激动网、和讯等。

**1. 站外投放优势**

流量大：直通车站外投放与众多知名网站合作，目前每天有超过 40 亿的优质流量。

投放准：通过媒体用户的行为分析，多维度定位外网用户的兴趣偏好，将商品精准投放到媒体网页上。

省成本：为了保证用户的外部流量转化，提升收入成本比，淘宝采用二跳计费的形式。

**2. 展现位置**

直通车站外投放目前每天有超过 40 亿的流量。这些流量将会以文字链、图片创意等方式被引入展现掌柜外投宝贝的页面。这些流量可分为六类：门户类、客户端、搜索引擎、网址导航、中小媒体、二级导航。图 10.9 所示为迅雷下载软件弹出窗口页面中投放的淘宝广告。

**3. 展现形式**

在搜狗、新浪等外网上展现的是人工制作的图片、文字等创意，当用户点击了这个创意时，进入外投宝贝集合页，再点击宝贝就到了某个宝贝详情页。图 10.10 所示为搜狗外网展现。

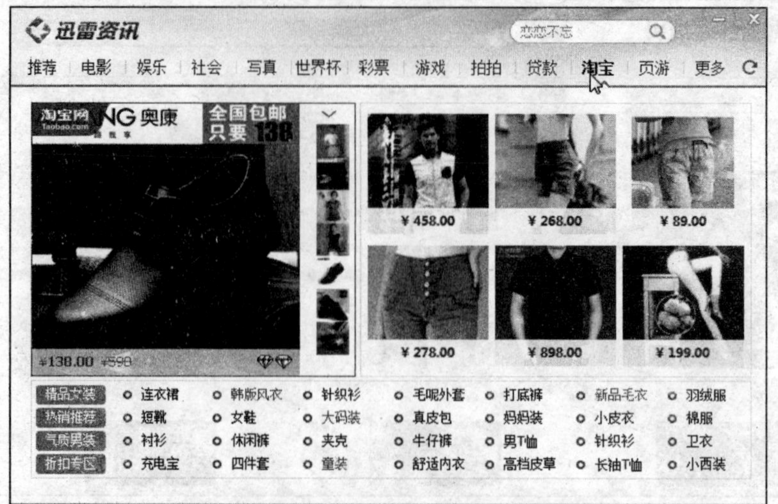


图 10.9 迅雷下载软件弹出窗口页面中的外投

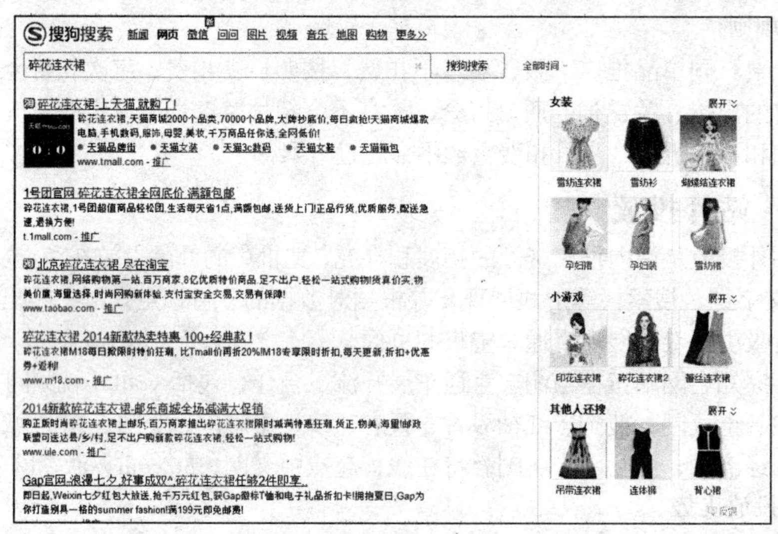


图 10.10 搜狗外网展现

## 10.2.4 活动专区

淘宝热卖单品也称首页热卖单品活动,是淘宝直通车的长期活动，因资源位在淘宝首页最下方而得名，日均百万流量，以其独特的人群兴趣模型展现方式帮助各位掌柜精准定位到目标客户，聚焦千万消费者关注，将宝贝推向网购狂潮的风口浪尖。

**1. 活动专区优势**

投精准：通过自动人群定向功能，锁定目标客户，实现精准投放。

打爆款：每日 600 多万活动流量，单品形式呈现，助商家打造爆款。

聚划算：活动起价 0.05 元，花最少的预算，获最大的利润。

**2. 展现规则**

热卖单品活动采用人群定投的原理，根据买家兴趣类目展现宝贝，展现几率与宝贝的出价以及点击率高低相关。同时，所有报名成功的宝贝会匹配相关性较高的宝贝，展现至其他活动展位，包括站外一些资源位置。

3. 展现位置

活动位置在淘宝网首页及各大资讯频道底部以“热卖单品”方式展示，如图10.11所示。

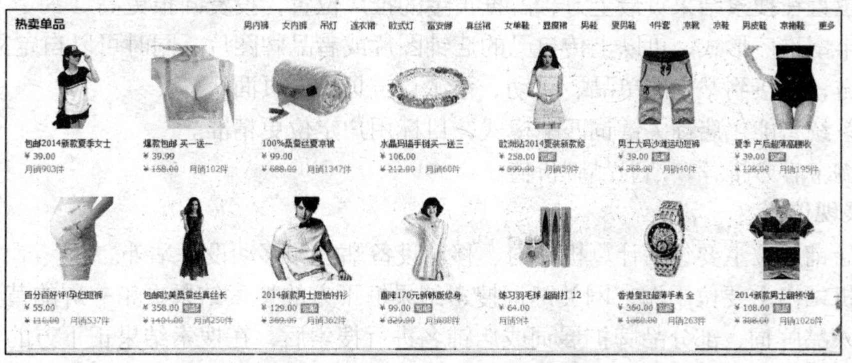

图10.11 淘宝网首页底部“热卖单品”

4. 扣费方式

热卖单品活动按点击扣费，根据设置的活动出价。当买家在热卖单品活动区域点击商家推广的宝贝时，才会扣费。活动出价多少，扣费多少。

### 10.2.5 搜索营销

搜索营销指的是卖家通过设置与推广商品相关的关键词和出价，在买家搜索相应关键词时获得推广商品展现与流量，卖家按照所获流量（点击数）付费，进行商品精准推广的营销产品。卖家加入淘宝直通车，即默认开通搜索营销。

1. 展示位置

关键词搜索结果页面右侧“掌柜热卖”区域和下方“掌柜热卖”区域、类目搜索结果页面右侧“掌柜热卖”区域和下方“掌柜热卖”区域。

2. 展现规则

关键词搜索页面的排名原理：淘宝直通车目前的排名规则是根据关键词的质量得分和关键词的出价综合衡量出的商品排名；质量得分主要用于衡量关键词与宝贝推广信息和淘宝网用户搜索意向之间的相关性。可以参考淘宝直通车系统里的智能预测工具结果，更加有针对性地优化推广内容，在提升潜在买家有效访问流量的同时，提高访问质量，让热销宝贝脱颖而出。

3. 扣费方式

按点击计费：买家搜索一个关键词，设置了该关键词的宝贝就会在淘宝直通车的展示位上相应出现。当买家点击推广的宝贝时，才需付费，淘宝直通车才会进行相应扣费。根据对该关键词设置的价格，淘宝直通车的扣费均小于或等于商家的关键词出价。类目出价的扣费同理。买家通过类目浏览，如看到商家的宝贝出现在淘宝直通车展现位上，买家点击时才产生扣费，扣费均小于或等于商家的类目出价。

### 10.2.6 明星店铺

当商家已经拥有较为成熟的品牌或店铺营销能力，希望能进一步做好品牌营销，可以考虑申请明星店铺功能。明星店铺推广是基于搜索营销的一种新增推广方式。开通了明星店铺的卖家，通过对其推广信息设置关键词（卖家所设置关键词的核心词应与其店铺名、店铺主经营品牌相关，核心词需经审核通过）和出价，当买家在淘宝网搜索相应宝贝关键词时，其推广信息在搜索结果页首页最上方的位置获得展现和流量。

**1. 明星店铺优势**

（1）位置在搜索结果页最上方，占据黄金的推广位置，投资回报更高。

（2）丰富推广形式，可以上传自己的店铺图片或者品牌图片，同时可以自定义 4 个店铺推广文字链，链接到站内的单品、活动、帮派、宝贝集合页面。

（3）系统智能化店铺关键词匹配模式，目标用户定位更精准。

（4）淘宝官方推荐，凸显品牌价值。

**2. 展现位置**

明星店铺展位主要包括计算机站内、移动设备站内和移动设备站外。

计算机站内主要位于淘宝网关键词搜索结果框下方的搜索结果页第一屏的黄金位置。当消费者输入品牌词、部分品牌扩展词或店铺名进行搜索后，在搜索结果正下方的位置就会展现明星店铺的广告，包括品牌创意 banner 和右侧 4 个文字链，同时也会显示店铺名，如图 10.12 所示。

图 10.12 明星店铺

移动设备站内外的投放位置和流量比较小，产品还属于内测阶段，暂时未全量开放。

**3. 展现规则**

（1）定价用户：当买家在搜索输入关键词进行搜索时，明星店铺推广信息就将展现在搜索结果页的最上方位置。

（2）竞价用户：当多个店铺拥有同一品牌时，系统判定店铺的信息相关性及店铺知名度同等下，各店铺成为竞价用户，展现位置是相同的。

## 10.3 使用直通车推广新宝贝

在对淘宝直通车的基本原理和运作模式有了基础的了解后，商家就可以通过对淘宝直通车的具体操作来展开推广活动了。

### 10.3.1 加入淘宝直通车

【知识要点】

淘宝直通车的最大优势就是让商家的宝贝在庞大数据的商品平台中脱颖而出，带来更多的人气和流量。当买家主动搜索时，在最优位置展示宝贝，超准推荐给每一位潜在买家。被直通车推广的宝贝，大大提高了宝贝的曝光率，带来更多的潜在客户。直通车能给整个店铺带来人气，一个点击带来的可能是几个成交，这种整体连锁反应是直通车推广的最大优势，店铺人气逐渐就会提高。

【操作步骤】

加入淘宝直通车的具体操作步骤如下。

**STEP 1** 登录淘宝后台，单击“营销中心”下的“我要推广”，如图 10.13 所示。进入淘宝营销中心页面，单击“淘宝直通车”图标，如图 10.14 所示。

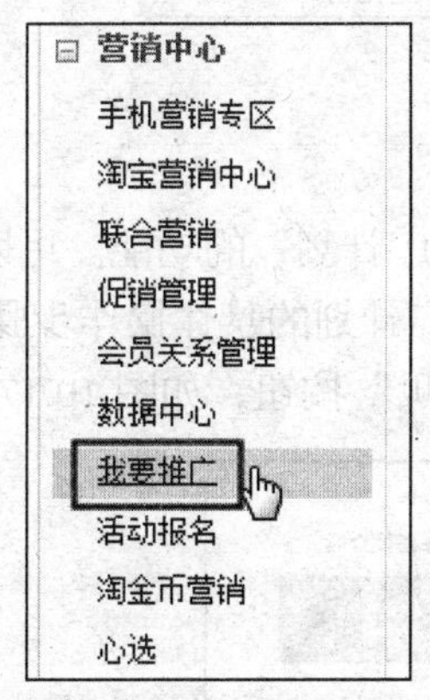


图 10.13 单击“我要推广”

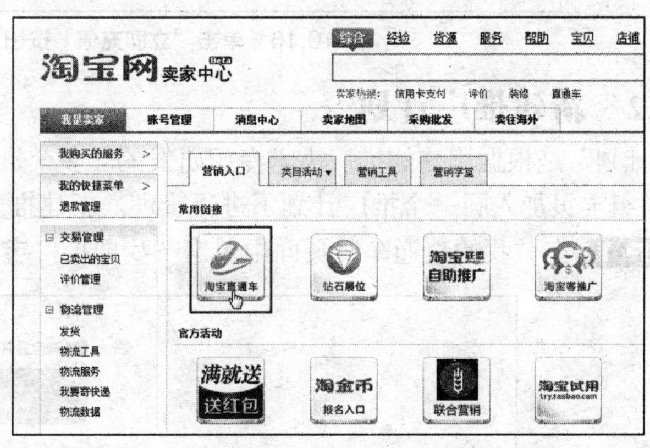


图 10.14 单击“淘宝直通车”图标

**STEP 2** 进入淘宝直通车首页后，在页面右边可以看到“账户未激活”，单击“我要充值”超链接，如图 10.15 所示。

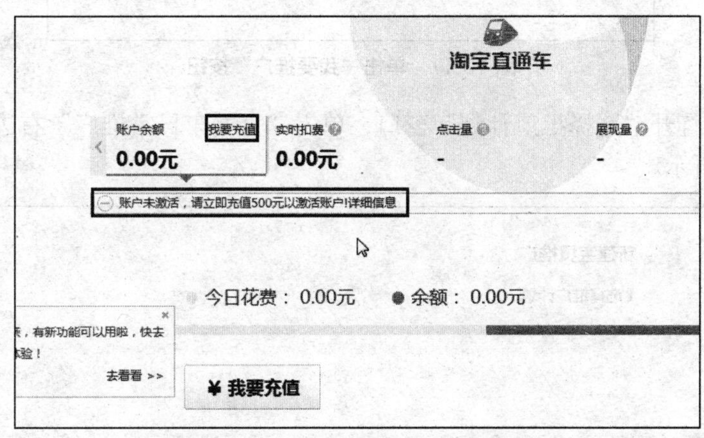


图 10.15 单击“我要充值”超链接

**STEP 3** 打开直通车充值页面，淘宝直通车第一次开户需要预存 500 元以上的费用，这 500 元都将用于接下来推广中所产生的花费，选择好充值金额后，单击底部的“立即充值”按钮，如图 10.16 所示。经过支付宝的充值操作以后，返回直通车主页，账户就开通并且可以使用了。

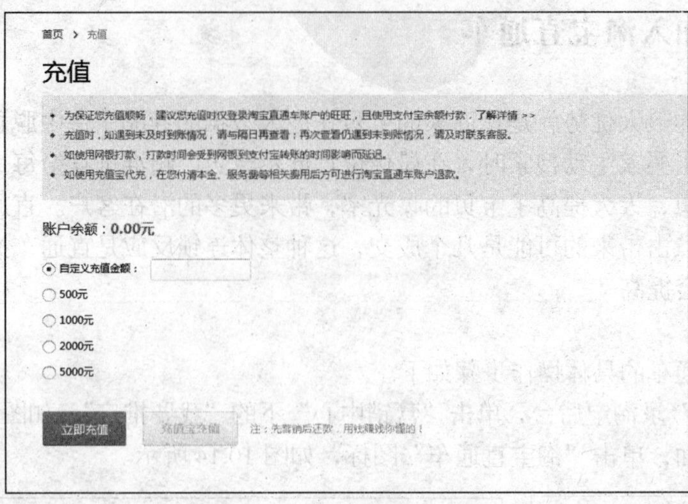


图 10.16　单击“立即充值”按钮

## 10.3.2　新建推广计划

“推广计划”是根据用户的推广需求专门研发的“多个推广计划”的功能。可以把相同推广策略的一组宝贝加入同一个推广计划下进行管理。新建推广计划的具体操作步骤如下。

**STEP 1** 在“我的直通车”页面中单击“我要推广宝贝”按钮，如图 10.17 所示。

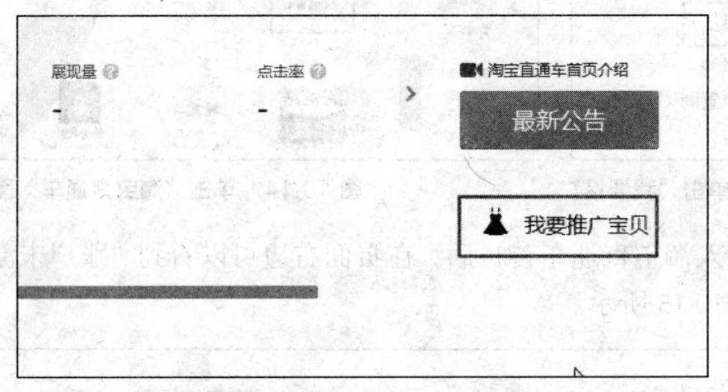


图 10.17　单击“我要推广”按钮

**STEP 2** 打开“选择推广计划”窗口，单击“直通车日常推广”右边的“推广”超链接，如图 10.18 所示。

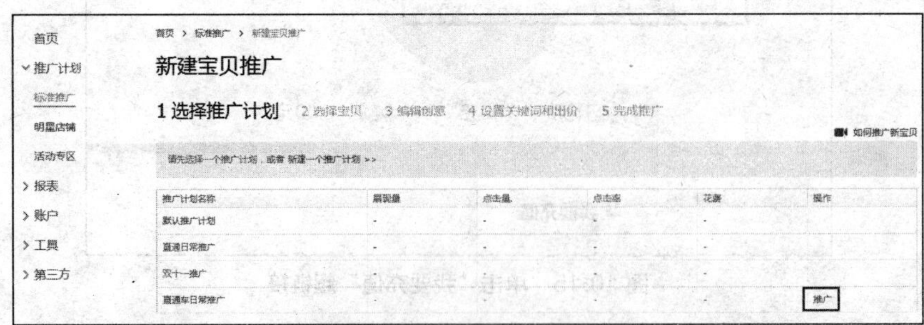


图 10.18　单击“推广”超链接

**STEP 3** 打开“选择宝贝”页面，在合适的宝贝后面单击“推广”超链接，如图 10.19 所示。

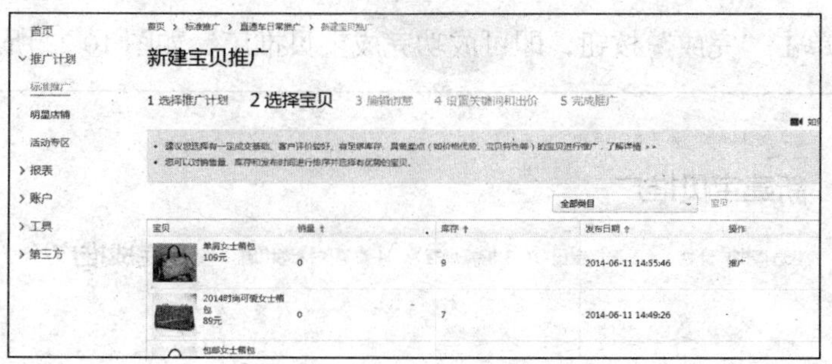


图 10.19　单击“推广”超链接

**STEP 4** 打开“编辑创意”页面，在合适的宝贝后面单击“推广”超链接，如图 10.20 所示。

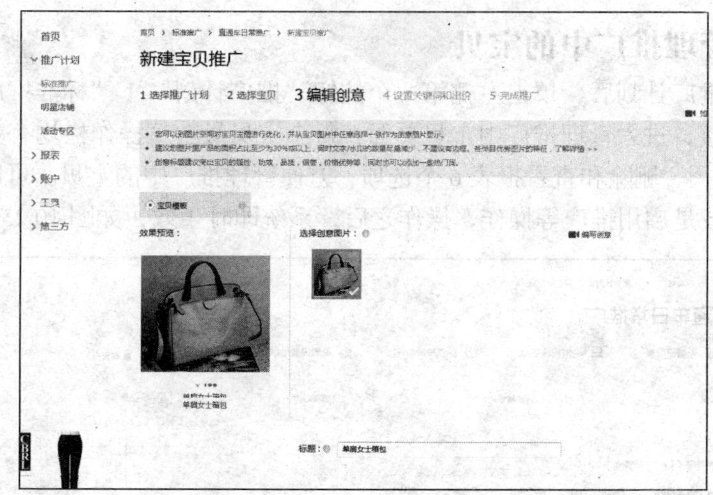


图 10.20　单击“推广”超链接

**STEP 5** 打开“设置关键词”和“出价”页面，单击右边的关键词即可添加关键词，如图 10.21 所示。

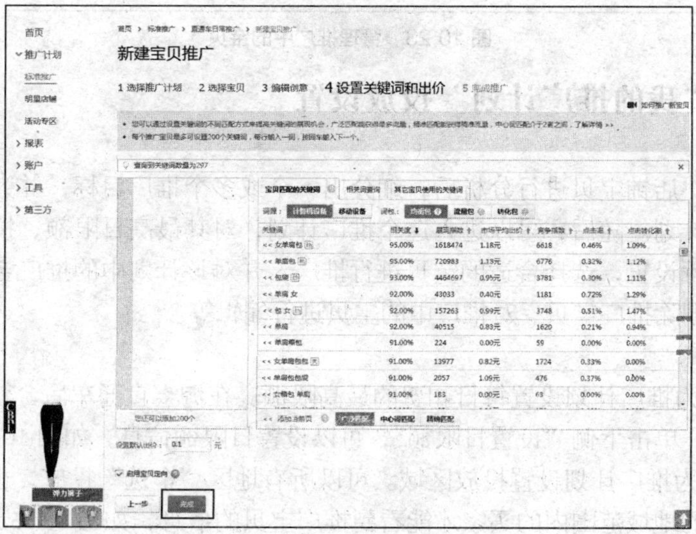

图 10.21　设置关键字

**STEP 6** 单击“完成”按钮，即可成功完成宝贝推广，如图 10.22 所示。

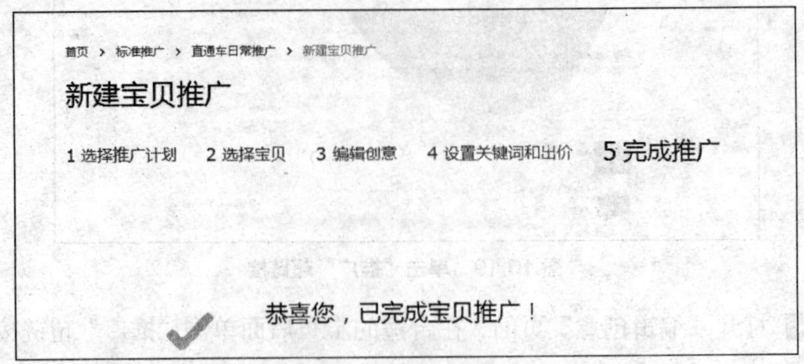


图 10.22 完成宝贝推广

### 10.3.3 管理推广中的宝贝

进入相应的推广计划后，单击左侧第一个按钮“推广计划” | “标准推广” | “直通车日常推广”超链接，进入管理推广中宝贝页面；每个宝贝最右侧操作栏均有关键词推广、定向推广、暂停\启用、删除和查看报表 6 个选项，方便管理推广中的宝贝。可以根据个人情况随时将宝贝暂停或是启用推广等操作，操作之后，系统即时生效，如图 10.23 所示。

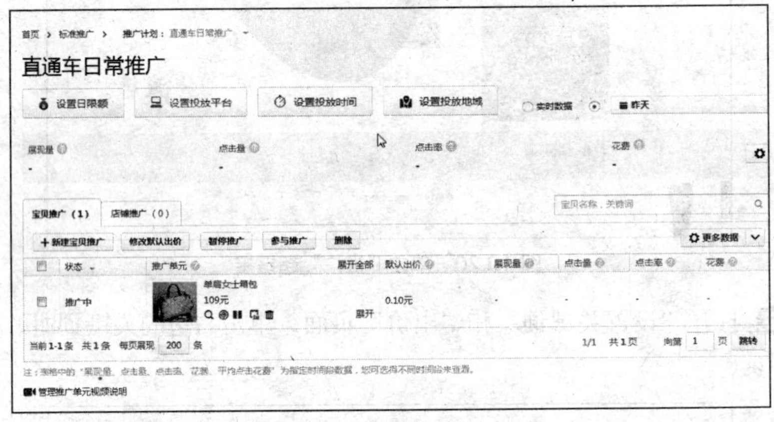


图 10.23 管理推广中的宝贝

### 10.3.4 “我的推广计划”投放设置

**【知识要点】**

对目标客户、店铺宝贝进行分析后，细分出一个或多个推广目标，并为不同的推广目标建立相应的推广计划。随后，可以进入这个推广计划，对其最高日限额、投放地域、投放时间、投放平台进行设置，选择合适的宝贝进行推广，并对该计划中的推广宝贝进行调整，如新增推广宝贝、删除推广宝贝、对推广中的宝贝进行编辑等。

**【操作步骤】**

**STEP 1** 为推广计划设置每日扣费的最高限额。在淘宝直通车后台管理页面，进入相应的推广计划后，单击下侧“设置日限额”，可以设置日限额信息，如图 10.24 所示。

**STEP 2** 为推广计划设置投放区域。可以所有地区“全选”投放，也可以勾选需要的区域，只有勾选的地域范围内的买家才能看到推广宝贝的信息，如图 10.25 所示。

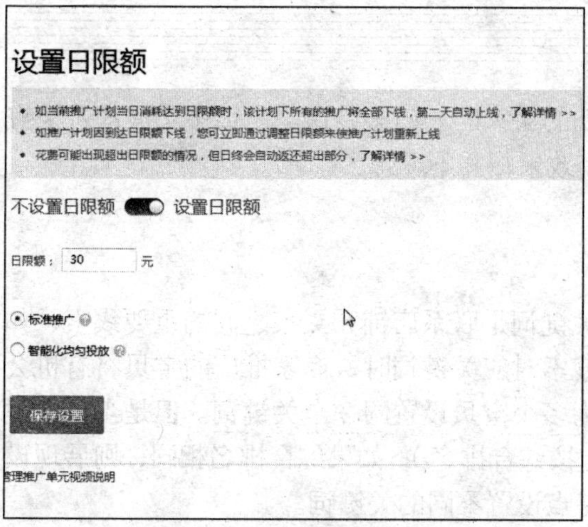

图 10.24 设置日限额信息

图 10.25 设置投放区域

**STEP 3** 为推广计划设置投放时间及对应时间段的宝贝出价，如图 10.26 所示。

图 10.26 设置投放时间

**STEP 4** 选择要推广的平台，淘宝搜索是必选的平台，如图 10.27 所示。

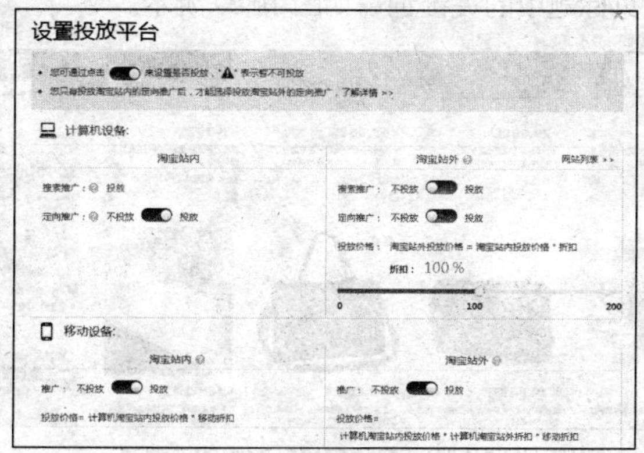


图 10.27 设置投放平台

## 10.4 关键词的选择

淘宝直通车已经成为想在淘宝网上获得成功的卖家的一门必修课。但很多卖家却苦于直通车使用不得要领，经常是花了很多资金但推广效果却并不理想。

### 10.4.1 关键词的选词方法

**【知识要点】**

关键词是淘宝买家的搜索词，商家添加的关键词是联系店铺和买家之间的重要线索，如果能为推广的宝贝设置匹配的关键词，当买家搜索对应关键词时，商家推广的宝贝将有机会展现在买家眼前，获得潜在买家的注意。可以为多个宝贝设置同一个关键词。但是当该关键词被搜索到时，最多可以展示卖家的两个宝贝（按综合排名）；如果综合排名相同，则展现设置时间较早的宝贝。建议尽量根据不同宝贝的特点设置不同的关键词。

**【操作步骤】**

既然关键词这么重要，那么怎么选择关键词呢？有哪些选择方法呢？

**STEP 1** 可以根据淘宝直通车系统提供的关键词作为自己的关键词，如图 10.28 所示。

• 您可以通过设置关键词的不同匹配方式来提高关键词的展现机会，广泛匹配能获得最多流量，精准匹配能获得精准流量，中心词匹配介于2者之间，了解详情 >>
• 每个推广宝贝最多可设置200个关键词，每行输入一词，按回车输入下一个。

查询到关键词数量为300

宝贝匹配的关键词　相关词查询　其它宝贝使用的关键词

词源：计算机设备　移动设备　词包：均衡包　流量包　转化包

| 关键词 | 相关度 | 展现指数 | 市场平均出价 | 竞争指数 | 点击率 | 点击转化率 |
|---|---|---|---|---|---|---|
| << 女斜挎包 | 95.00% | 1148113 | 1.48元 | 5563 | 0.50% | 1.40% |
| << 斜挎包 | 94.00% | 861713 | 1.37元 | 4442 | 0.40% | 0.88% |
| << 包女 2014 | 93.00% | 5701 | 0.86元 | 972 | 0.44% | 0.00% |
| << 包袋 | 93.00% | 4464697 | 0.95元 | 3781 | 0.30% | 1.11% |
| << 2014斜挎包 | 92.00% | 3666 | 1.06元 | 517 | 0.44% | 0.00% |
| << 可爱斜挎包 | 92.00% | 21124 | 0.47元 | 730 | 0.82% | 0.94% |
| << 时尚斜挎包 | 92.00% | 12857 | 0.93元 | 1038 | 0.35% | 3.70% |
| << 斜挎包女2014 | 92.00% | 9673 | 1.28元 | 662 | 0.46% | 0.00% |
| << 女时尚包 | 92.00% | 8130 | 0.97元 | 844 | 0.70% | 0.00% |
| << 包 女 | 92.00% | 157263 | 0.99元 | 3748 | 0.51% | 1.47% |

您还可以添加200个　<< 添加当前页　广泛匹配　中心词匹配　精确匹配

图 10.28 淘宝直通车系统提供的关键词

- 系统推荐：系统根据宝贝相关性信息提取的关键词推荐。
- 相关词查询：在搜索框中输入任意词，查询本词及相关词的流量等情况。
- 正在使用的关键词：当前账户中其他宝贝的关键词。

**STEP 2** 热卖宝贝标题中的关键词，如图 10.29 所示。

图 10.29 热卖宝贝标题中的关键词

**STEP 3** 商品详情里的属性词，如图 10.30 所示。

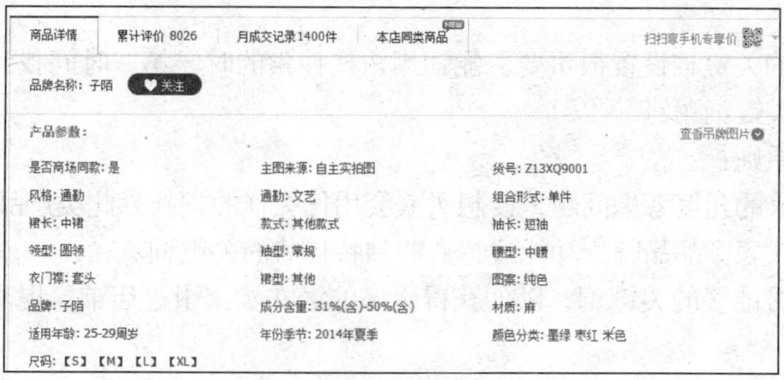

商品详情 累计评价 8026 月成交记录1400件 本店同类商品 扫扫享手机专享价
品牌名称：子陌 关注
产品参数： 查看吊牌图片
是否商场同款：是 主图来源：自主实拍图 货号：Z13XQ9001
风格：通勤 通勤：文艺 组合形式：单件
裙长：中裙 款式：其他款式 袖长：短袖
领型：圆领 袖型：常规 腰型：中腰
衣门襟：套头 裙型：其他 图案：纯色
品牌：子陌 成分含量：31%(含)-50%(含) 材质：麻
适用年龄：25-29周岁 年份季节：2014年夏季 颜色分类：墨绿 枣红 米色
尺码：【S】【M】【L】【XL】

图 10.30 属性词

**STEP 4** 淘宝首页搜索下拉框中的关键词，如图 10.31 所示。

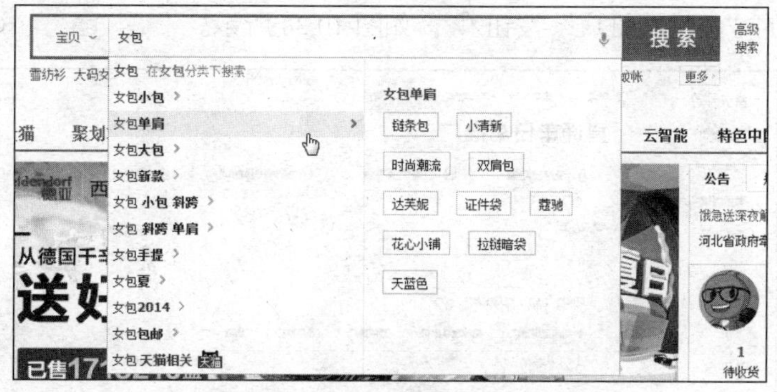


图 10.31 淘宝首页搜索下拉框中的关键词

**STEP 5** 搜索结果页面中的“你是不是想找”以及更多筛选条件中的关键词，如图 10.32 所示。

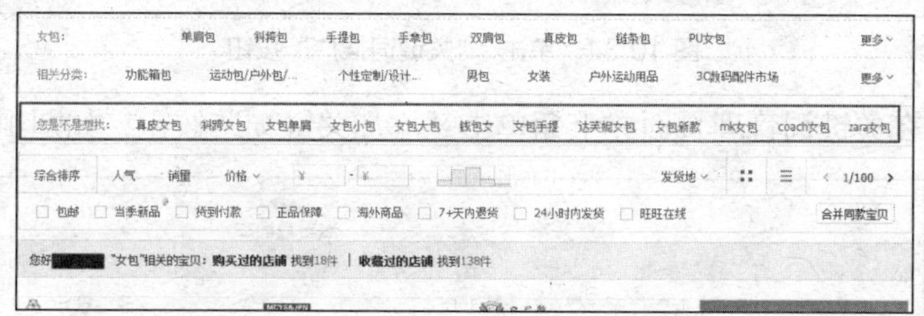


图 10.32 “你是不是想找”关键词

**STEP 6** 宝贝分类中的关键词，如图 10.33 所示。

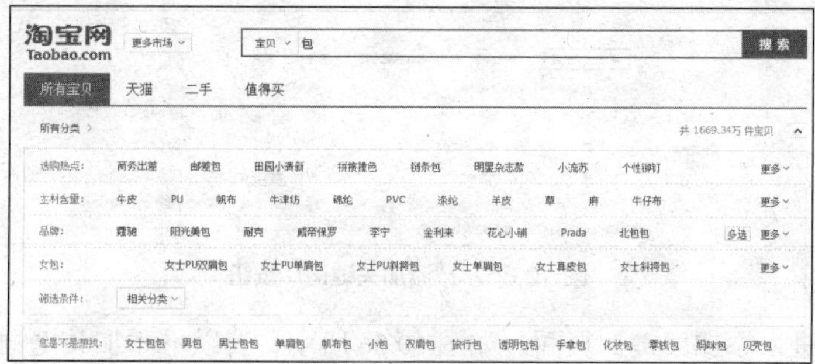


图 10.33 类目中的关键词

### 10.4.2 如何添加关键词

【知识要点】

淘宝直通车的关键词设置很重要，能让用户在搜索的时候第一时间找到商家，那么怎么添加淘宝直通车关键词呢？

添加关键词原则：

（1）站在买家的角度考虑问题，设想买家会用什么样的词找寻此类产品或服务。

（2）选择能代表商品品牌、功能或特点的独特优势的关键词。

（3）添加尽可能多的关键词，以便获得更多的潜在买家引进店铺，提高店铺和商品的出镜率。

【操作步骤】

了解了关键词的选词方法和热门关键词后，下面介绍如何添加关键词。

**STEP 1** 进入淘宝直通车页面，单击“直通车日常推广”，可以看到正在推广的宝贝，单击宝贝右下角的“关键词推广”按钮 🔍，如图 10.34 所示。

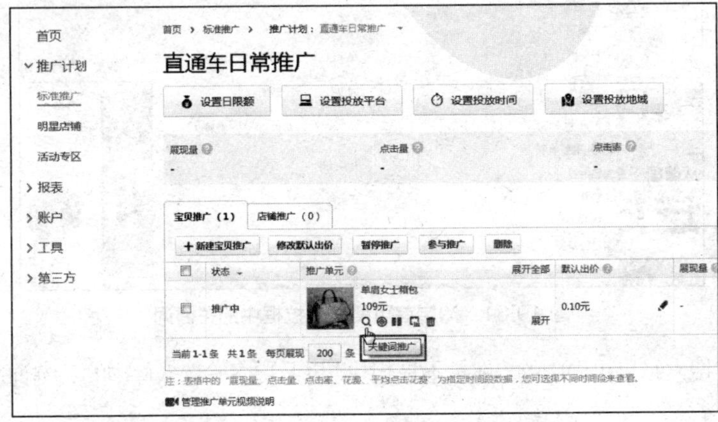


图 10.34　单击“关键词推广”按钮

**STEP 2** 在关键词管理页面右上角单击“添加关键词”按钮，如图 10.35 所示。

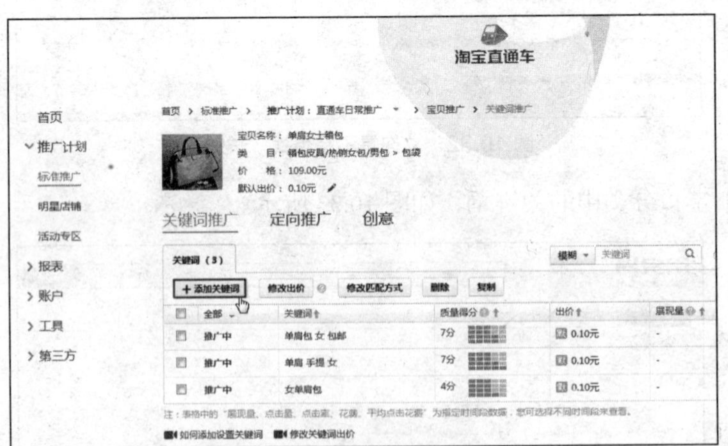


图 10.35　“添加关键词”按钮

**STEP 3** 进入添加关键词页面，如图 10.36 所示，有以下添加关键词的方式。

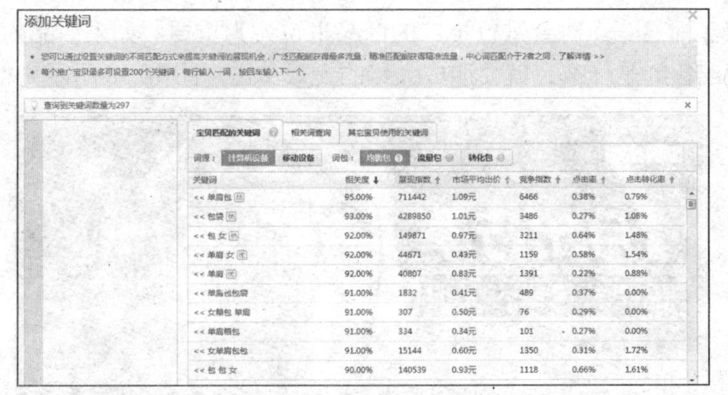


图 10.36　添加关键词页面

- 在选择关键词区左边空白处直接输入想要添加的关键词，或将 txt、word、excel 中的关键词直接复制到空白处，输入每个关键词后需按回车键换行，进行下个关键词的输入。
- 选取右侧第一栏、第二栏“系统推荐”与“相关词查询”中的关键词，进行添加。
- 使用同类宝贝已购买的词，在右侧第三栏单击“正在使用的关键词”，选择同类宝贝，即可添加。

## 10.5　提升开通直通车广告效果

开通直通车后，每天的流量还是没多少，直通车效果不怎么明显。这是什么原因呢？想提升开通直通车广告效果的话，还需要做好以下各方面的工作。

**1．挑选最适合推广的宝贝**

参加直通车推广首先要选好一个宝贝，这是所有推广的第一步。选出来做推广的宝贝，一定要有突出、清晰有力的卖点，能让买家在最短的时间内注意到自己的宝贝。如卖点可以是性价比高（如价格有优势、有促销等）、产品功能强（如产品本身功效好、漂亮等）、品质好（如行货、正品等）。图 10.37 所示为合适的宝贝。

图 10.37　合适的宝贝

**2．图片精致**

买家在购买商品的时候，浏览的速度是很快的，如果商家的商品没有在最短时间内吸引住买家，就会造成客户的流失。经营网店，吸引买家的实际是图片，图片越精美、越真实，就越能吸引买家。而这一点对要进行推广的商品来说尤为重要。如果商品的图片不够清晰明了，买家不清楚出售的是什么，就会造成大量的无效单击。图 10.38 所示为精致的图片。

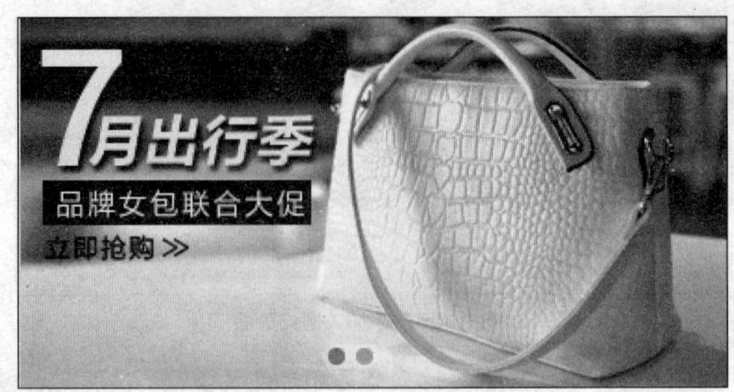


图 10.38　精致的图片

**3. 标题要吸引人**

买家主要通过标题了解商品的卖点，所以标题应该简单直接、卖点明确，让买家即使一扫而过，也能最快地明白商品的特点。

可以参考的商品卖点有产品本身的特性、价格优势、品质或品牌保证、促销优惠信息等。当然，卖点一定要实事求是，夸大的卖点可能会让商家花冤枉钱。店铺宝贝的标题与直通车广告的标题是各自独立的，差别很大，所以要认真了解直通车标题优化技巧。

**4. 选择有效的关键词**

商家需要对客户群体有足够的了解，最好做一定的客户调查，了解客户经常搜索的关键字是什么，以便花最少的钱，做最有效的推广。

单击直通车首页导航栏中的“关键词查询”按钮，进入投放关键词查询页面，可以使用这个功能查询到关键词的一周搜索次数、平均点击单价以及设置了该关键词并且是在系统最精准类目下的宝贝列表，如图 10.39 所示。

- 您可以通过设置关键词的不同匹配方式来提高关键词的展现机会，广泛匹配能获得最多流量，精准匹配能获得精准流量，中心词匹配介于2者之间，了解详情 >>
- 每个推广宝贝最多可设置200个关键词，每行输入一词，按回车输入下一个。

查询到关键词数量为300

斜挎包
斜挎包女2014
2014斜挎包
女时尚包
时尚斜挎包
包 女
可爱斜挎包

您还可以添加193个

宝贝匹配的关键词　相关词查询　其它宝贝使用的关键词

词源：计算机设备　移动设备　词包：均衡包　流量包　转化包

| 关键词 | 相关度 | 展现指数 | 市场平均出价 | 竞争指数 | 点击率 | 点击转化率 |
|---|---|---|---|---|---|---|
| << 女斜挎包 | 95.00% | 1097232 | 1.58元 | 4857 | 0.60% | 1.38% |
| << 斜挎包 | 94.00% | 863664 | 1.24元 | 4207 | 0.41% | 0.95% |
| << 包袋 | 93.00% | 4289850 | 1.01元 | 3486 | 0.27% | 1.08% |
| << 可爱斜挎包 | 92.00% | 20031 | 0.39元 | 722 | 0.88% | 1.38% |
| << 时尚斜挎包 | 92.00% | 10761 | 0.84元 | 980 | 0.39% | 3.92% |
| << 斜挎包女2014 | 92.00% | 8801 | 1.03元 | 771 | 0.42% | 0.00% |
| << 女时尚包 | 92.00% | 6582 | 0.91元 | 701 | 0.79% | 0.00% |
| << 2014斜挎包 | 92.00% | 3929 | 0.77元 | 600 | 0.30% | 0.00% |
| << 包女 2014 | 92.00% | 5188 | 0.98元 | 725 | 0.74% | 0.00% |
| << 包 女 | 92.00% | 149871 | 0.97元 | 3211 | 0.64% | 1.48% |

<< 添加当前页　广泛匹配　中心词匹配　精确匹配

图 10.39　选择合适的关键词

**5. 价格优势**

买家选定一款商品，经常会在淘宝中定向搜索该款商品进行价格对比，如果商家的价格没有优势，那就是在花钱给别人打广告了。

**6. 利用各类报表**

利用报表的数据去分析，宝贝推广后观察账户的点击数据，利用市场数据来检验推广效果。通过对各类数据的分析，商家可以了解到自己推广设置不足的地方并加以改正。

（1）关键词无展现量或者展现量过低的冷僻词需要替换掉，非冷僻词微调价格。

（2）排在前面但无展现量、无点击的词，需要替换掉。

（3）部分关键词出价较高，流量一般，整体花费多，调整出价。

（4）关键词好、流量低，如果是因为排名太靠后，建议把价格适当提高。

（5）如果类目产生的扣费很多但没效果，建议也改低一下类目出价或者调整其他宝贝进行类目出价。

（6）对于展现量很高、没有点击量的词，检查是否是因为关键词与宝贝的相关性太低，导致搜索了该关键词的人看到宝贝并没有产生兴趣。如果符合这种情况，替换成与宝贝相关性更高的关键词。

## 10.6 直通车优化

直通车是一个点击付费的引流工具，直白地说就是花钱买流量的工具。而优化直通车的目的，就是少花钱买更多的流量。

### 10.6.1 质量得分相关介绍

质量得分主要用于衡量关键词与宝贝推广信息和淘宝网用户搜索意向三者之间的相关性，其计算依据涉及多种因素。

质量得分有助于通过淘宝直通车向淘宝网买家展现与其购买意愿更相关的宝贝。具有相关性的宝贝推广信息往往能够吸引更多的点击次数、赢得更高的排名，从而给淘宝直通车用户带来更理想的推广效果。

只要宝贝相关信息质量够高，就可以用相对更少的推广费用把更优质的宝贝信息展现在更适当的展示位置上，使买卖双方获得双赢，让买家更快、更准确地找到想购买的宝贝，同时也让用户拥有更精准的宝贝流量。

影响质量得分的因素有：

（1）关键词与宝贝本身信息的相关性。

（2）关键词与宝贝类目和属性的相关性。

（3）关键词与宝贝在淘宝上推广的反馈，包括成交、收藏和点击。

（4）账户的历史记录，根据账户内的所有推广和关键词的反馈计算得出。

（5）宝贝详情页质量。

（6）其他相关因素。

### 10.6.2 产品宝贝优化

产品作为用户搜索的主要入口，在用户购买的第一步里，是否能让用户形成购买，或者使其继续浏览店铺内其他宝贝是至关重要的。

**1. 选择合适的宝贝推广**

推广的宝贝作为店铺展示的窗口，对于整个店铺的人气提升有着非常大的帮助。选出来做推广的宝贝，一定要有突出的卖点。清晰有力的卖点能让买家在最短的时间内注意到店铺的宝贝，并被吸引。所以店铺中推广人气商品的选取要遵循以下七大基本原则。

（1）宝贝有应季性和前瞻性。如在盛夏重点推广雪纺裙和 T 恤时，要及早为秋款打底衫进行预热。

（2）宝贝符合当前潮流趋势和社会主流价值需求。如夏天销售的 T 恤具有莱卡、泡泡袖、人头像等今年大热的时尚元素，则更容易被大众接受，对成交也有促进作用。

（3）宝贝具有一定的成交记录和客户评价。由于网购无法看到实物，用户除了通过图片和文字介绍来了解宝贝外，历史购买记录和客户的评价也是用户是否会产生购买的重要依据。

（4）宝贝货源充足。推广对宝贝的销量有推进作用，同时也会产生滞后购买效应，所以库存量充足也是推广不可忽视的。

（5）宝贝市场需求量大，目标购买人群规模较大。重点推广的宝贝最好是市场大、目标用户群范围较广的，新奇或者个性的宝贝作为人气宝贝来推广存在一定的市场需求。

（6）宝贝在货源渠道和销售价格上具有优势。推广为宝贝争取了更多的展示机会，如果产品有价格优势，对成交的推动和成本的控制都有一定的推动作用；如市面上的雪纺衫大部分价格集中在 80 至 120 元之间，如果自己的产品成本可以在 40 元以下，则相对推广优势会更大。

（7）宝贝颜色尺码等齐。由于客户需求不同，如果具备多种颜色可以供选择，并且常用尺码都备货充足，对销售也会起促进作用。

**2．提高宝贝的展现几率**

推广的宝贝只有具备了更多的展示机会，才可能获得更多的客户。但是除了单纯提高出价以外，还有哪些方法可以提高展现量呢？这里主要解析两个因素：推广内容和类目属性。

选择正确的宝贝类目属性，为宝贝选择正确和全面属性，也有助于关键词质量得分的提高。

**3．给买家留下良好的第一印象**

合理使用店招：店招中能将店铺的特点进行鲜明概况，使买家对店铺产生兴趣和信任，从而引导买家浏览宝贝。

合理搭配促销：将店铺 VIP、淘宝 VIP、抵价券、包邮、收藏有礼等结合使用，绑定各种类型的消费者，对促进买家购买能起到推动作用。

贴心服务保障：消保服务、假一赔三、7 天无理由退换、信用卡支付等都在很大程度上可以提高买家购买的信心和操作的简易度，为宝贝直接加分。

完美主图诱人价格：主图以正方形清晰大图为佳，能够体现宝贝的质量和美观，价格应以在同类产品中具有优势为佳，吸引买家继续浏览。图 10.40 所示为简单明了的图片。

打开页面马上看到清晰的产品大图，产品促销形式多样化，并且包邮，有较高的成交记录，让买家对宝贝产生良好的第一印象，如图 10.41 所示。

图 10.40　简单明了的图片

图 10.41　产品促销多样化

**【技能训练】**

给自己的直通车推广计划设置每日扣费的最高限额。设置日限额 30 元，如图 10.42 所示。为推广计划设置投放区域，这里选择所有地区“全选”投放，如图 10.43 所示。还要为推广计划设置投放时间及对应时间段的宝贝出价，如图 10.44 所示。

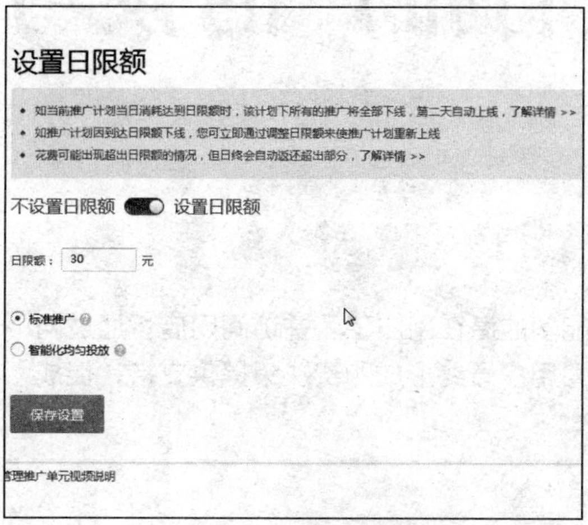

图 10.42　设置日限额信息

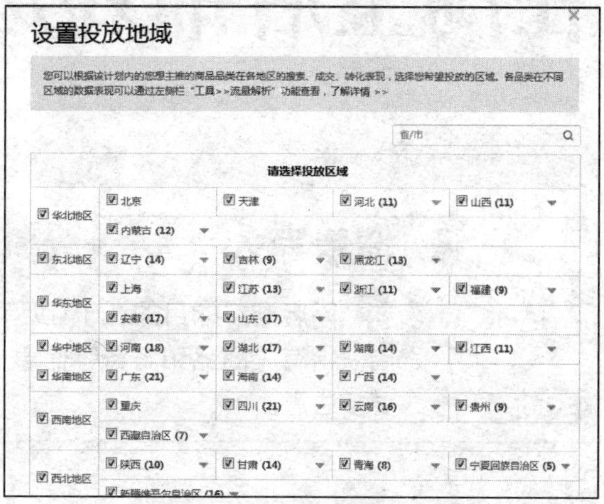

图 10.43　设置投放区域

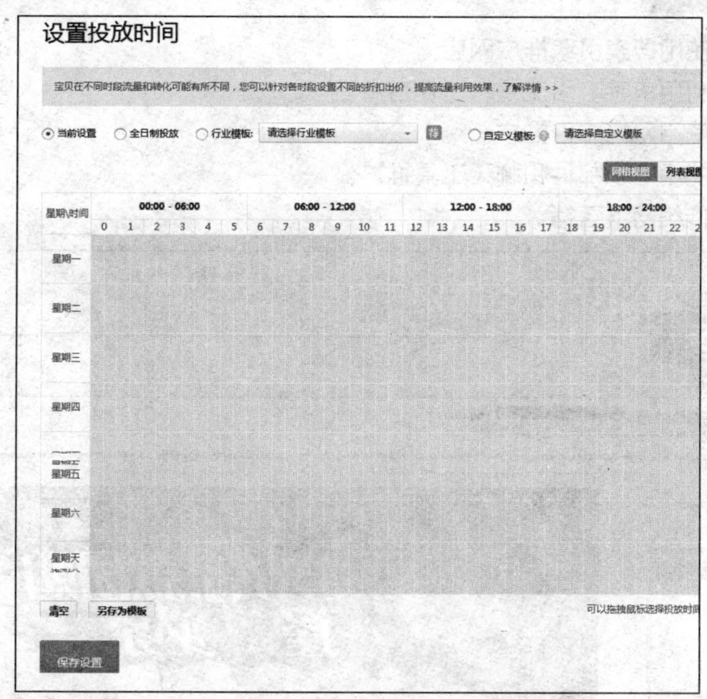


图 10.44　设置投放时间

# PART 11 第 11 章
# 在淘宝店铺外进行推广的技巧

## 情景导入

网店推广的目的在于让尽可能多的潜在用户了解并访问网店，通过网店获得有关商品和服务等信息，为用户最终形成购买决策提供支持，促成更多生意。

## 知识要点

- 使用搜索引擎推广网店。
- 利用博客吸引流量，留住客户。
- 使用网络广告推广。
- 使用电子邮件和聊天工具推广。
- 传统网下营销。

## 课堂案例展示

邮件推广

# 11.1 使用搜索引擎推广网店

搜索引擎是指根据一定的策略、运用特定的计算机程序从互联网上搜集信息，在对信息进行组织和处理后，为用户提供检索服务，将用户检索相关的信息展示给用户的系统。

## 11.1.1 登录搜索引擎

全世界大部分的互联网用户采用搜索引擎来查找信息，而通过其他推广形式访问网站的只占很少一部分。这就意味着当今互联网上最为经济、实用和高效的网站推广形式就是搜索引擎登录。

到新浪、搜狐、百度、雅虎等一些大的搜索引擎网站去登录一下，提交引擎的时候尽可能地到各大搜索引擎都提交一下，因为不可能所有的互联网用户都只使用一个搜索引擎。下面这些登录搜索引擎网站网址最好都登录一下。

百度搜索引擎登录入口：http://www.baidu.com/search/url_submit.html。图 11.1 所示是百度的搜索引擎。

图 11.1　百度搜索引擎

搜狗搜索引擎登录入口：http://www.sogou.com/feedback/urlfeedback.php，如图 11.2 所示。

搜搜登录入口：http://www.sousuoyinqingtijiao.com/soso/，如图 11.3 所示。

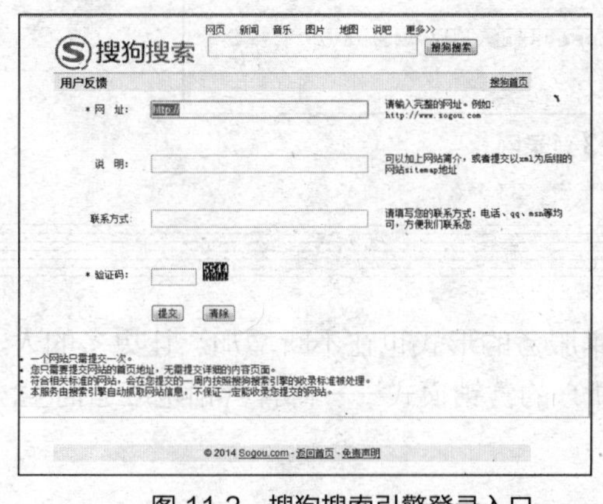


图 11.2　搜狗搜索引擎登录入口

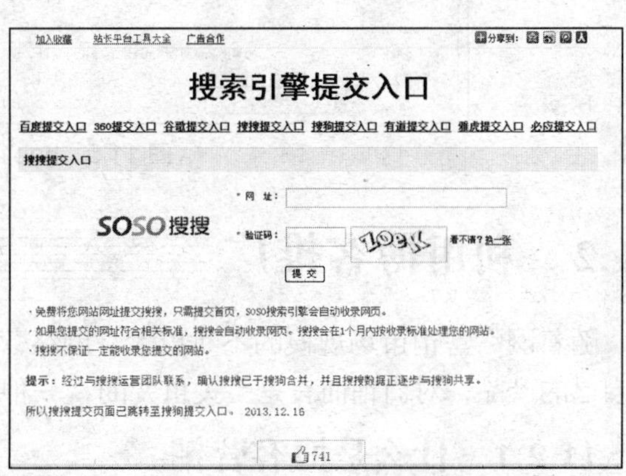


图 11.3　搜搜登录入口

Google 网站登录入口：http://www.google.cn/intl/zh-CN_cn/add_url.html，如图 11.4 所示。

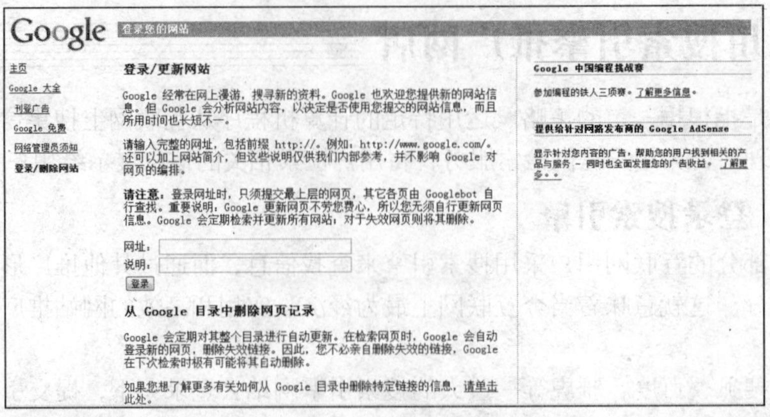


图 11.4 Google 网站登录入口

登录搜索引擎操作步骤如下：进入搜索引擎登录页面，输入网址，提交即可。如果搜索引擎不接受，那就多提交几遍，直到被接受为止。由于搜索引擎收录新网站有一定的工作周期，一般为 1 周至 2 个月不等，因此越早动手越好。

### 11.1.2 登录导航网站

现在国内有大量的网址导航类站点，如 http://www.hao123.com/、http://www.265.com/ 等。在这些网址导航类上做链接，也能带来大量的流量，不过现在想登录像 hao123 这种流量特别大的站点并不是件容易事。如图 11.5 所示，在网址导航站点 hao123 登录。

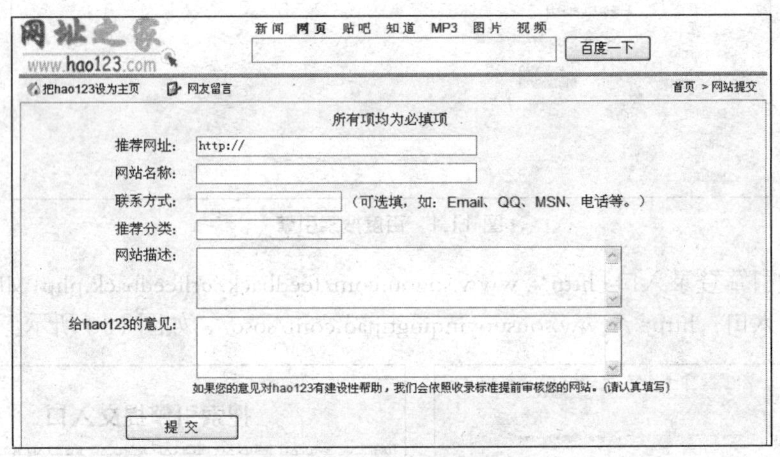


图 11.5 hao123 登录网

## 11.2 利用博客推广

随着网络营销市场规模的不断扩大，网络营销服务的形式也在不断增加。让更多的人了解自己的产品，对商铺而言是至关重要的，一种新兴的营销模式——博客营销也应运而生。

### 11.2.1 什么是博客营销

要了解博客营销，首先要知道什么是博客。博客最初的名称是 Weblog，由 web 和 blog 两个单词组成，英文单词为 BLOG，按字面意思就是网络日记。后来喜欢新名词的人把这个词的发音故意改了一下，读成 we blog。由此，blog 这个词被创造出来。图 11.6 所示是通过博客推广店铺。

（1）博客营销以推广运营为目的，影响力大。“戴尔笔记本”等博客门事件的陆续发生，证实了博客作为高端人群所形成的评论意见影响面和影响力度越来越大。博客渐渐成为网民的“意见领袖”，引导着网民舆论潮流，他们所发表的评价和意见会在极短时间内在互联网上迅速传播开来，对店铺品牌造成巨大影响。

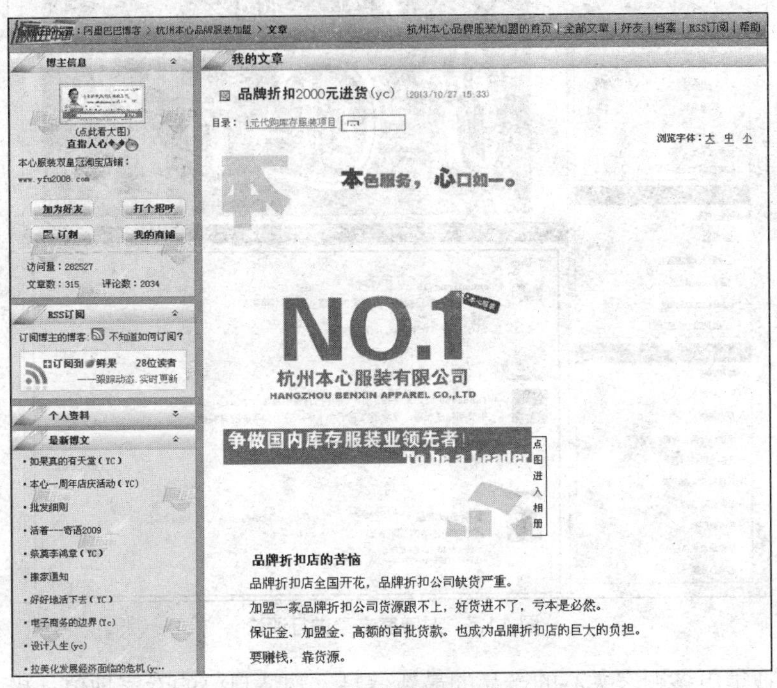


图 11.6　通过博客推广店铺

（2）大大降低推广费用。大部分博客平台基本都是免费提供，只需要遵守博客的准则，填写相关的信息即可。通过博客的方式，在博客内容中适当加入推广产品的信息（或者直接切入链接）达到店铺推广的目的，这样的“博客推广”也是极低成本的店铺推广方法，降低了一般付费推广的费用，大大提升了店铺的访问量。

（3）口碑营销。潜在顾客受到文章观点的影响后，会跟家人、朋友、合作伙伴等谈论沟通，潜移默化地介绍影响他的店铺，这就是广告，而且广告成本比其他媒体成本要低得多。这样不但为店铺降低了成本，还增加了销售量与利润率。

（4）博客平台往往拥有庞大的忠实的用户群体，用户直接可以自由互访，并且可以将文章进行转载、留言、评论，实现博客之间的互动交流。特别是有价值的博文会吸引大量潜在用户浏览，从而达到向潜在用户传递营销信息的目的。卖家可以与买家直接互动，及时获得产品相关的反馈。图 11.7 所示为对博客文章进行的评论。

（5）博客可以营造出一个空间让顾客抒发其真实想法，让店铺同真实的人建立并维持一个良好的更进一步的关系。如果想知道新产品为什么销量不高，也可以直接上博客询问客户，他们会很诚实地说出来。

（6）可以通过博客宣传店铺的文化和理念，获得更多的价值认同感。

（7）可以通过博客为顾客提供坚实的优质客户体验，让他们从单纯的消费者变成店铺和产品的推广大使。

图 11.7 对博客文章进行评论

（8）可以搜集更多顾客关心的产品的最新信息，塑造自己的专家地位，极大地增加客户的信赖感。

（9）在博客中，可以写一些产品的使用技巧、营销推广、店铺的最新动态等一些轻松的话题，如图 11.8 所示。可以利用博客无限散发店铺或者个人的魅力，把自己或者店铺本身打造得具有品牌效应。

图 11.8 写一些营销推广技巧

### 11.2.2 博客文章写作技巧

博客文章最重要的就是内容了。一篇好的内容是读者能够认真看下去的必要条件，也是传达作者理念和博客营销效果最大化必须具备的东西，同时还是留住读者以及后续回访者的基础条件。内容是文章的核心、灵魂。所以好博文最重要的就是文章的内容要好。好文章的内容有 3 个特点：实用、创意、易懂。

丰富的博文内容，可以从以下几方面来挖掘。

**1．产品形象情节化**

最好的方法就是把自己对产品的赞美情节化，让人们通过感人的情节来感知认知产品。这样客户记住了瞬间的情节，也就记住了自己的产品。

**2．行业问题热点化**

在博客文章写作过程中，一定要抓行业的热点，不断地提出热点，才能引起客户的关注，通过行业的比较显示出自己产品的优势。要做到这些也就要求博主平时关注时事，关注同行。知己知彼，方能百战不殆。

**3．表现形式多样化**

生动的文章表现形式会给人耳目一新的感觉，可以从不同的角度、不同的层次来展示产品，如以拟人的形式或者童话形式等。越有创意的写法，越能让读者耳目一新，记忆也就越深刻。

**4．产品功能故事化**

博客营销文章要学会写故事，更要学会把自己的产品功能写到故事中去。通过一些生动的故事情节，自然地让产品自己说话。

博主需要平日多留意身边的事情及老顾客的反馈情况，凡是和产品有关的事，即使是一些鸡毛蒜皮的小事，只要能给产品带来正面的影响都可以写。如果博主有足够的想象力，甚至可以编故事，当然这个故事一定要围绕着产品展开。图 11.9 所示为产品故事化。

**5．产品博文系列化**

这一点非常重要，博客营销不是立竿见影的电子商务营销工具，需要长时间地坚持不懈。因此，在博文写作中，一定要坚持系列化，就像电视连续剧一样，不断有故事的发展，还要有高潮，这样博文影响力才大，才能留住读者。

**6．博文字数精短化**

博客不同于传统媒体的文章，既要论点明确、论据充分，又要短小耐读，既要情节丰富、感人至深，又不能花太多的阅读时间。所以，一篇博文最好不要超过 1000 字，坚持短小精悍是博客营销的重要法则。

**7．博文内容有价值**

博客文章真正能起到营销作用在于文章能给予读者所需要的东西。博客营销和其他博客的最大区别就在于此，其他的博客可以抒发情感、随心所欲地写，但营销博客不可以，不仅要保证每篇博文带来应有的信息量，还要有知识含量、趣味性，另外要有经验的分享，让访客每次访问自己的博客都有所收获。这是黏住客户最好的方法。图 11.10 所示的博文提供了营销推广知识，这些知识对读者来说是有价值的内容。

跌倒滚爬书写不败的农业梦—— 江夏芦荟王

黄向阳 | 创建时间：2013年04月26日 15:09 | 浏览：115 | 评论：3

标签：芦荟 芦荟苗 创业 美容 江夏芦荟

福建江夏芦荟公司/黄向阳

望着开满金黄色芦荟花的江夏芦荟种植园，闻着一棵棵壮实的美国库拉索芦荟散发出的淡淡清香味，看着工人和实验小学小朋友们忙于采摘的情景，我不禁感慨："我的经历写下来起码要厚厚好几本书呢！"

"为了家人过上好日子，我的第一个梦想，与土地有了不解情"

上世纪七十年代，我出生在一个曾被批斗的富农家庭，家里一贫如洗，小学开始虽然弱小但没有没干过的农活，捡猪粪便，挑水浇菜卖菜……，初中时更是跟随父亲嫁接龙眼树满山跑，大学时，由于整个暑期忙于收三角柱同学们叫我小黑炭。那时的梦想是，赚钱，让家人过上好日子。

上世纪90年代中期一个客户的来临，让我原本平静的心泛起波澜，得知客户来是为了收三角柱销往漳州并供不应求，那时还在大学的我利用星期六的时间向同学借了100元只身前往，谁又能想到，这一趟没吃没喝的一天却是让我与土地有了不解情的开始，走了大半个百花村收集了客户的地址，回去——写信告之我们这边有便宜质量上乘的三角柱，功夫不负人，有回信要货的，也有直接打订金的，那时一天能赚十几元钱能睡上六小时是很不错了。写信一来一回的太慢了，于是我私自用赚来的3600元按了部电话，却换来家人二三个月的冷战，家庭又没钱了，但我却暗暗下决心：一定要创一番事业。"

"瞒着家人，活埋了50亩的彩色仙人球"

96年大学毕业后，一个河南的客户聊天时透露彩色仙人球在他们那很火，一棵可以卖到十几元，同时也是用三角柱嫁接的，当时，福建还没有人规模化种植仙人球，究竟怎么种、市场又在哪儿，一无所知。即使这样，我还是漫无目的到处打听，还真了解到彩色的仙人球的销路，河南客户提供仙人球的种，但买球要钱，钱从哪里来？于是，只好"连骗带哄"从母亲娘家那儿借到2000元，走出了创业的第一步，实现了自己的第一个梦想，让家人过得更好！

五颜六色的仙人球非常热卖，但没过四五年，就在当地电视、报刊纷纷采访我的仙人球，家中盖新房时，令人羡慕的仙人球却开始走下坡，漳州百花村开始一蜂拥而上种植彩色仙人球，客户有了更多的选择，前来订货的越来越少。2001年的一天，我从一客户头得知，芦荟是个宝，有食用药用美容等功效，顿时来了灵感："我也要种芦荟。"于是不顾家人的反对毅然活埋了50亩的仙人掌，有得必有失，鱼与熊掌不可兼得，只有这样才能甩开膀子大干。

图 11.9　产品故事化

八招教你玩转百度首页+河南童装批发

白艳艳 | 创建时间：2013年12月02日 22:48 | 浏览：2514 | 评论：81

标签：河南童装批发 外贸童装批发 金燕四季外贸童装 阿里巴巴 秋冬外贸童装 标题优化

金燕外贸童装小张好久都想写点干货出来，一直苦于脑中枯萎，今天终于总结出来了几点，供大家参考！

一、关键词

主关键词指数太高，那就使用地区关键词或者长尾关键词，比如：河南童装 河南童装批发等

二：信息平台营销（58，赶集，百姓网等）

通过这些平台去发布你公司的产品信息，我相信各位老板都逛过58同城，赶集，易登网等这样类似的网站，这些平台的流量都是非常高，也能让你的客户通过58内部平台找到你，同样最后的目的也是要让产品关键词排上百度首页，增加了曝光率，及产品知名度。大家说这第二剑要不要用，这样子做好不好？

三：视频营销（56，优酷，土豆等）

视频营销的影响里是最大的，通过视频，可以展现你公司的具体情况，及你产品的最新介绍，让你的客户进一步了解到你，视频也不是简简单单的做个视频传上去，也是一样通过做关键词排上百度首页，通

图 11.10　博文内容有价值

## 11.3 使用网络广告推广

网络推广具有广泛性、时效性、公平性、经济性、针对性、长期性等特点，对于想开拓外贸市场的朋友来说，网络推广的低投入、高回报、门槛低、范围广等特点更为突出。

### 11.3.1 什么是网络广告

简单地说，网络广告就是在网络平台上投放的广告。利用网站上的广告横幅、文本链接、多媒体的方法，在互联网刊登或发布广告，通过网络传递到互联网用户的一种高科技广告运作方式。

与传统的四大传播媒体（报纸、杂志、电视、广播）广告及备受青睐的户外广告相比，网络广告具有得天独厚的优势，是实施现代营销媒体战略的重要部分。Internet 是一个全新的广告媒体，速度最快，效果很理想，是中小企业扩展壮大的很好途径，对于广泛开展国际业务的公司更是如此。

它是广告主为了推销自己的产品或服务在互联网上向目标群体进行有偿的信息传达，从而引起群体和广告主之间信息交流的活动。简言之，网络广告是指利用国际互联网，通过图文或多媒体方式发布的营利性商业广告，是在网络上发布的有偿信息传播。

### 11.3.2 网络广告的类型

网络广告是常用的网络营销策略之一，在产品促销、网店推广等方面均有明显作用。网络广告存在于各种网络营销工具中，只是具体的表现形式不同。对于网店推广比较有用的广告类型有以下几种。

**1. 图文广告**

图文广告是以 GIF、JPG 等格式建立的图像文件，大多用来表现广告内容，同时还可使用 JavaScript 等语言使其产生交互性，是最早的网络广告形式。图文广告包含 Banner 广告、按钮广告、通栏广告、竖边广告、巨幅广告等。图 11.11 所示为图文广告。

图 11.11 图文广告

**2. 文本链接广告**

文本链接广告是以文字作为一个广告，点击可以进入相应的广告页面。这是一种对浏览者干扰最少，但却较为有效果的网络广告形式。有时候，最简单的广告形式效果却最好。文本链接广告位的安排非常灵活，可以出现在页面的任何位置，可以竖排，也可以横排，每一行就是一个广告，点击每一行都可以进入相应的广告页面。这种广告的好处就是能根据浏览者的喜好提供相应的广告信息。对于这一点，其他的广告形式是很难做到的。图 11.12 所示为文本链接广告。

图 11.12 文本链接广告

**3. 搜索引擎竞价排名**

直通车就是关键词搜索引擎竞价排名广告的典型代表，不同的是，直通车只在淘宝网上投放，而搜索引擎竞价排名则是在各大搜索引擎上竞价。两者原理是一样的，只是搜索引擎竞价要比直通车贵很多，对于中小卖家来说都是难以承受的天价。当然，搜索引擎带来的流量也是不可估量的。如果店主能承受高额的广告投放费用，也可以试试。

**4. 活动赞助**

活动赞助是指卖家为了获得推广店铺的效果，向某些活动或团体提供资金或实物支持的一种行为。赞助的目的是为了提高店铺的知名度和浏览，从而增加销量。图 11.13 所示为一个活动赞助。

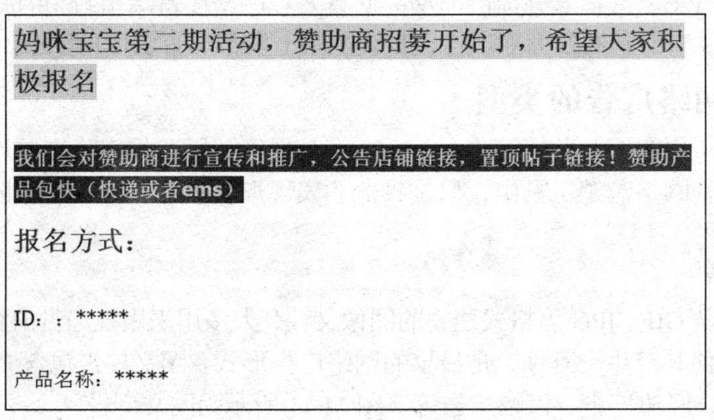


图 11.13 活动赞助

# 11.4 使用电子邮件推广

电子邮件因为方便、快捷、成本低廉等特点，成为目前使用最广泛的互联网应用，是一种有效的推广工具。

## 11.4.1 电子邮件营销优势

电子邮件推广也称为 E-mail 推广，使用一次即可，多次发送会给他人留下不好的印象，影响口碑。它常用的方法包括邮件列表、电子刊物、新闻邮件、会员通讯、专业服务商的电子邮件广告等。拥有潜在用户的 E-mail 地址是开展 E-mail 营销的前提，这些地址可以是企业从用户、潜在用户资料中自行收集整理的，也可以利用第三方的潜在用户资源。如果邮件发送规模比较小，可以采取一般的邮件发送方式或邮件群发软件来完成；如果发送规模较大，就应该借助于专业的邮件列表发行平台来发送。发送 E-mail 推广方式成功的关键是广告信要写得有诚意，而且最好网店所提供的信息内容正好是收到这封信的网友所需要的，如图 11.14 所示。

图 11.14 电子邮件广告推广

### 11.4.2 提高邮件推广效果的技巧

越来越多的企业开始采用电子邮件的营销方式。然而，盲目地推行电子邮件营销却存在着巨大的风险，用户会对收到的大量带有营销目的的电子邮件产生反感甚至感到愤怒，他们总是将那些邮件直接删除。电子邮件若被直接当作垃圾邮件删除，就失去了递送至顾客面前的机会。因此，提高电子邮件营销的效果，变得至关重要。下面是提高邮件推广效果的技巧。

①首先要准确地选择客户群，如果对方对自己的商品不感兴趣，那么自己辛苦制作的电子报就会当作垃圾邮件。

②电子邮件标题要引起用户注意，也要力求吸引人、简单明了，不要欺骗人。内容方面做好用 HTML 格式，排版一定要清晰。如果广告目的是促销或活动，那么标题最好带免费、大奖等字眼。

③开头语简洁明了、突出重点。许多客户在浏览营销邮件时都是一目十行，因此，商家的 Email 只有几秒钟时间来决定能否吸引他们的注意力。保持简洁明了、重点明确是一个有效的方法。一带而过，可立即拉近与客户的距离，而对客户来说，过多的废话实在是多余。

④开头语千万不要过多介绍自己，因为会给人一种推销的感觉，给人的第一感觉就不好。事实上，没有几个客户会有耐心来阅读长篇介绍，不主动过多介绍自己反而会给客户一种很自信、专业的印象，这种印象对商家来说是非常重要的。

⑤运用不同颜色强调重点。在决定使用哪种颜色时，应优先考虑使用基准色。持续使用一种基准色是突出店铺品牌形象的关键。运用不同颜色高亮显示邮件正文中重要的内容，能帮助浏览者更轻松地抓住重点。

⑥不要频繁地发送。别频繁地发邮件，好比打折，天天打折，别人就不会珍惜打折的机会了。天天发邮件，别人也会慢慢习以为常。如果这样他还不来，便失去了这个客户。

⑦店铺标志。在每次发送营销邮件时，也要借机树立店铺的品牌形象。将店铺标志置入每封 Email 中是一种有效的方法。最好是将标志固定在同一位置，可以是顶部的显眼处。

⑧如果要报商品价格的话，所报的价格必须是实价，与现有的市场行情相吻合。价太低，容易给人以甩卖的印象；价太高，也会吓跑客户，客户也不会回复。所以，切勿乱报价，应了解清楚、多比较后再报。

# 11.5 使用聊天工具推广

店铺做直通车推广，不单单只是为了流量，更多是希望能给店铺带来销量。

## 11.5.1 通过 QQ 签名

【知识要点】

QQ 个人设置中，个人资料里有一个性签名栏，这里可以根据自己的爱好、心情来设置与众不同的个性签名。当然，也可以利用 QQ 签名添加自己的广告，例如添加自己的店铺名称。

【操作步骤】

本小节讲述 QQ 签名的设置方法，具体操作步骤如下。

**STEP 1** 登录 QQ 后，单击个性签名文本框，弹出如图 11.15 所示的文本框。

**STEP 2** 在文本框中设置个性签名，如图 11.16 所示。

**STEP 3** 当好友与自己聊天时，聊天窗口上 QQ 头像右边就是设置的 QQ 签名，如图 11.17 所示。这样就可以利用 QQ 签名推广自己的店铺了。

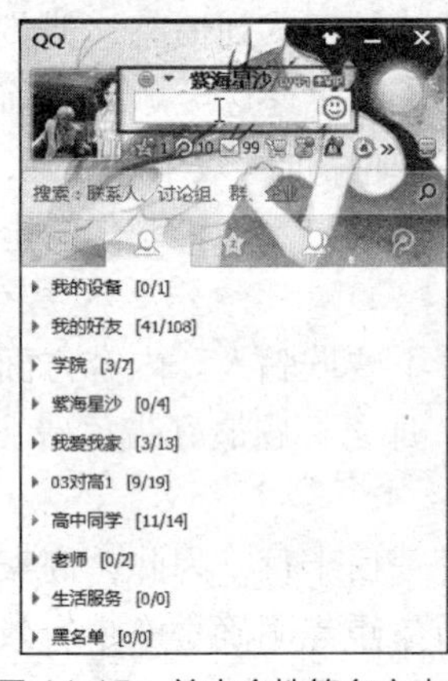


图 11.15 单击个性签名文本框

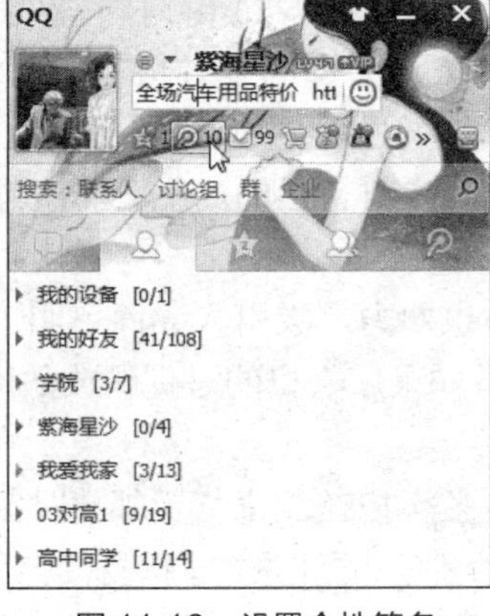


图 11.16 设置个性签名

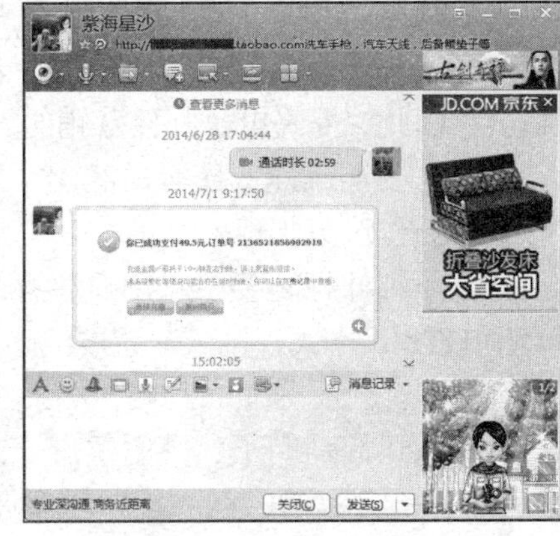


图 11.17 QQ 签名

## 11.5.2 QQ 空间推广

QQ 空间推广一般以提高空间人气为目的，踩他人空间为辅助，两者相辅相成、综合运用，以带来广告效应。这种广告效应是长久的，也是不易被删除、可持续存在的广告内容。利用 QQ 空间提高流量，就是去别人的空间不断留言，使访客都来到自己的空间，在 QQ 空间添加上店铺的广告信息。图 11.18 所示为在 QQ 空间推广。

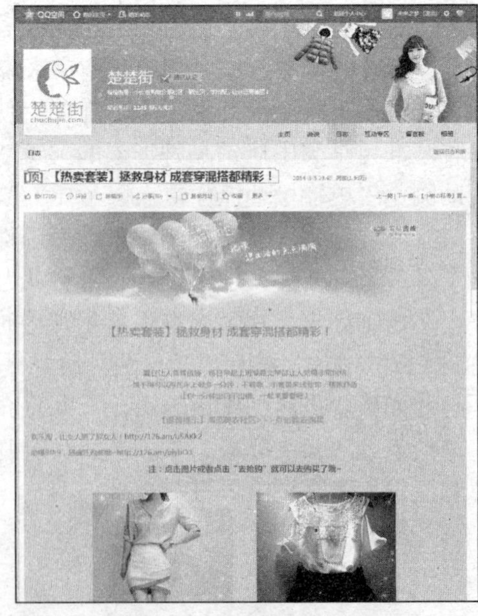


图 11.18 在 QQ 空间推广

可以把 QQ 空间当作自己的另一个店铺，大量上传产品图片和产品信息，还能有店铺的信息链接等，不会被删，也无限制。在 QQ 空间发表文章或是发布店铺、产品信息的同时，可以在他人的信息中心显示该日志动态信息。这就是很不错的产品推广方式，相当于群发。商家只需多加 QQ 好友和空间好友，其发布的产品推广信息就会有在更多的好友空间里露面的机会。

### 11.5.3　通过 MSN 推广

**【知识要点】**

Windows Live Messenger 是一款完美融合 Windows Live 套件之充满乐趣、易于沟通、方便共享等特色的即时通信软件，而现在，Windows Live Messenger 已不仅仅是一种聊天工具，还让用户的沟通与管理文件、相册、联系人都易如反掌。

**【操作步骤】**

**STEP 1** 启动 MSN，单击账号右侧的向下的小三角，在弹出的菜单中选择“选项”，如图 11.19 所示。

**STEP 2** 弹出“选项”对话框，在“键入让其他人看到的个人消息”文本框中输入推广内容，如图 11.20 所示。

**STEP 3** 单击“确定”按钮，添加完个性签名，如图 11.21 所示。

图 11.19　选择“选项”

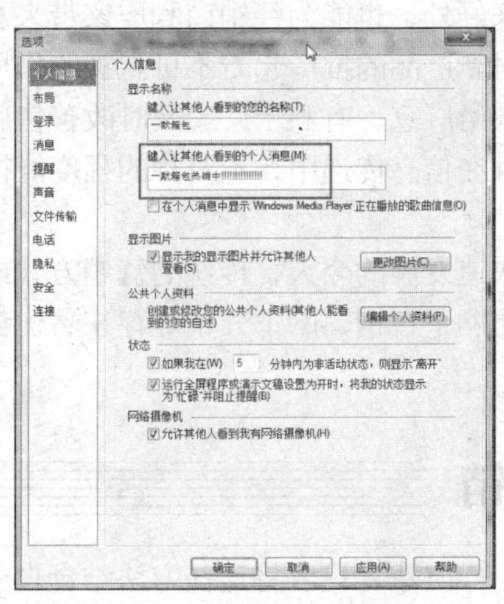


图 11.20　添加广告信息

图 11.21　添加完个性签名

## 11.6　使用网络团购推广

所谓网络团购，是指一定数量的消费者通过互联网渠道组织成团，以折扣购买同一种商品。尽管网络团购的出现只有短短 2 年多的时间，却已成为在网民中流行的一种新消费方式。

当前，越来越多的消费者希望通过网络的方式组成团体采购商品，网络团购的范围小到图书、软件、玩具等小商品，大到家居、建材等价格不很透明的商品，甚至连体检、保险以及各类美容、健身等服务也采用团购的方式。如图 11.22 所示的店铺参加了网络团购，销售量大增。

在传统的采购模式下，消费者处于弱势地位，很难争取到有利于自身的交易条件。而网络团购改变了这种情况，消费者通过团购组织者联合起来进行消费合作，从而提高了消费者在消费过程中的地位，加强了消费者的交易能力，减少了消费者与商家在法律、专业信息等方面不对称的状况。网络团购的商品流通渠道是“生产商→团购代理→消费者”，商品从生产商到消费者所经过的交易次数相对于传统的分销渠道而言极大地减少了，所以，消费者的成本也相应减少。

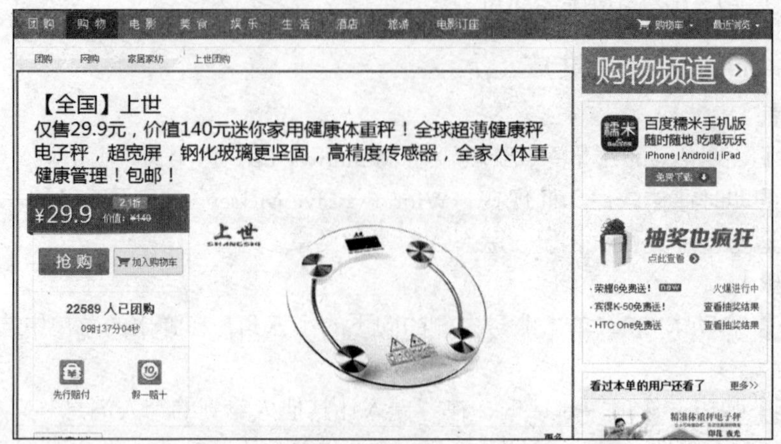


图 11.22 店铺参加了网络团购，销售量大增

团购不仅能为消费者带来好处，也能为经销商和厂家带来利益，对于商家，网络团购是刺激产品销售的渠道之一，对新产品的推广起着不可忽视的作用。并且通过网络团购，消费者的信息能够直接真实地反馈给厂家，有利于厂家及时改善售后服务系统，针对消费者的需要生产适销对路的产品，而且在信息传递中，不对称的程度能得到一定程度的缓解，可以避免不必要的损失。

由此看来，在信息技术快速发展的今天，传统的营销方式或多或少存在缺陷，而网络团购这一新生的营销方式势必比网下直销、网下分销等存在着优势。网络团购成为越来越多的人参与的一场消费革命。

## 11.7 传统网下营销

很多人忽略传统的网下推广方法，只要将这些方法结合自己的店铺进行有计划的推广，并坚持下去，肯定会有意想不到的效果。

### 11.7.1 印刷媒体的重要性

印刷媒体是指报纸、杂志、期刊、商品说明书、火柴盒、包装纸等各类印刷出版物。这类媒介是广告最普遍的承载工具。

报纸的优点是信息传递及时、记者广泛稳定、可信度比较高；刊登日期和版面的可选度较高、便于对广告内容进行较详细的说明；便于保存，制作简便，费用较低。报纸的局限性是时效短、转阅读者少；印刷简单，因而不够形象和生动，感染力相对差些。

期刊的优点是：读者对象比较确定、易于送达特定的广告对象，时效长、转阅读者多、便于保存，印刷比较精美、有较强的感染力。期刊的不足是广告信息传递前置时间长，信息传递的及时性差，有些发行量是无效的。

### 11.7.2 流动广告和免费发放礼物

将爱车两侧及后面贴上广告，当然还是突出淘宝网店网址，从而使别人看到自己网店的流动广告。广告要做得醒目，让人不用离得太近就能看清车上的字。

免费发放礼品，可以在闹市、人流量多的地方发一些环保袋，因为现在环保袋的使用频率很高，同时制作成本低，袋子上可以印上自己店铺的一些信息。

**【技能训练】**

练习通过 QQ 签名推广自己的店铺，要求签名文本框中设置个性签名，如图 11.23 所示。

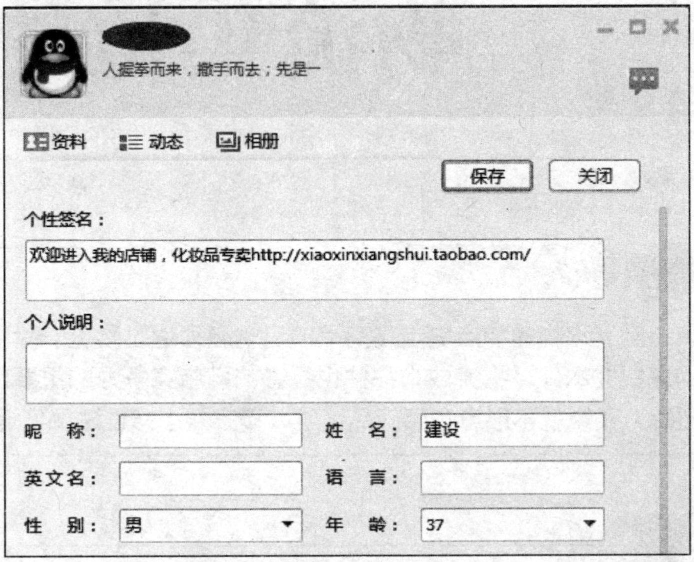

图 11.23 通过 QQ 签名推广自己的店铺

# PART 12 第 12 章 物流渠道的建立

## 情景导入

网上购物的特点决定了商品的运输必须通过物流。除了关系商品定价的进货成本外，物流成本往往也是影响网店竞争力的重要因素。如果运费过高，买家就不愿意购买商品，所以卖家要想方设法降低运费。

## 知识要点

- 选择合适的送货方式。
- 如何包装商品。
- 如何计算运输费用。
- 降低物流成本。
- 防止货物丢失的措施。

## 课堂案例展示

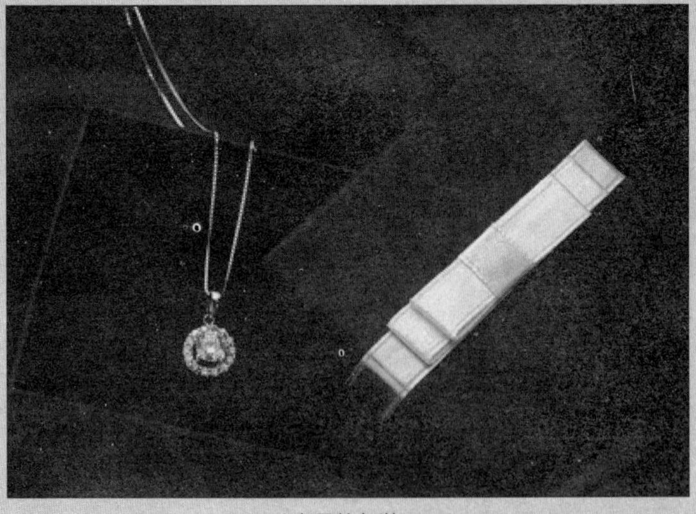

商品的包装

# 12.1 选择送货方式

网店经营作为一种新型的商务模式，代表着商务发展的新方向，网上交易发送的货物需要通过物流来完成，所以一定要选择合适的送货方式。

## 12.1.1 邮政业务

### 1．平邮

平邮是比较常见的一种邮寄方式。邮局的包装材料是比较好，但是价格比较贵，如果卖的东西可以赚很多钱，当然可以无所谓。可以自备剪刀、胶带，制作一个包装材料。邮资包括以下几项。

（1）挂号费：3 元，全国统一，一定收取。

（2）保价费：可以选择不保价，不保价的包裹不收取保价费。

（3）回执费：可以不要回执服务，不用回执的包裹不收取回执费。

（4）资费：视距离远近每千克资费不同。商品包装包括纸箱、布袋、包装胶带等。邮局的纸箱、布袋等是要收费的，也可以自己找纸箱，缝制布袋进行包装，但是必须符合规定。

（5）持续时间：视距离远近一般 5~30 天不等，速度比较慢。

（6）安全保障：每个包裹都有单号，可根据单号查询投递状况。如果邮寄时进行保价，在包裹丢失后可以按保价金额进行赔偿。如果邮寄时没有进行保价，在包裹丢失后最高不超过邮费的 2 倍进行赔偿。

### 2．快递包裹

快递包裹是中国邮政为适应社会经济发展，满足用户需求，于 2001 年 8 月 1 日在全国范围内开办的一项新业务。它以快于普通包裹的速度、低于特快专递包裹的资费，为物品运输提供了一种全新的选择。最好别发快递包裹，速度并不比平邮快，价格很可能比快递贵。

### 3．EMS

EMS 就是邮政特快专递服务，是中国邮政的一个服务产品，主要采取空运方式，加快递送速度。一般来说，根据地区远近，1～4 天到达，安全可靠，送货上门，寄达时间比前两种方式都要快，运费也是这三种里最高的，这比较适合顾客对于收到商品有较高的时间要求或是国际商务的派送。图 12.1 所示为邮政 EMS。

图 12.1 邮政 EMS

优点：时间快，可以上网查询，送货上门，物品安全有保障。

缺点：收费贵，部分地区邮局工作人员派送物件前不先通过电话联系收件人，有可能导致收件人不在指定地点而耽误物件的接收时间。

### 12.1.2 快递公司

中国快递业企业分为四类。

第一类是外资快递企业，包括联邦快递（FEDEX）、敦豪（DHL）、天地快运（TNT）、联合包裹（UPS）、高保物流（GLEX）等。外资快递企业具有丰富的经验、雄厚的资金以及发达的全球网络，图 12.2 所示为联邦快递。

图 12.2 联邦快递

第二类是国有快递企业，包括中国邮政（EMS）、民航快递（CAE）、中铁快运（CRE）等。国有快递企业依靠其背景优势和完善的国内网络，在国内快递市场处于领先地位。图 12.3 所示为民航快递。

图 12.3 民航快递

第三类是大型民营快递企业，包括顺丰速运、宅急送、申通快递、韵达快递、圆通快递、速尔快递等。大型民营快递企业在局部市场站稳脚跟后，已逐步向全国扩张。图 12.4 所示为申通快递。

第四类是小型民营快递企业，这类企业规模小、经营灵活。

图 12.4 申通快递

## 12.1.3 物流托运

在托运前必须将货物的包装和标记严格按照合同中有关条款协议办理。大件物品使用铁路托运。

### 1. 汽车托运

运费可以到付，也可以现付。货物到了之后可能会再向收货方收 1～2 元的卸货费。一般的汽车托运不需要保价，当然，有条件的话当然最好保一下，一般是千分之四的保价费。收货人的电话最好能写两个，一个手机，一个固定电话，确保能接到电话通知。图 12.5 所示为汽车托运。

图 12.5 汽车托运

### 2. 铁路托运

一般铁路托运价格低，速度也快，但是只能到达火车到达的地方。火车站都有价格表，包装得好，现在一般还会贴上“小心轻放”标签。铁路托运价格比较高，一般需要拿传真件和身份证提货，运费得现付，不太方便。图 12.6 所示为铁路托运。

图 12.6　铁路托运

**3．物流公司**

图 12.7 所示为华宇物流。物流公司的发货方式和其他托运站不太一样，托运站一般是点对点，但物流公司可以转到一个城市中的几个点，只要收货人方便。物流公司速度很慢，物流公司中转次数很多，要求货和包装都很好。

图 12.7　华宇物流

## 12.2　包装商品

不要小看了包装这个环节，它关乎商品能否完好无损地送到买家手中。如果包装马虎导致商品在运输途中损坏，那就得不偿失了。商品的包装是商品的重要组成部分，它不仅在运输过程中起保护的作用，而且直接关系到商品的综合品质。

### 12.2.1　服饰类商品

如果是衣服，可以用布袋装。用布袋包装服装时，白色棉布或其他干净、整洁的布最佳。淘宝上有专卖布袋的店，大小不一，价格也不一。如果家里有废弃的布料，也可以自己制作布袋。在包装的时候，一定要在布袋里再包一层塑料袋，因为布袋容易进水和损坏，容易弄脏服装。图 12.8 所示为使用布袋包装服装。

图 12.8　使用布袋包装服装

### 12.2.2 首饰类商品

首饰类商品一定要用包装盒、包装袋或纸箱来包装。可以去当地的饰品包装盒、包装袋批发市场看看，或在淘宝批发。使用纸箱包装时一定要有填充物，这样才能把首饰固定在纸箱里。还可以附上一些祝福形式的小卡片，有时还可以写一些关于此饰品的说明和传说，让一个小小的饰品显得更有故事和内涵，如图 12.9 所示。

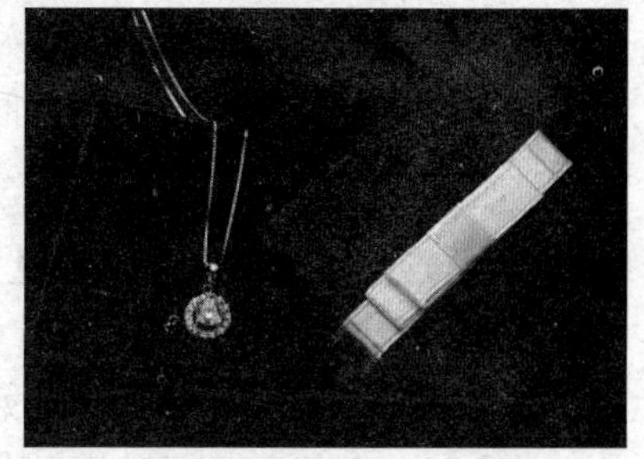

图 12.9 首饰类商品的包装

### 12.2.3 化妆品、香水、护肤品

香水、化妆品大部分是霜状、乳状、水质，多为玻璃瓶包装，因为玻璃的稳定性比塑料好，化妆品不易变质。但这一类货物也一直是查得最严的，所以除了包装结实，确保不易破碎外，防止渗漏也是很重要的。最好先找一些棉花把瓶口处包严，用胶带扎紧，用泡膜将瓶子的全身包起来，防止洒漏。最后再包一层塑料袋，即使化妆品漏出来也会被棉花吸住并有塑料袋做最后的保障，不会漏出污染到别人的包裹。图 12.10 所示为化妆品包装。

图 12.10 化妆品包装

### 12.2.4 食品

食品的包装没有太多讲究，做到干净和抗挤压就行。某些食物的保质期很短，如巧克力、干果、牛肉干之类的非真空包装食品，而且考虑到买家的迫切心情，大多是通过快递发货的。发送这类货物要注意两点：一是包装要干净，不管是装食物的袋子，还是邮递用的纸箱，都要求干净，如果放在一个脏兮兮的纸箱里，不仅影响食欲，买家收到货后肯定会质疑食物的卫生安全问题，下次肯定不会再光顾自己的店铺了；二是分量一定要足，千万不能缺斤少两，最好在货物中附一个清单明细，里面应注明食品名称和定购量。清单一式两份，顾客一份，自己留一份。图 12.11 所示为食品包装。

图 12.11 食品包装

这类物品的包装方法：准备好要包装的商品，打包用的纸箱、报纸、封箱胶带等。把食品用塑料袋包好，货物与纸箱之间的空隙用报纸团塞好，用封箱胶带封好纸箱口，把填好的快递详情单贴在纸箱上。

### 12.2.5 易碎商品的包装

易碎品包装一直是个难点，特别是易碎品的运输包装。为保证这些产品在流通过程中不被损坏，通常按照一定的技术方法对这些产品进行缓冲包装。外部包装是保护易碎品免受损坏的有效方法。通常要求易碎品外包装应具有一定的抗压强度和抗戳穿强度，可以保护易碎品在正常的运输条件下完好无损。

最典型和最常用的易碎品外包装是瓦楞纸箱。部分大而重的易碎品采用蜂窝纸板包装箱。

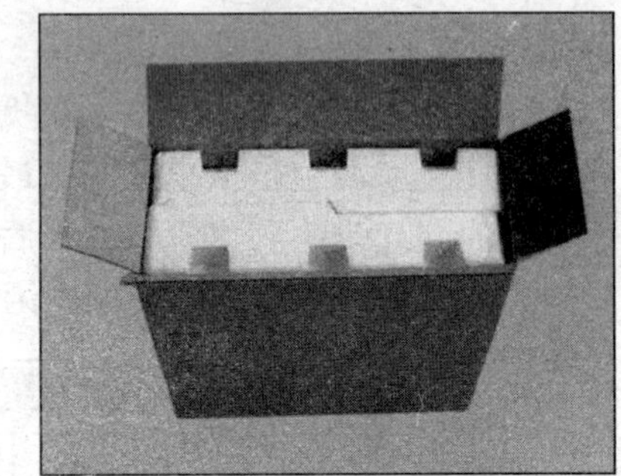

图 12.12 包上泡沫

易碎品包装时注意如下事项。

- 要把易碎物品四周包上泡沫，如图 12.12 所示。
- 把易碎物品放到需要放的盒子或者箱子里，使其不会在里面晃动。
- 找一个比原来的物品箱四周大一些的箱子，用泡沫把底部四周全部塞满。
- 如果有易碎物品标签就贴上，箱子四周写上易碎物品勿压、勿摔，提醒在装卸货过程中避免损坏。

## 12.3 计算运输费用

下面讲述如何查询快递价格、平邮价格以及邮政特快专递价格，以便提前知道运费价格，方便设置合适的运费。

### 12.3.1 计算淘宝推荐物流价格

**【知识要点】**

卖家在发布商品时就要填写运费价格，但是一些新卖家对物流公司不是很了解，也不知道具体的运费价格。如果运费填低了，自己就亏了。因为物流价格基本是透明的，如果运费填高了，有些买家却执意认为卖家故意多收几元的快递费用，从而对卖家产生不好的负面印象，认为卖家有欺骗人的嫌疑。也正是因为这个因素，卖家可能会失去一些潜在买家。使用“运费/时效查看器”可以快速查询各快递公司的运费。

**【操作步骤】**

查询运费的具体操作步骤如下。

**STEP 1** 登录淘宝卖家中心，单击“物流管理” | “物流工具”超链接，打开物流工具页面，如图 12.13 所示。

**STEP 2** 单击“运费/时效查看器”超链接，打开淘宝合作物流公司运费/时效查看器，选择起始地和目的地，如图 12.14 所示。

**STEP 3** 单击“查看”按钮，即可查看快递公司的运费，如图 12.15 所示。

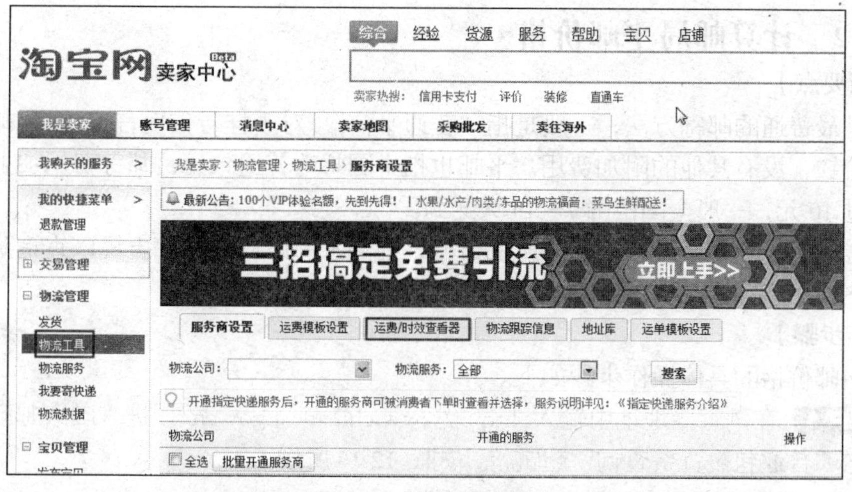


图 12.13 物流工具页面

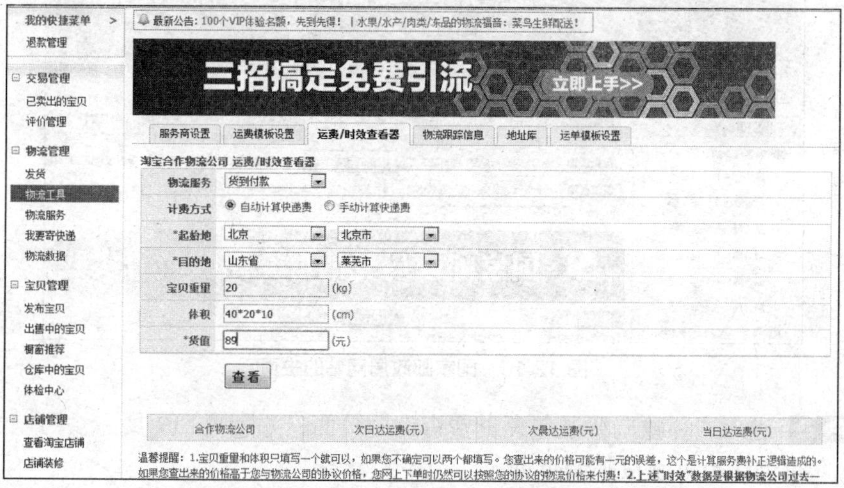

图 12.14 淘宝合作物流公司运费/时效查看器

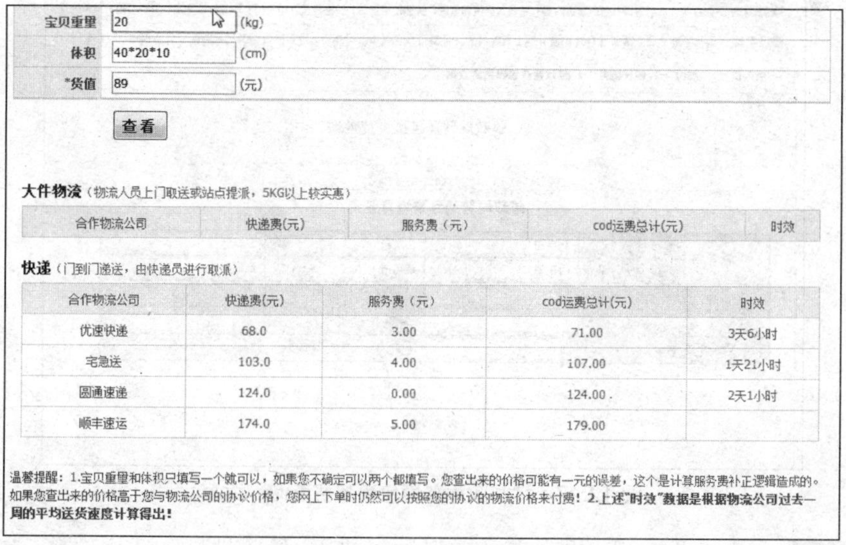

| 合作物流公司 | 快递费(元) | 服务费（元） | cod运费总计(元) | 时效 |
|---|---|---|---|---|
| 优速快递 | 68.0 | 3.00 | 71.00 | 3天6小时 |
| 宅急送 | 103.0 | 4.00 | 107.00 | 1天21小时 |
| 圆通速递 | 124.0 | 0.00 | 124.00 | 2天1小时 |
| 顺丰速运 | 174.0 | 5.00 | 179.00 | |



图 12.15 查看运费

## 12.3.2　计算邮局平邮价格

【知识要点】

平邮是最普通的邮寄方法，一般是指“普通平信”（对于挂号信而言），按照邮寄物品的质量计算价钱，没有其他的附加费用。平邮也指中国邮政普通包裹，邮寄费用加上包装费用一般不超过 10 元，一般全国范围 7～14 天送到。

在淘宝网上，不能查询邮局平邮时的价格，在国家邮政局的网站上可以查询到各地平邮包裹的价格。

【操作步骤】

计算平邮价格的具体操作步骤如下。

**STEP 1** 在浏览器地址中输入 http://www.chinapost.gov.cn/，进入国家邮政局网站的主页，单击“普通包裹资费查询”超链接，如图 12.16 所示。

图 12.16　国家邮政局网站的主页

**STEP 2** 进入“邮政局普通包裹资费查询”页面，如图 12.17 所示。可以选择地名查询，输入地名查询，也可以按邮编查询。

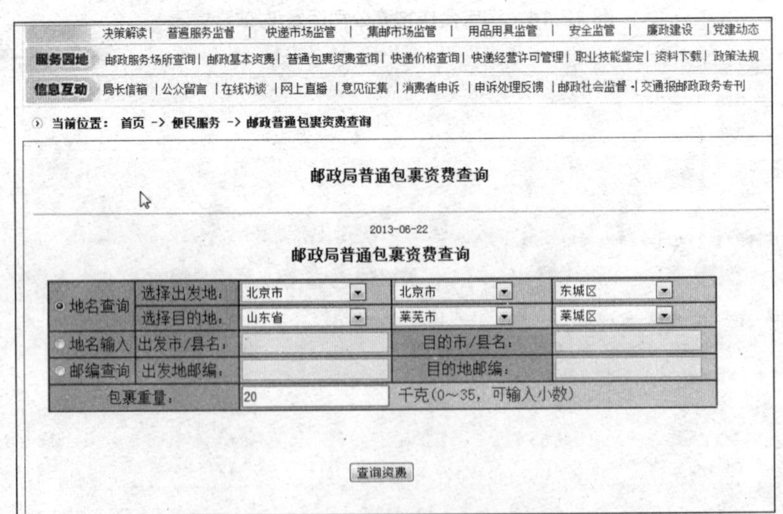


图 12.17　“邮政局普通包裹资费查询”页面

**STEP 3** 如查询北京到山东莱芜的普通包裹费用，输入地址和质量信息，然后单击“查询资费”按钮即可查询，如图 12.18 所示。

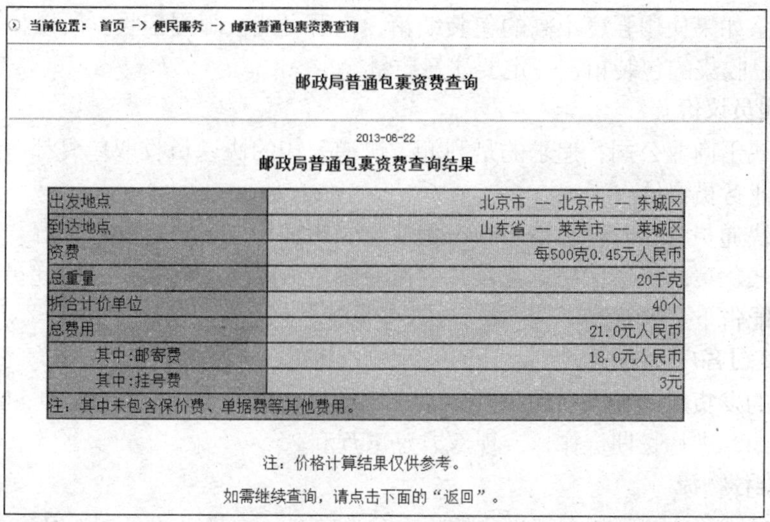

当前位置：首页 -> 便民服务 -> 邮政普通包裹资费查询

邮政局普通包裹资费查询

2013-06-22

邮政局普通包裹资费查询结果

| | |
|---|---|
| 出发地点 | 北京市 -- 北京市 -- 东城区 |
| 到达地点 | 山东省 -- 莱芜市 -- 莱城区 |
| 资费 | 每500克0.45元人民币 |
| 总重量 | 20千克 |
| 折合计价单位 | 40个 |
| 总费用 | 21.0元人民币 |
| 其中:邮寄费 | 18.0元人民币 |
| 其中:挂号费 | 3元 |
| 注：其中未包含保价费、单据费等其他费用。 | |

注：价格计算结果仅供参考。

如需继续查询，请点击下面的“返回”。

图 12.18 查询资费

## 12.4 降低物流成本

开网店每个月有很大一笔邮寄方面的开销，虽说“羊毛出在羊身上”，但如果质量相同，价格一样，买家会选择邮费更低的，可见降低运费将使卖家的产品更具竞争力。现在快递公司越来越多，不同的公司收费也不一样。下面介绍如何降低物流成本。

### 12.4.1 平邮省钱的方法

现在的网店日趋成熟，市场竞争却也越来越激烈，要想让自己的小店脱颖而出，除了靠自身的努力经营外，价格战在所难免。要想立于不败之地，邮费问题至关重要。下面介绍省邮费的方法。

（1）准备好纸箱：一般选择邮局或网上购买。邮局的纸箱价格有点贵，网上的就便宜很多，节省很多费用；也可以选择到超市收购，而且也很结实。

平时生活中可以积累一些大大小小的纸箱，注意要结实一点的，然后根据自己的需要选择合适的纸箱去邮寄。

（2）准备好箱内填充物：可能寄的东西没有占满纸箱或者防止野蛮操作造成对商品的伤害，要对商品进行保护处理，否则到了邮局，邮局又要求买包装材料了。

（3）封箱胶带：最好是透明的，因为可以将顾客的信息预先写在纸箱上，到了邮局检查后再封箱。

（4）包裹单：网上卖的包裹单价格大概是邮局的一半，这也是省钱的办法之一。

### 12.4.2 节省快递费用

快递公司是吸引客户的重要因素。快递价格在一定程度上能表明店主经营的店铺规模比较大，客户对其信任度也不知不觉产生了。可以通过以下几个方法节省快递费用。

**1．节省包装成本**

包装是物流运输中必不可少的物品，长年累月，包装成本其实也是一笔不小的开支。因此，卖家要学会节省包装成本，以少积多，说不定可以省下一大笔钱。

要注意的是，商品在运输途中难免会磕磕碰碰，质量差的包装容易在运输过程中破裂而导致商品损坏。如果使用强度不高的包装纸箱，也很可能被邮局拒收。所以，不管是购买的包装箱还是自己收集的包装箱，一定要注意质量。

**2. 和快递员议价**

快递公司属于商业公司，追求的是利润。快递公司的快递员收取包裹都有提成可拿，因此可以直接和业务员议价。

卖家在和快递员合作时要热情相待，把快递员当成朋友或者客户，好好与其商谈，可能会获得一个比较优惠的快递价格。尤其是对每月销量大的卖家而言，跟快递员砍价非常有必要，这样每月能省下一大笔钱。

**3. 成为签约客户**

如果卖家的发货量比较大且比较稳定，那么在挑选快递公司的时候，可以选择性地与几家快递公司签约，进行长期合作，实现双方互惠互利。

**4. 使用推荐物流**

现在，很多快递公司都和淘宝平台建立了合作关系，一些快递在线下单会有一定的优惠。以淘宝网为例，目前与淘宝合作的快递公司有 E 邮宝、EMS、圆通快递、中通快递、宅急送以及韵达快递等。使用淘宝推荐物流，具有以下几方面的优势。

（1）价格更优惠。提供各物流公司的价格比对，同时享受低价策略。

（2）多方位服务渠道。各个物流公司都有旺旺在线客服和论坛答疑，方便卖家咨询。

（3）物流状态一目了然。买卖双方可随时查看商品的物流情况。

（4）批量发货预约上门。可预约物流上门收件时间，并且支持批量发货。

（5）优越的赔付条件。享受自己联系物流时无法享受到的各类无价保赔付条件。

**5. 大件物品使用快运和铁路托运**

不易碎的大件物品使用快运物流公司和铁路托运最为便宜，效率也不低。有的快运公司送货上门，有的需要买家自己取货，卖家发货前应向买家交代清楚，以免引起交易纠纷。铁路托运一般由卖家到火车站发货，到货后买家去火车站取货。

### 12.4.3 选择快递公司

快递作为经营网店的重要组成部分，大部分卖家都会对其又爱又恨。爱是因为方便，不用亲自送货，而且遍布全国大部分地方都能够派送得到。恨是因为无奈，一旦出了问题，将会大大影响到自己跟买家之间的交易，甚至会造成买家不满意而把怨恨发泄在自己身上，成为自己得到中差评的祸根。怎样选择快递公司呢？

（1）尽量使用通过总公司开设分公司方式拓展网络的快递公司。这种管理方式比较规范，不易出现下面的站点做出有损总公司形象和信誉的行为。通过这种方式拓展网络的代表主要是顺丰等。

（2）尽量了解业内哪些快递公司的口碑较好。可以通过各种渠道从使用过某些快递公司服务的公司或个人那里了解到快递公司的口碑如何，群众的眼睛是雪亮的，一个人说某个公司差可能只是偶然的，但如果很多人都说这个公司差的话，那肯定存在一定的必然性。

（3）尽量使用网点比较多的快递公司。在淘宝网做生意，买家遍布五湖四海，如果卖家选择的快递公司网点不够多，很多偏一点的地方都送不了或要转到 EMS 或其他快递公司的话，那就可能会造成价格偏贵、送件延误和丢失等问题的出现。

（4）尽量使用快递单上条形码的印刷质量比较好的快递公司。如果条形码的印刷质量不好或印刷条形码的公司不专业的话，可能会出现以下问题。

①条形码难以扫描。这个问题不是很大，最多是降低效率而已。

②错码。这个码扫描出来的数字和印刷出来的数字不符合，有可能会造成这一单的货物因为对不上号而丢失。

③重码。就是说有两套单甚至几套单的条形码是同一个号码，这样也是很危险的，极有可能会造成货物发错地方或者弄丢。

（5）尽量选择赔偿金额或倍数高且保价率低的快递公司。

网上寄快递，有的时候可能涉及赔偿的问题。尽管可能这个问题不是经常发生，但本来卖家的利润就薄，如果 10 件有 1 件丢失的话，那有可能其他 9 件的利润就要打水漂了。所以，要谨慎选择快递公司，尽量选择赔偿金额或倍数高且保价率低的快递公司。

## 12.5 防止货物丢失的措施

在物流方面有时也会引起卖家与买家的纠纷。如何处理物流方面的纠纷呢？

要想彻底防止货物丢失几乎是不太可能的，只能从各个细节入手，将这种事情发生的几率降到最低。

**1. 选择快递公司**

卖家在选择快递公司的时候，一定不要只图价格便宜，要选择正规、网点遍布全国的大快递公司。这样的公司快件收发量比较大，收发比较及时，快件不容易丢失，而且管理正规的公司，每个部门分工有序，不会出现因为公司混乱而造成包裹丢失。

**2. 选择包裹单上条码清晰的快递公司**

包裹单上的条码就是电脑识别的包裹编号，只有编号清晰，包裹才不容易被弄丢。有些快递公司使用的包裹单，上面的条码印很不清楚，这就很容易被电脑读错数据，从而造成快件错寄或是丢失。

**3. 包裹上面的邮寄地址一定要写清楚**

有的卖家很潇洒，总喜欢使用连笔字书写邮寄地址。这样会容易造成投递员的误读，送错地址。

**4. 贵重物品要进行保价邮寄**

有的卖家可能认为，将贵重物品交给大的快递公司就可以高枕无忧了。其实不然，没有人能保证大的快递公司就一定不会丢失。因此在邮寄贵重物品时，一定要进行保价，还要选择那些信誉好、丢失商品后索赔容易的公司。

**5. 包装要结实**

有些卖家在邮寄宝贝时，为了降低成本或是图省事，包装打得非常不结实，轻轻一碰就开，甚至商品有可能从包装里边轻易掉出来。

**6. 提前提醒买家**

寄出包裹之后，卖家要及时提醒买家在签收的时候小心验货，如果出现商品被偷梁换柱或者被损坏的现象，签收人要及时向总公司进行投诉，并拒绝签收，同时与卖家取得联系。

**【技能训练】**

练习查询邮局普通平邮从北京到山东莱芜的价格，在浏览器地址中输入国家邮政局网站地址或在百度上搜索，进入“邮政局普通包裹资费查询”页面，如图 12.19 所示。可以选择地名查询，输入地名查询，也可以按邮编查询。

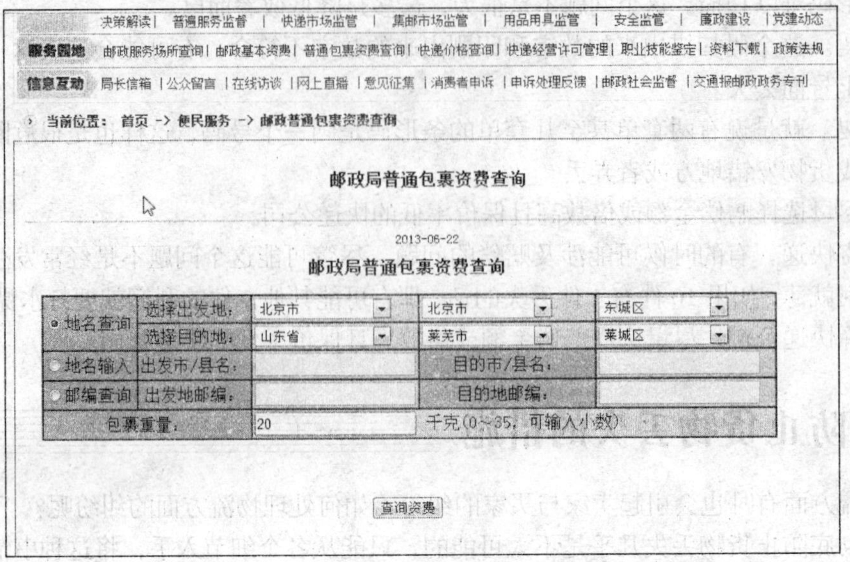

决策解读 | 普遍服务监管 | 快递市场监管 | 集邮市场监管 | 用品用具监管 | 安全监管 | 廉政建设 | 党建动态

服务园地 邮政服务场所查询 | 邮政基本资费 | 普通包裹资费查询 | 快递价格查询 | 快递经营许可管理 | 职业技能鉴定 | 资料下载 | 政策法规

信息互动 局长信箱 | 公众留言 | 在线访谈 | 网上直播 | 意见征集 | 消费者申诉 | 申诉处理反馈 | 邮政社会监督 | 交通报邮政政务专刊

› 当前位置：首页 -> 便民服务 -> 邮政普通包裹资费查询

邮政局普通包裹资费查询

2013-06-22

邮政局普通包裹资费查询

| | | | | |
|---|---|---|---|---|
| 地名查询 | 选择出发地： | 北京市 | 北京市 | 东城区 |
| | 选择目的地： | 山东省 | 莱芜市 | 莱城区 |
| 地名输入 | 出发市/县名： | | 目的市/县名： | |
| 邮编查询 | 出发地邮编： | | 目的地邮编： | |
| 包裹重量： | | 20 | 千克（0～35，可输入小数） | |

查询资费

图 12.19 “邮政局普通包裹资费查询”页面

# PART 13 第13章 网店的售后与经营策略

## 情景导入

售后服务是店铺为已经购买了商品的顾客提供的各项服务。售后服务可以有效地与顾客沟通，获得顾客宝贵的意见，以顾客的亲身感受来扩大店铺的影响。它最能体现店主对顾客的关心，从而为店铺树立良好的形象。

## 知识要点

- 网店售后服务的具体工作。
- 如何让新买家成为老客户。
- 服务好老顾客，留住回头客。
- 正确处理中、差评。
- 维护好客户关系。

## 课堂案例展示

设置折扣

## 13.1 网店售后服务的具体工作

售后服务是整个交易过程的重点之一。售后服务和商品的质量、信誉同等重要，在某种程度上，售后服务的重要性或许会超过信誉，因为有时信誉不见得是真实的，但是适时的售后服务却是无法做假的。

**1. 树立售后服务的观念**

- 售后服务是整个商品销售过程的重点之一。好的售后服务会带给买家非常好的购物体验，可能使这些买家成为店铺的忠实用户，以后经常购买店铺内的商品。
- 做好售后服务，首先要树立正确的售后服务观念。服务观念是长期培养的一种个人（或者店铺）的魅力，卖家都应该建立一种"真诚为客户服务"的观念。
- 服务有时很难做到让所有顾客百分之百满意。但只要在"真诚为客户服务"的指导下，问心无愧地做好售后服务，相信一定会得到回报。
- 卖家应该重视和充分把握与买家交流的每一次机会，因为每一次交流都是一次难得的建立感情、增进了解、增强信任的机会。买家也会把自己认为很好的店铺推荐给更多的朋友。

**2. 交易结束及时联系**

商品成交后，卖家应主动和买家联系，避免成交的买家由于没有及时联系而流失掉。

- 发送旺旺信息，可以包括账号、应付金额、汇款方式等。为了避免分不清收到很多相同金额的汇款，可以让买家汇款的时候注明编号，这样也方便查寻。
- 由于网络有时不稳定，有些买家的邮箱不一定能够收到邮件。因此，如果当买家 2 天内没有回复邮件，销售人员可以主动打电话询问是否收到邮件或者旺旺留言。
- 货到后及时联系对方，首先询问对货品是否满意、有没有破损，如对方回答没有，就请对方确认并评价。这就是所说的"先发制人"，对方已经满意了，还能给差评吗？如果真的有什么问题，因为卖家是主动询问的，也会缓和一下气氛，更有利于解决问题。当然，遇到"胡搅蛮缠"的买家则另当别论。

**3. 自己设计邮件模板和旺旺消息**

商品成交以后，卖家也可以自己撰写要发送给买家的第一封成交确认邮件和旺旺消息，运用更人性化的语言，加入自己的信息。

**4. 买家款到详细记录**

网上购物的买家来自五湖四海，使用的汇款方式不尽相同，汇款的时间也会有很大的差异。对于卖家来讲，一定要及时记录下买家关于汇款的相关内容，包括以下方面。

- 汇款到达的时间：买家把款汇出后最怕的就是卖家没收到，一旦卖家收到货款，一定要记录下来，并及时告知买家，让其放心随后安排及时发货。
- 买家汇入的银行：卖家可以总结哪些银行是绝大多数买家经常使用的，从而清楚认识到是否需要办理所有银行的卡。
- 买家汇入的金额：记录这个物品是否打了一定的折扣或者是原价卖出，帮助卖家制定一些打折活动。

卖家难免会遇到买家出价不买的情况，建议卖家正确行使手中的权利，维护自己的利益。在发生这种情况时，发送一封自己撰写的提醒邮件给买家会起到一定的效果。

**5. 随时跟踪包裹去向**

买家付款后，卖家要尽快发货并通知买家；商品寄出后，卖家要随时跟踪包裹去向，如有意外要尽快查明原因，并和买家解释说明。

**6. 交易结束如实评价**

评价是买卖双方对于一笔交易最终的看法，也是以后可能想要购买的潜在买家作为参考的一个重要因素。好的信用会让买家放心购买，差的评价往往让买家望而却步。交易结束要及时做出评价，信用至关重要。不论买家还是卖家都很在意自己的信用度，及时在完成交易后做出评价，会让其他买家看到自己信用度的变化。

评价还有一个很重要的解释功能，如果买家对商品做出了错误、不公正的评价，卖家可以在评价下面及时做出正确合理的解释，防止其他买家因为错误的评价产生错误的理解。

**7. 认真对待退换货**

商品寄出前最好认真检查一遍，千万不要发出残次品，也不要发错货。如果因运输而造成商品损坏或其他确实是商品本身问题买家要求退换货，卖家也应痛快答应买家要求，说不定这个买家以后会成为店铺的忠实客户。

**8. 以平和心态处理顾客投诉**

任何卖家都不可能让买家100%满意，都会发生顾客投诉。处理顾客投诉是倾听他们的不满，不断纠正卖家自己的失误，维护卖家信誉的补救方法。运用得当，不但可以增进和巩固与顾客的关系，甚至还可以促进销售的增长。当然，不同的卖家处理投诉的问题也不尽相同。

**9. 管理买家资料**

随着信誉的增长，买家越来越多，管理买家资料也是很重要的。卖家应该好好地总结买家群体的特征，因为只有全面了解到买家情况，才能确保进的货正好是买家喜欢的商品，更好地发展。建立买家的资料库，及时记录每个成交交易的买家的各种联系方式。

**10. 定期联系买家，并发展潜在的忠实买家**

交易真正结束后，不要以为什么事也没有了，就此冷落了买家。适时给买家发一些优惠或新品到商品的信息，可能会吸引回头客；每逢节假日，用短信或旺旺发一些问候用语，会增进彼此的感情。当然，也有的人不喜欢，卖家要适度掌握并随机应变，尽量挑选自己认为比较随和、有潜在性的买家去发展，从而使其成为忠实的买家。

## 13.2 网店销售的技巧

开网店，来新的买家不容易，能让新买家成为回头客就显得特别重要了。那么怎样让新买家变成自己的回头客呢？

### 13.2.1 多从买家角度着想

多为买家着想，不仅售前、售中的服务要好，售后的服务也要好。让买家买得开心，他才会把自己当朋友，下次自然还会再买东西，而且他会给店铺好评，向他的朋友推荐自己的店铺。

在交易活动中，卖家和买家的信息不是对称的，卖家对商品十分了解，对商品的描述也是下了很大工夫，但即使这样，也无法完全真实地在网上再现商品；即便在传统商场、超市购物，消费者对商品的了解也没有商家对商品的了解全面。所以，卖家要设身处地地多为买家着想。

### 1. 卖家换位成买家，更容易与买家沟通

卖家对自己的商品很了解，但要把这种了解传递给买家，就要讲究方法了。首先把自己当作买家，真实客观地介绍商品的性能、品质，有助于买家对商品产生更为客观真实的印象，为以后的交易达成打下基础。

### 2. 卖家换位成买家，更容易达成交易

客观真实地回答买家的问题，知之为知之，不知为不知，能让买家觉得自己是一个诚实守信的卖家，进而觉得店铺的商品也是一分钱一分货，有了这种心灵上的沟通，交易也就更容易达成。

### 3. 卖家换位成买家，能有效减少交易纠纷

由于卖家以买家的身份来看待自己的商品，所以在与买家沟通时必然会实事求是地讲解自己的商品，并为买家提出该类商品的优点和缺点。当然在说到缺点时，一定要强调商品的价格与价值是一致的，这样才不至于让买家总是想到商品的缺点。经过这样的沟通而达成的交易，产生纠纷的可能性是极小的。

### 4. 把买家的问题当成自己的问题

在销售过程中，只有把买家的问题当作自己的问题来解决，才能赢得买家的信赖。因为适当为买家着想，会使卖家与买家之间的关系更加稳定，也会使得合作更加长久。

### 5. 为买家提供省钱的建议

时时刻刻为买家着想，站在买家的立场上看待问题，先不考虑从中得到的利润，而是为买家着想，怎样才能够让他省钱。其实这也是帮买家赚钱，帮助他们以最少的投入获得最大的回报。

其实先为买家省钱，然后卖家自己再从中赚钱，这并不矛盾。因为当买家充分信任之后，才会继续多次合作，卖家从多次合作中获得的利益远远超过“一锤子买卖”。

## 13.2.2 介绍最适合的商品给新买家

如果买家觉得商品不好、不适合自己，那么获取买家的信任就是空谈。买家的信任是建立在对商品肯定的基础上的。关键是客服和卖家要提供给买家好的商品，质量好、价格低，最重要的还是要适合买家。

如图 13.1 所示，好评里描述的显示是非常明理的买家，客观肯定商品的同时，提到商品有些不合适，但是并没有归咎给卖家，而是从自身找原因，没有抱怨谁，只是说自己没有说清楚，这样明白事理的买家，精明的客服一定要抓住。可以肯定的是，如果得到这样的买家的认可，他肯定是最好的老主顾。在为买家服务的时候，客服和卖家一定要细心，对买家每天提供的信息一定要主动询问，为买家提供最合适、最贴心的商品才是卖家获得买家信任的途径。

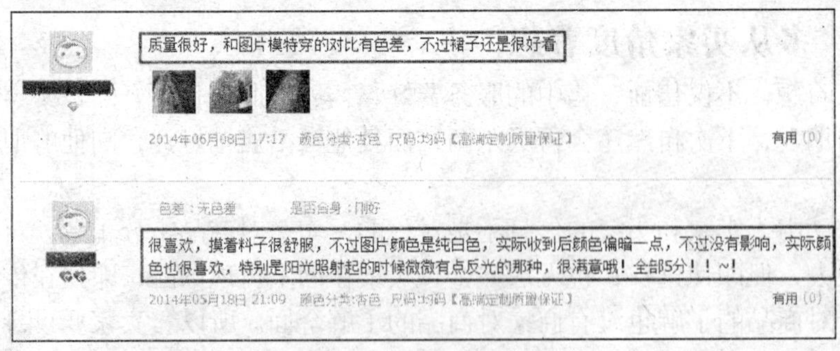


图 13.1 非常明理的买家

### 13.2.3 建立买家对卖家的信任度

大部分买家希望在电子商务平台上得到更加真实、准确的卖家信息。对于网店来说，得到买家的信任就如同得到了“免死金牌”，买家的信任让卖家做生意变得轻松和简单。

如图 13.2 所示，好评中的评价显示出卖家的实力，得到老顾客肯定的同时，也能得到新买家的信任。只要有新买家明确表达出愿意再来光顾，就是卖家的成功。

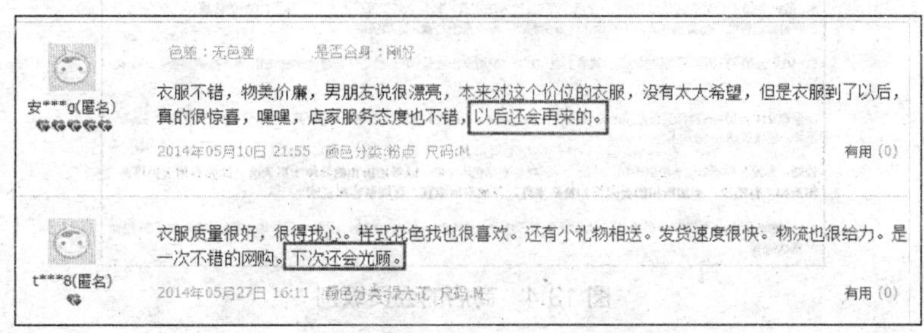


图 13-2 买家明确表达出愿意再来光顾

如图 13.3 所示，回头客的好评显示出对卖家的充分信任，回头客一般会成为店铺的忠实顾客。对于卖家来说，有了稳定的老顾客，赚钱只是时间的问题。

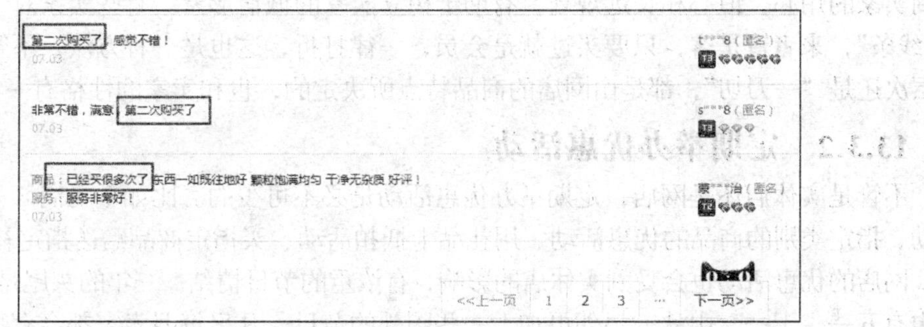


图 13.3 回头客的好评

除了可以在评价中取得买家的信任外，在与买家沟通的过程中，良好的沟通技巧也可以取得买家的信任。

## 13.3 网店销售的策略

一门生意的好坏主要取决于新顾客的消费和老顾客的重复消费。据说，开发一个新顾客的成本要比留住一个老顾客的成本高 4 倍。

### 13.3.1 建立会员制度

为了吸引新客户、留住老客户， 开通店铺的 VIP 会员制度是一个很好的方式。卖家能够提高交易转化率，带来更多生意，老顾客还能享受折扣优惠，可谓是双方受益。

会员制度的建立对于网店来说是非常有必要的，能够帮助卖家和客服更好地牵制买家，为防止买家流失做出有效的预防。但是不同网店有不同的情况，一般在会员制的消费额度上根据网店里的商品价格而定。会员制度出台前，掌柜要仔细衡量，在抓住买家的同时也要考虑经济上的收益。如图 13.4 所示，商店的会员制，将会员分为普通会员、高级会员、VIP 会员和至尊 VIP 会员等 4 个档次，既能保证获得利润，又能针对不同消费能力的买家给予相应的优惠。卖家要明确的是，会员制是为了有效吸收有购买能力的买家的。

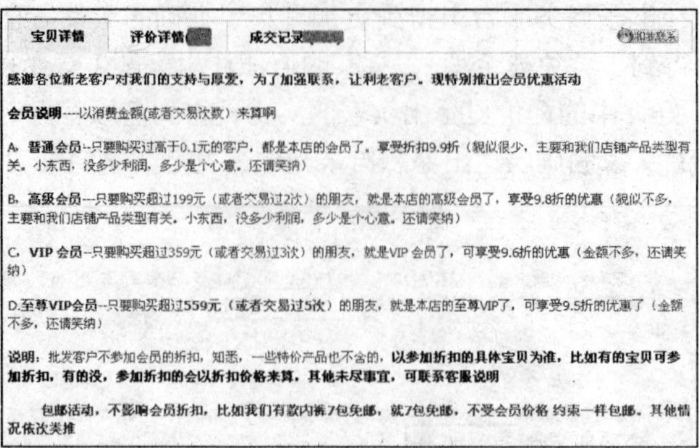

宝贝详情　评价详情　成交记录

**感谢各位新老客户对我们的支持与厚爱，为了加强联系，让利老客户。现特别推出会员优惠活动**

**会员说明**----以消费金额(或者交易次数）来算啊

A、**普通会员**--只要购买过高于0.1元的客户，都是本店的会员了。享受折扣9.9折（貌似很少，主要和我们店铺产品类型有关。小东西，没多少利润，多少是个心意。还请笑纳）

B、**高级会员**---只要购买超过199元（或者交易过2次）的朋友，就是本店的高级会员了，享受9.8折的优惠（貌似不多，主要和我们店铺产品类型有关。小东西，没多少利润，多少是个心意。还请笑纳）

C、**VIP 会员**--只要购买超过359元（或者交易过3次）的朋友，就是VIP 会员了，可享受9.6折的优惠（金额不多，还请笑纳）

D.**至尊VIP会员**--只要购买超过**559元（或者交易过5次）**的朋友，就是本店的至尊VIP了，可享受9.5折的优惠了（金额不多，还请笑纳）

**说明**：批发客户不参加会员的折扣，知悉，一些特价产品也不含的，**以参加折扣的具体宝贝为准，比如有的宝贝可参加折扣，有的没，参加折扣的会以折扣价格来算，其他未尽事宜，可联系客服说明**

**包邮活动，不影响会员折扣，比如我们有款内裤7包免邮，就7包免邮，不受会员价格 约束一样包邮。其他情况依次类推**

图 13.4　商店的会员级别

会员档次分得越多越细，买家得到优惠的幅度就会越大，吸引回头客的同时，也是激励买家网购的方法。会员细则的说明简单为好，毕竟买家的时间有限，过于复杂的话，买家会因为弄不明白而横生误会。一般情况下，会员制越早建立越好，即便是刚刚开店，让买家感受到卖家的用心、恒心和长远规划，有助于树立卖家的诚信形象。有些卖家对于会员制比较“粗线条”，来者皆是客，只要买过就是会员，一律打折，这也是一种方法。不管会员制是划分层次还是“一刀切”，都是由网店的商品特点所决定的，也和卖家的性格有一定关系。

## 13.3.2　定期举办优惠活动

不管是实体店还是网店，定期举办优惠活动是必不可少的。比如全场满××元减××元活动、指定类别的商品的优惠活动、用礼品卡抵扣活动、买指定商品赠送指定礼品等。

网店的优惠活动也会受到实体店的影响，有浓重的节日情结。一年的头尾是春节和元旦，年中有五一、十一、中秋，另外再加上一些国外的节日，几乎每月卖家都会有特价优惠活动的借口，没有节日就是以店庆为由头。总之，网店定期筹办优惠活动还是很有吸引力的。图 13.5 所示为父亲节促销活动。

图 13.5　父亲节促销活动

- 时间上要富余，定出提前的时间段。因为节日前的快递总是很紧张，卖家要极力将活动提前，并将快递紧张的情况告知买家，让买家提前下单。
- 有时间段，不能长时间都在优惠，否则会让买家有倦怠感，对于打折没有感觉。长期下去，买家会认为打折是理所当然的，一旦没有优惠就会认为卖家涨价了。

- 优惠活动要应景，根据网店具体商品有原则地挑选特价商品，畅销和滞销的商品要混搭，不要一味推出滞销商品特价优惠。

### 13.3.3 给老顾客设置不同的折扣

**【知识要点】**

网店要生存和发展，必须创造利润，而网店的利润来自买家的消费。网店的利润来源主要有两部分：一类是新客户；另一类是网店原有的消费者，已经购买过网店的产品，使用后感到满意，愿意连续购买产品的消费者。

据统计，很多皇冠店铺回头客超过 60%。越来越多的卖家在留住回头客上下工夫，并取得了不俗的成绩。老顾客的数量决定了生意的好坏和稳定性。所以要多开展温馨活动，留住老顾客，抓住每一个顾客，让他们成为永远的“上帝”。

**【操作步骤】**

设置店铺宝贝不同折扣的具体操作步骤如下。

**STEP 1** 登录淘宝卖家中心，单击“宝贝管理” | “出售中的宝贝”超链接，打开出售中的宝贝，单击勾选宝贝，单击“设置淘宝 VIP”，如图 13.6 所示。

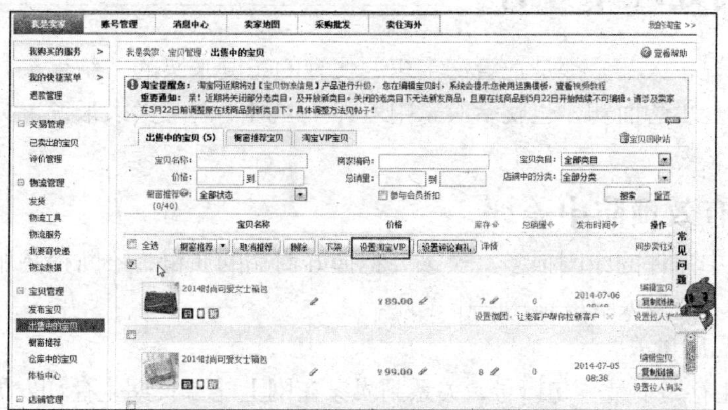


图 13.6 单击“设置淘宝 VIP”

**STEP 2** 打开淘宝 VIP 会员卡设置，可以设置不同的折扣，如图 13.7 所示。

图 13.7 设置折扣

**STEP 3** 单击底部的“参加”按钮，即可成功设置会员折扣，如图 13.8 所示。

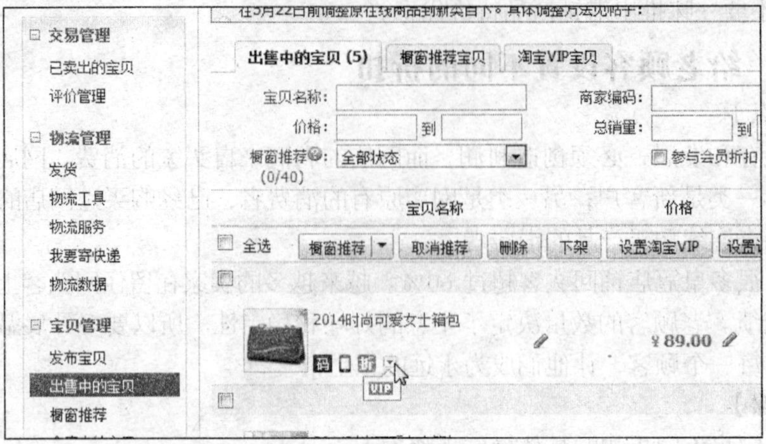

图 13.8 成功设置会员折扣

## 13.4 正确处理中差评

对于买家来说，大部分都是抱着淘宝东西便宜的态度来买的，结果买到的东西没有达到预想的，心理落差可想而知，也就给卖家中差评了。对于淘宝卖家来说，买家给的一个中差评会影响以后的交易。

### 13.4.1 有效预防中差评

买家给卖家中差评的原因很多。卖家要把握好商品的质量，不断提高服务水平，努力做好以下几方面，才能最大限度地消除中差评。

**1. 严把商品质量关**

“以质量求生存”不是一句口号，关系到卖家在网上能否长期生存和发展。网上竞争是非常激烈的，但任何时候卖家的商品质量都不能太次，否则就很难在网上立足。这就要求卖家在进货的时候一定要把好关。宁愿进货价格高点，也要选质量好的。在发货的时候再检查一下，保证发给买家的是一个非常完美的高质量的商品。

**2. 关于色差问题**

现在有很多卖家往往喜欢利用杂志、网站或者厂家提供的模特图片，而不去拍实物图，造成图片失真，以致买家收到货后给出“照片是天使，实物是垃圾”之类的差评。买家在网上买东西是看不到实物的，所以图片就是买家判断商品优劣的重要依据，因此图片一定要是实物图，并且实物图要和商品尽量接近，商品描述要全面客观。那么买家给差评的机会就会很少。

**3. 商品包装要仔细完好**

商品卖出以后，首先要包装好，一个认真仔细的包装会让买家在拿到货后有个很好的感觉。有的时候，好的包装可以避免很多退换货的环节，还会为卖家的评价增光添彩。

**4. 良好的售后服务**

不要认为商品发出去就万事大吉了，如果快递发出去好几天，买家都没来确认。这种情况可能有两种原因：一是买家还没有收到东西，二是买家收到了还没来得及确认。如果是第一点，应该根据快递发货时间推算，如果到了时间买家还没来确认，就应该联系买家是否收到货了。这么做不是为了让买家快点来确认，而且看看发出去的东西是不是有问题，买家是否真的收到，这样自己可以做到心里有数。即使买家收到了不确认，但至少卖家也知道这个商品快递是否到了，对于买家来说，也会让他们觉得售后服务做得很好，自己是被重视的。

**5．对待买家要热情，善于利用旺旺的表情营造一个轻松愉快的对话氛围**

卖家有的时候会遇到一个人接待几个买家甚至十几个买家同时咨询的情况，感觉忙不过来，这时候要说明情况，不要不回复或者很晚才回复买家，让买家等很久，否则不礼貌，是对买家的不尊重，要从增加人员等方面解决这个问题。

**6．勇于面对评价**

如果收到了买家的中评或差评，卖家也不要生气、埋怨买家，要先想想自己哪里做得不好才产生这样的评价，主动和买家进行沟通协调，不要推卸责任。如果真的是自己的过失造成的，卖家要勇于承担责任，并真诚道歉。如果遇到中评或者差评，是可以取消的，这就要看卖家怎么和买家进行沟通了。如果不是特别大的问题，真诚道歉，相信买家也会被卖家的真诚打动，也许这个评价就可以取消。

**7．分析买家类别，区别对待**

卖家的好评离不开买家，因此，在交易前最好查看一下买家的信用度、买家对别人的评价以及别人对买家的评价，再综合各类买家的不同特点区分对待。

### 13.4.2 妥善处理买家的差评

网店经营中难免碰到一些急躁的顾客，在卖家还没有做出反映之前就给了差评。作为卖家，莫名得到一个差评，不仅扣分，还会觉得冤屈。在看到有差评时，卖家要心平气和地分析是什么原因造成的。一般差评有如下几种情况。

一是心急的买家抱怨物流速度慢。

二是由于卖家回复太慢，买家认为其服务态度差，售后服务没能达成自己的意愿。

三是对商品的一些主观判断，如买家对商品提出的一些异议，如颜色、大小和外观等。

如果是卖家的过错，要想办法弥补，即使是运输过程出了问题，也不要让买家完全承担。但是往往就是有些人抓住卖家这种心理，利用差评要挟，特别是新手卖家，一定要注意。如果遇到以差评要挟的，一定要找到有力证据，与这样的买家斗争到底，坚决维护自己的利益。

如果卖家在第一时间承担了错误，买家就会感觉到卖家是有责任心的，气就会消下去大半。如果卖家又在第一时间拿出处理问题的方案，大多数买家都会用商量的口吻来讨论。

买家中有没有贪小便宜的人呢？当然会有，但一定是极少数。聪明的卖家在遇到差评的时候，首先想到的是：第一，买家的意见里有没有值得自己改进的地方，如果有，早改比晚改好；第二，能不能用这样的机会，向潜在的买家表明自己对待错误的责任和出色的售后服务管理制度。这样做，就会扩大自己的关注度。

一般情况下，买家都是很好的。尽量和买家沟通好，如果认为买家提出的问题可以通过换货解决，那就尽量换货。如果买家提出的要求，换货也解决不了，那就退货。

### 13.4.3 引导买家修改中评和差评

中差评是开网店不可避免的情况，很多中差评都是误会引起的，卖家在跟买家沟通后都能得到修改。卖家收到中评和差评时，不应盲目地抱怨甚至投诉买家，否则会激怒对方，使问题没有解决的余地。如果卖家确实没有过错，应诚恳地向买家道歉，承认工作上的过失。

卖家在耐心听取买家的不满和要求后，应表达自己的观点，并提出补救措施。达成一致意见后，卖家可以提出自己的要求，如“我有个小小的请求，您能否为我修改一下评价？真的很感谢您为我们提了很好的建议和意见，希望以后多多合作！”通常买家也不会因为一点小事伤了和气，一般都会同意修改评价。

不过，如果买家不愿意对评价进行修改，也要保持理性的态度，有少数几个中评和差评是可以理解的。即使这样也要记得向买家表示感谢。

淘宝网上店铺众多，买家光临店铺就是对店主的支持。从一定程度上讲，买家是卖家的“衣食父母”，因此，无论交易成功与否，在交易结束时，卖家不要忘记向买家表示感谢。如送一份小礼物，发送一句感谢的话语或一个微笑的旺旺表情，这都是培养回头客的好方法。卖家千万不要忽视口碑的力量，可以利用已有的客户资源开拓新的客户资源。

## 13.5 维护好客户关系

对每个店铺来说，老客户是非常重要的，无论生意火爆还是冷清，都不要忘记维护已有的客户关系，因为留住老客户比吸引新顾客要容易得多。

### 13.5.1 建立客户档案

网店开张后，卖家会积累一些客户资源。通过把买家添加为好友，卖家可以将客户资源进行整理归类，以便管理。

通常可将客户分为以下几种。

- 问了卖家但还没买的，归入“必须立即抓住的客户”。
- 问了卖家但发现缺货的，归入“订购商品的客户”。
- 交易成功的，归入“交易成功的客户”。
- 多次交易的买家，归入“老客户”。
- 购买量大、需要给予优惠的，归入“高级会员”。

对不同类型的买家，应该推荐不同的宝贝。卖家也可以按购物的类型进行分类，比如将购书者分为网页类读者、经管类读者、文学类读者等。这样，当有相应类别的新书上架时，就可以利用旺旺主动联系买家，并发送相关的图书信息。

### 13.5.2 有效管理顾客资料

对于网店来讲，顾客就是上帝。而网店要发展，自然靠的是顾客的一次次光顾，如何管理好这些顾客自然是经营中的重中之重。

第一招：火眼金睛，筛选出有价值的客户。

管理学上有个知名的“二八”法则，80%的利润来自 20%的客户。对于卖家来讲，一定要有一双火眼金睛，发掘出大客户。俗话说，好钢用在刀刃上，作为卖家，当然要把主要的精力用在那些优质的客户身上了。如卖电脑商品，家庭客户可能能用上 5 年，重复购买率很低。而那些单位客户往往购买金额大，重复购买率高，对价格也不是很敏感。在顾客购买的时候，卖家可注意一下对方的收货地址，对于来自一些相关单位的就要引起高度重视了，顺便多问一句“您是单位购买还是自己用呀？”“您单位一般用些什么电脑啊？”等。对于潜在的大客户，要注意搜集相关的信息，有备无患。

第二招：及时随访，个性化服务，让新客变成熟客。

有了第一次，下面的工作就是怎么把新顾客变成老顾客。良好的服务，及时的随访至关重要。只有那些个性化的随访信息，才会被买家所接受。记住买家每次的询问，每次的购买周期，对店铺商品每次及时的反馈。记得过段时间问问客户，上次买的商品用起来怎么样。

第三招：分级管理，个性化服务，顾客想走都难。

也许有卖家觉得那么多随访工作不知道做，没有那么多精力。那么，也需要把自己的精力用在刀刃上，让自己的工作发挥出最大的效益。这就需要对客户进行分级管理，分级的标准无非是购买量、购买次数、利润的丰厚程度，还有一点就是不要忘了他的购买潜力。级别越高，当然服务更周到，工作做得更细了。淘宝高级店铺自带的客户管理系统可以辅助对客户进行分级。不过记得分级也不是固定的，要实行动态的管理，定期对客户的级别进行调整。

第四招：巧用软件，事半功倍。

在如今的信息化时代，适当选用管理软件帮助网店的管理将会事半功倍。目前，流行于淘宝网站的管理软件主要有会员关系管理。图 13.9 所示为店铺会员模块软件。

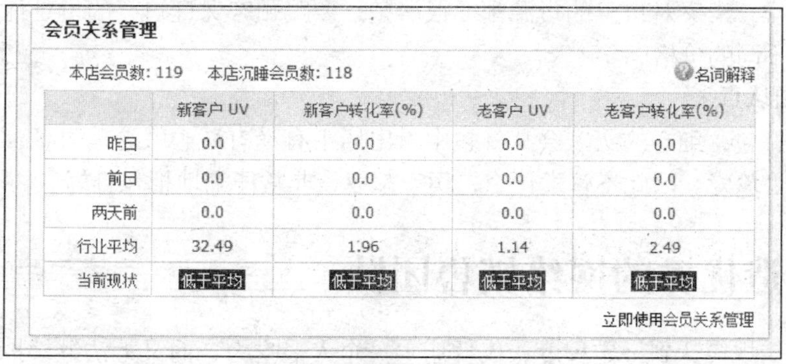

会员关系管理

本店会员数: 119　本店沉睡会员数: 118　名词解释

| | 新客户 UV | 新客户转化率(%) | 老客户 UV | 老客户转化率(%) |
|---|---|---|---|---|
| 昨日 | 0.0 | 0.0 | 0.0 | 0.0 |
| 前日 | 0.0 | 0.0 | 0.0 | 0.0 |
| 两天前 | 0.0 | 0.0 | 0.0 | 0.0 |
| 行业平均 | 32.49 | 1.96 | 1.14 | 2.49 |
| 当前现状 | 低于平均 | 低于平均 | 低于平均 | 低于平均 |

立即使用会员关系管理

图 13.9　店铺会员模块软件

## 13.6　提高网店回头率的方法

要想拥有 100%的回头率，必须做到商品好、服务好、回访好，而且要用心、耐心、诚心、细心，这样才能拥有很高的回头率。

**1. 要熟悉商品的专业知识**

在顾客询问关于商品的问题时，卖家千万不能用大概、可能和也许等词语来回答，否则说明自己不专业，同时给人不信任感。同样的商品，顾客买得放心是基本的要求。

**2. 不要为自己的错误找借口**

有失误和过失时，卖家千万不要为自己的错误找借口，否则顾客只会记得，卖家承诺过的没有达到，却又借口多多。

与其找借口，还不如老老实实地承认自己的过失，然后尽力补救，哪怕是给予顾客优惠。如果卖家承担了责任，并改正了过失，那么本来一件不好的事情反而会让其赢得顾客的好感和信任。

**3. 改变消极懈怠的思想**

开创自己的实业不是一件容易的事，一旦生意开张，卖家必须随时准备扛下一大堆琐碎和繁重的工作，还要准备好为现金周转而奔波。不管多么艰难，都必须保持乐观。

不要理所当然地认为顾客在自己这儿购买过一次，就会成为终身顾客。一旦懈怠下来了，那么其他的竞争对手就会准备着将自己的顾客拉走。

**4．不要故意损坏竞争对手的声誉**

如果对顾客和潜在客户说竞争对手的坏话，那么只能让顾客认为自己是个小人，明里竞争不过别人，就在背后说人家坏话。

**5．不要在生意好时降低服务标准**

卖家也许会在生意好的时候悄悄降低商品的质量或者服务标准，认为这样一点点的变化顾客无法觉察。如果这样想，那么顾客的流失是无法避免的。

**6．不要有成绩时不思进取**

不要因为有了一点点小成绩就不思进取。在市场飞速发展的今天，如果卖家不求发展，就会在同行中落伍。所以要不断自我学习，改变，发展。卖家对行业的了解越深，顾客对其就越有信心，从而卖家会成为顾客心目中的第一选择。

**7．货源一定要可靠，让买家可信**

不管怎么样，卖家对自己的货源都要很清楚，要跟顾客保证自己的货是什么档次，不同档次的货才有不同的价格。

**8．打包要认真**

别小看了打包，细心的买家会从打包中看出店主有没有诚心做这笔生意，看得出店主对自己的产品是否珍爱。因此不管卖什么，卖家都应该非常仔细地把包打好。

## 13.7 打造优秀的网络销售团队

当网店销售规模达到一定程度，仅凭店主一个人很吃力，而又无法继续扩张的时候，再想扩大经营时会有点力不从心，这时候就需要组建一个网络销售团队。在专门的网络销售团队中，有分工明确的客服人员、库房管理人员、财务出纳人员、采购人员等。

**1．寻找合适的客服**

客服主要负责回复留言、收发邮件、联系买家、到账查款、信用评价等繁琐的日常工作。所以第一个应该增加的职位是客户服务。客服最好是细致、耐心、机灵点的女孩，最基本的要求是普通话要标准、打字速度要快、反应灵敏。

客服人员首先需要掌握的就是先熟悉产品。如果可以的话，尽量多教客服点儿东西。当店主不在的时候，客服可以独当一面。

**2．确定客服人员薪水待遇**

客服人员的薪水一定要与销售额或销售量挂钩，千万不能是固定的工资，否则员工没有积极性，而且很容易觉得收入和工作强度不成比例。万一他掌握店铺的资料，辞职后成为竞争对手，那真的很危险。客服人员的合理薪水应该等于底薪+提成+奖励-处罚。

底薪需要根据各地的消费水平来定，因为某地消费水平最能反映当地的经济发展情况。所以，各位卖家在聘请客服前要仔细了解当地的经济情况，把当地常见的服务行业的工资标准都了解一下。这样做的目的是不要亏待了客服人员。卖家肯定都知道，客服这项工作是最繁琐的，所以薪水不能定太少，太少了没有人会愿意肯干，但是底薪又不能定太高，太高了人容易产生惰性，所以要定一个合适的底薪。

不要只针对个人销售额进行提成。如果有两个以上客服的话，单一按个人销售额提成，他们会各忙各的，很难会推心置腹地互相帮助。当一个客服出现问题时，另一个客服会置之不理。

**3. 商品拍照登录人员**

在网店达到一定规模后，商品众多时，店主应该把主要精力放在进货上。至于拍照、描述、登录，最好也找个有网页设计基础的人来做。一是可以保证页面制作美观专业，二是可以增加推广力度。任何职位工资要与业绩挂钩，这个职位的提成也可以用网上拍下商品的数量或商品的浏览量来计算提成等。

**4. 财务人员**

业务做到一定程度，最好注册一个公司。这样可以开发票，给一些可以报销的买家带来方便。最关键的是可以接公司的业务，做到公对公，在信誉方面也给买家更大的保障。

财务是一个关键性的职位，如果是夫妻当然最好，父母、兄弟姐妹等也可以。财务人员起码要懂财务知识，如果可能的话去考个会计上岗证，最好找兼职的专业会计来做账。财务的工作主要是管账，银行往来账、核查客户服务人员的往来银行账，还可以兼任后勤的工作，采购办公用品。

**5. 采购人员**

网店商品的采购一般是店主自己做，也可以由自己的亲戚负责帮忙进货。很多店主都不愿意用外人做采购，一是怕进货时吃回扣，二是怕采购员自己出去单干。不过，如果采购量确实很大，而自己又没有亲戚可帮，也可以招聘专门的采购人员，一般可以用下面两种人。

一是随遇而安型。这种人一般没什么太大野心，对生活也没有太多要求，可以跟着干很久，一直都是个帮手，没有自己创业的魄力。但是缺点是进取心不强，另外可能会贪小便宜吃点回扣，只要不太过分，完全可以采用。

二是豪爽型。这种人可能胸怀大志，野心不小，但是为人正直，性情中人。他不贪朋友的小便宜，而且进取心强，主动性很高。缺点是天下没有不散的宴席，也不可能让人家干很久，只要走后不用自己的关系与在同一个平台竞争就不算过分。

**6. 奖罚分明**

卖家最头疼的可能就是客服对于网上店铺信誉度并不是很关心，所以在售后服务方面并不是很积极，有时也会因为态度不好得罪买家。最好制定一些奖罚措施，如全年无中差评奖，只要客服人员出售的商品全年都是好评，则给予适当的奖励。对于得到差评的客服，要给予处罚。当然有一点注意，要先分析原因，仔细听客服的解释，再以店主的身份跟顾客联系，只要事实弄清楚就好办了，如果的确是客服的过错，那么必罚无疑，罚一次全体客服都会引以为戒。还有就是处罚和奖励的额度一定要提前拟好，打印出来贴在客服的工作间里显眼的位置。

**7. 设立投诉专线**

设一个专门用于投诉的电话，这个专线最好是店主本人的手机号，这样既可以监督客服工作，又可以服务买家。

**【技能训练】**

打开淘宝 VIP 会员卡设置页面，设置不同的折扣，如图 13.10 所示。

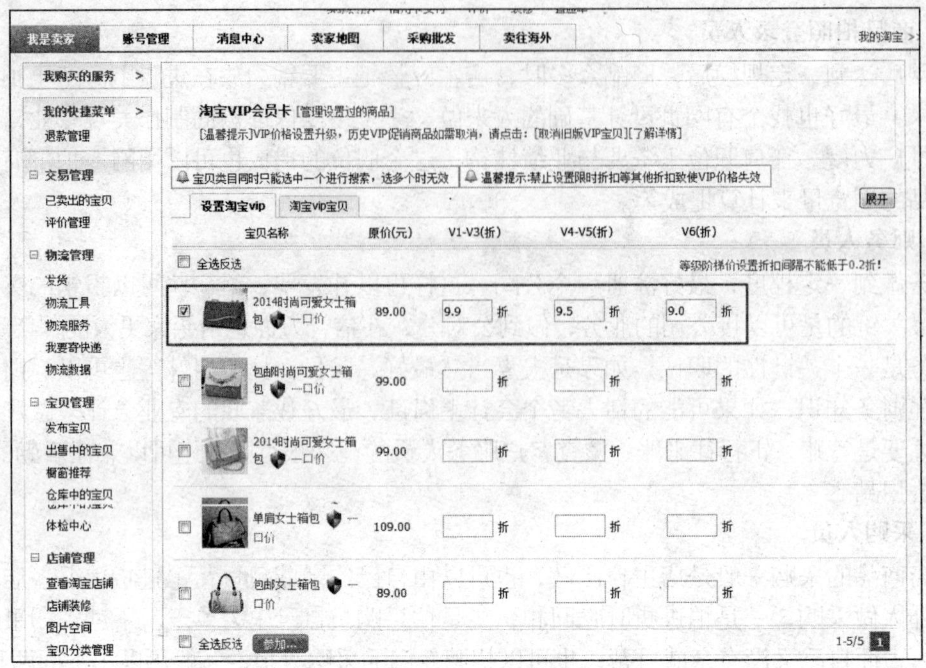


我是卖家
账号管理
消息中心
卖家地图
采购批发
卖往海外
我的淘宝 >>
我购买的服务 >
我的快捷菜单 >
退款管理
交易管理
已卖出的宝贝
评价管理
物流管理
发货
物流工具
物流服务
我要寄快递
物流数据
宝贝管理
发布宝贝
出售中的宝贝
橱窗推荐
仓库中的宝贝
体检中心
店铺管理
查看淘宝店铺
店铺装修
图片空间
宝贝分类管理
淘宝VIP会员卡 [管理设置过的商品]
[温馨提示]VIP价格设置升级，历史VIP促销商品如需取消，请点击：[取消旧版VIP宝贝][了解详情]
宝贝类目同时只能选中一个进行搜索，选多个时无效
温馨提示:禁止设置限时折扣等其他折扣致使VIP价格失效
设置淘宝vip
淘宝vip宝贝
展开
宝贝名称
原价(元)
V1-V3(折)
V4-V5(折)
V6(折)
全选反选
等级阶梯价设置折扣间隔不能低于0.2折!
2014时尚可爱女士箱包 一口价
89.00
9.9 折
9.5 折
9.0 折
包邮时尚可爱女士箱包 一口价
99.00
2014时尚可爱女士箱包 一口价
99.00
单肩女士箱包 一口价
109.00
包邮女士箱包 一口价
89.00
全选反选
参加...
1-5/5
1

图 13.10　设置折扣